KB056144

우리는 사랑하는가

우리는 사랑하는가
-에리히 프롬의 생애와 사상

박홍규 지음

Photos with permission of Rainer Funk (e-mail: frommfunk@aol.com).
Copyright by The Literary Estate of Erich Fromm, Tübingen (Germany).
Don't reproduce any photo without permission.

The photos from The Literary Estate of Erich Fromm
are printed in cover and pp. 41, 49, 60, 65, 69, 79, 99, 139, 142,
153, 175, 179, 201, 226, 231, 267, 271, 281, 285

이 책에 사용된 사진 중 일부는 에리히 프롬 저작권 재단의 소유로
라이너 풍크의 허가를 받아 사용했습니다.
해당 사진이 포함된 페이지는 다음과 같습니다.
표지, 41, 49, 60, 65, 69, 79, 99, 139, 142, 153,
175, 179, 201, 226, 231, 267, 271, 281, 285

초판 1쇄 펴낸날 · 2004년 1월 1일
초판 2쇄 펴낸날 · 2014년 4월 1일

펴낸곳 · 필맥 | 펴낸이 · 이주명 | 출판등록 · 제2003-63호
주소 · 서울시 서대문구 경기대로 58 (충정로 2가) 경기빌딩 606호
전화 · 02-392-4491 | 팩스 · 02-392-4492
이메일 · philmac@philmac.co.kr | 편집 · 문나영
본문디자인 · 디자인 에터 | 표지디자인 · 민진기 디자인
출력 · 문형사 | 종이 · 화인페이퍼 | 인쇄 · 한영문화사 | 제본 · 한영제책사

ISBN 89-954116-7-8 (03990)

* 잘못된 책은 바꾸어 드립니다.
* 값은 뒤표지에 있습니다.

이 도서의 국립중앙도서관 출판시도서목록(CIP)은 e-CIP 홈페이지(http://www.nl.go.kr/cip.php)
에서 이용하실 수 있습니다. (CIP제어번호: CIP2003001742)

우리는 사랑하는가

에리히 프롬의 생애와 사상

박홍규 지음

필맥

| 일러두기 |

1. 전집과 단행본은 《 》, 신문과 잡지, 소논문, 기사 등은 〈 〉로 표기했다.
2. 인명과 지명은 우리에게 일반적으로 익은 것으로 표기했고, 처음 나오는 경우 원어를 함께 표기했다.

| 문헌 인용 안내 |

1. 에리히 프롬의 저서 인용

　프롬의 책을 인용하는 방법은 우리나라 학자들이 흔히 하듯이 원서에 따를 수도 있으나, 이는 우리의 지적 공동재산인 번역을 무시하는 것이다. 이 책에서는 1차적으로 번역본에 따르되 번역에 문제가 있으면 저자가 원서를 다시 번역하여 인용한다. 하나의 책에 대한 번역서가 다수인 경우 그 중 한 권을 선택하여 인용하고, 번역서가 하나인 경우는 당연히 그 책을 인용한다. 단, 번역서의 제목이 정확하게 옮겨지지 않았을 경우 저자가 다시 번역한 제목으로 표기하되, 인용의 출처를 밝힐 때는 기존의 번역서 제목 그대로 표기한다. 번역서가 없는 경우에는 원서를 인용한다. 원서 인용은 기본적으로 라이너 풍크 (Rainer Funk, 1934~)에 의해 편집 간행된 《에리히 프롬 전집(Erich Fromm Gesamtausgabe)》(Stuttgart: Deutsche Verlag-Anstalt, 1980~1981)에 따르고, 이 전집을 GA(GesamtAusgabe)로 인용한다. 그러나 영어판이 먼저 나온 경우에는 그것을 인용한다.
　프롬의 책 중 우리말로 처음 번역된 것은 1960년의 《정신분석과 종교》였으나, 이 책은 일부 전문가들에게만 읽힌 것 같다. 대중적으로 프롬의 책이 널리 번역된 것은 1970년대였다. 한동세에 의해 《희망의 혁명》이 1970년, 이극찬에 의해 다시 《희망의 혁명》이 1972년, 〈중앙일보〉에 의해 《사랑의 기술》이 1974년에 각각 번역 출간됐고, 이규호에 의해 《자유로부터의 도피》와 《건전한 사회》가 1976년에 함께 나왔다. 나머지 여러 번역서들은 대부분 그 뒤에 나왔다. 약 스무 종의 번역서가 쏟아져 나온 《사랑의 기술》은 비슷한 분야의 책들 가운데서 가장 많이 번역된 사례인 것 같다. 그러나 그 중 우리가 믿을 수 있는 번역서는 과연 몇 종이나 될까? 아래에 프롬의 저작과 그 번역서 및 인용서를 기록해 둔다.

1941 《자유로부터의 도피(Escape from Freedom)》(New York: Holt, Reinhart & Winston) - 이 책에서는 이규호의 번역(삼성출판사, 1976)을 인용한다. 이 외에도 이상두의 번역(금성출판사, 1989), 지경자의 번역(홍신문화사, 1991)을 비롯한 여러 종의 번역서가 있다.

1947 《인간 자체: 윤리심리학의 탐구(Man for Himself: An Inquiry into the Psychology of Ethics)》(New York: Rinehart & Co.)
- 이 책에서는 송낙헌이 번역한 《프롬 인생론》(문학출판사, 1981)을 인용한다. 이 외에도 이극찬이 번역한 《인간상실과 인간회복》(현대사상사, 1975), 박갑성과 최현철이 공역한 《자기를 찾는 인간》(종로서적, 1989)이 있다.

1950 《정신분석과 종교(Psychoanalysis and Religion)》(New Haven: Yale University Press)
- 이 책에서는 박경화의 번역(문교부, 1960)을 인용한다. 이 외에도 이재기가 번역한 《종교와 정신분석》(두영, 1993)이 있다.

1951 《잊어버린 언어: 꿈, 동화, 신화 이해 입문(The Forgotten Language: An Introduction to the Understanding of Dreams, Fairy Tales and Myths)》(New York: Rinehart & Co.)
- 이 책에서는 김남석의 번역(서음출판사, 1983)을 인용한다.

1955 《건전한 사회(The Sane Society)》
- 이 책에서는 이규호의 번역(삼성출판사, 1976)을 인용한다. 이 외에도 김병익의 번역(범우사, 1975)이 있다.

1956 《사랑의 기술(The Art of Loving)》
- 이 책에서는 황문수의 번역(문예출판사, 1977)을 인용한다. 이 외에도 〈중앙일보〉의 번역(중앙일보사, 1974)을 비롯해 약 20종의 번역서가 있다.

1959 《지그문트 프로이트의 사명(Sigmund Freud's Mission: An Analysis of Personality and Influence)》(New York: Harper & Row)
- 이 책에서는 원서를 인용한다.

1960 《선과 정신분석(Zen Buddism and Psychoanalysis)》
- 이 책에서는 김용정의 번역(정음사, 1977)을 인용한다. 이 외에도 권오석의 번역(홍신문화사, 1991)이 있다.

1961 《인간은 극복할 수 있는가?(May Man Prevail?)》
- 이 책에서는 원서를 인용한다.

1961 《마르크스의 인간관(Marx's Concept of Man)》(New York: Frederick Ungar)
- 이 책에서는 원서를 인용한다.

1962 《환상의 사슬을 넘어: 나의 마르크스와 프로이트와의 만남(Beyond the Chains of Illusion: My Encounter with Marx and Freud)》(A Touchstone Book)
- 이 책에서는 최혁순이 번역한 《의혹과 행동》(범우사, 1980)을 인용한다. 이 외에도 김남석이 번역한 《인간소외》(을지출판사, 1992)를 비롯한 여러 종의 번역서가 있다.

1963 《기독교의 교의와 종교, 심리학, 문화에 대한 에세이(The Dogma of Christ and Other Essays on Religion, Psychology and Culture)》
- 이 책에서는 마상조가 번역한 《사회심리학적 그리스도론》(전망사, 1980)을 인용한다. 단, 번역된 부분은 〈기독교의 교의〉뿐이다. 이 외에도 문국주가 번역한 《불복종에 관하여》(범우사, 1987)를 참고할 수 있다.

1964 《인간의 마음(The Heart of Man)》
- 이 책에서는 황문수의 번역(문예출판사, 2002(초판은 1977))을 인용한다. 이 외에도 이시하가 번역한 《인간은 늑대인가 양인가》(돌베개, 1984) 등 여러 종의 번역서가 있다.

1965 《휴머니즘 사회주의(Humanist Socialism)》(편저)
- 이 책에서는 사계절 편집부의 번역(사계절, 1982)을 인용한다.

1966 《당신도 신처럼 되리라(You shall be as Gods)》
- 이 책에서는 최혁순이 번역한 《너희도 신처럼 되리라》(범우사, 1980)를 인용한다. 이 외에도 김상일이 번역한 《도전 받는 절대자》(진영사, 1975) 및 《인간과 종교》(한진출판사, 1983)가 있다.

1968 《희망의 혁명(The Revolution of Hope)》
- 이 책에서는 한동세가 번역한 《우리는 지금 어디에 있는가》(삼성미술문화재단, 1977(원판은 1970년 12월 〈중앙일보〉 부록))를 인용한다. 이 외에도 이극찬의 번역(현대사상사, 1977)이 있다.

1970 《정신분석의 위기(The Crisis of Psychoanalysis)》
- 이 책에서는 원서를 이용한다.

1970 《멕시코 마을의 사회적 성격(Social Character in a Mexican Village - A Sociopsycho Analytic Study)》
- 이 책에서는 원서를 인용한다.

1973 《인간 파괴성의 분석(The Anatomy of Human Destructiveness)》
- 이 책에서는 유기성이 번역한 《파괴란 무엇인가》(기린원, 1989)를 인용한다. 이 외에도 종로서적 편집부가 번역한 《희망이냐 절망이냐》(종로서적, 1983)가 있다.

1976 《소유냐 존재냐(To Have or to Be?)》
- 이 책에서는 김진홍의 번역(기린원, 1994)을 인용한다. 이 외에도 최혁순의 번역(범우사, 1978)과 박병덕의 역(학원사, 1992)을 비롯해 약 10종의 번역서가 있다.

1976 《삶의 사랑을 위하여(For the Love of Life)》
- 이 책에서는 구윤서의 번역을 인용한다.

1979 《프로이트 사상의 위대함과 한계(Sigmund Freuds Psychoanalyse - Größe und Grenzen)》
- 이 책에서는 원서를 인용한다.

1981 《불복종에 관하여(On Disobedience and Other Essays)》
- 이 책에서는 문국주의 번역(범우사, 1987)을 인용한다. 이 외에도 홍순범이 번역한 《반항과 자유》(문학출판사, 1983)가 있다.

1989 《삶의 기술(The Art of Being)》
- 이 책에서는 최승자의 번역(까치, 1994)을 인용한다.

1994 《정신분석과 듣기예술(The Art of Listening)》
- 이 책에서는 호연심리센터의 번역(범우사, 2000)을 인용한다.

《프로이트와 정신분석》 - 정신분석 관련 논문 모음
- 이 책에서는 최혁순의 번역(홍신문화사, 1994)을 인용한다.

2. 에리히 프롬에 관한 인용

프롬 관련 문헌은 수없이 많으나, 이 책은 우리나라 독자를 위해 쓴 것인 만큼 우리말 문헌 2종만을 인용한다. 서양 문헌은 우리말 문헌 2종의 본문에서 인용되고 있는 것에 한해서 소개한다.

이극찬, 《프롬의 자유사상》(연세대학교출판부, 1985)
박찬국, 《에리히 프롬과의 대화》(철학과현실사, 2001)

이극찬의 책은 프롬의 사상을 중심으로 다루고 그의 생애는 부분적으로 약간만 다룬 데 비해, 박찬국의 책은 간단한 전기를 붙이고 있다. 박찬국의 프롬 전기 부분은 대체로 라이너 풍크의 소개에 따른다. 풍크는 1974~1975년 프롬이 로카르노에 체류할 때 그 조수로 근무했다. 그는 1977년 휴머니즘적 종교와 윤리에 관한 프롬의 사상에 대한 논문으로 독일 튀빙겐 대학에서 박사학위를 받았으며, 1975년부터 1981년에 걸쳐 프롬 전집을 편집한 프롬 연구의 최고 권위자다. 정신분석의였던 그는 자신이 쓴 저서에서 프롬에 대해서도 정신분석적으로 접근했다. 풍크가 쓴 세 권의 프롬 연구서와 2000년 프롬 탄생 100주년을 맞아 낸 공저 연구서도 이 책에서 아래와 같이 인용된다.

Rainer Funk, *Erich Fromm: The Courage to Be Human*, New York: Continuum, 1982.
- 이 책에서 Funk, 1982로 인용한다.
Rainer Funk, *Erich Fromm*, Hamburg: Rowohlt Taschenbuch Verlag, 1984.
- 이 책에서 Funk, 1984로 인용한다.
Rainer Funk, *Erich Fromm-Liebe zum Leben. Eine Bild-Biographie*, Stuttgart: Deutsche Verlag-Anstalt, 1999.
- 이 책에서 Funk, 1999로 인용한다.
Rainer Funk, *Helmut Jonach, Gerd Meyer ed., Erich Fromm heute*, Stuttgart: Deutsche Verlag-Anstalt, 2000. 박규호 역, 《에리히 프롬과 현대성》(영림카디널, 2003)
- 이 책에서 《에리히 프롬과 현대성》으로 인용한다.

그 밖에 자주 인용되지 않는 문헌은 주석에 적었다.

현대 사상가 중에서 에리히 프롬만큼 유명한 사람은 다시없다. 그는 사상가로서는 보기 드물게 세계적인 베스트셀러 작가였다. 우리나라에서도 예외가 아니어서, 1976년에 나온 《세계사상전집》(삼성출판사) 50권 중 한 권을 차지할 정도였다. 게다가 그는 50권에 포함된 사상가 중 당시 유일하게 생존한 사람이었다.

그 전집에서 처음 소개된 프롬의 《자유로부터의 도피》는 당시의 유신시대를 산 사람들, 특히 그 시대를 프롬이 책 속에서 분석한 파시즘으로 느낀 나 같은 청년들에게는 가장 소중한 귀감이 되었다. 시간은 흘러 파쇼의 시대는 끝이 났고, 자유의 시대가 오는 듯 했다. 그러나 1987년 이후부터 지금까지 민주화를 거친 오늘날의 우리 역시 진정으로 자유롭기는커녕, 프롬이 말한 시장사회에서 다시금 '자유로부터의 도피'를 실감할 뿐이다. 그래서 그 전집에 함께 소개된 '건전한 사회'는 여전히 우리에게는 '없다'. 마찬가지로 프롬이 '건전한 사회'의 근본으로 설파한 '사랑의 기술'도 우리에게는 없고《소유냐 존재냐》에서 말한 소유만이 지금 우리를 지배하며 존재는 '없다'. 그래서 다시 우리는 묻는다. 지금 우리는 자유로운가? 우리는 합리적인가? 우리는 건전한가? 우리는 사랑하는가? 우리는 창조적인가? 우리는 파괴적인가? 우리는 소유적인가?

이런 여러 물음에 대한 답변의 핵심은 프롬이 한 사회를 사는 사람들의 전형적인 성격, 즉 '사회적 성격'이라고 부르는 개념에 있다. 프롬이 말한 권위주의적, 시장-소유지향적, 사이버적, 자기만족적, 집단 과대망상적, 죽음지향적 등의 비창조적 성격은 바로 모든 현대인의 사회적 성격인 동시에, 특히 지금 이 시대를 사는 우리 자신의 사회적 성격이 아닐까? 단적으로 말해 남북분단을 비롯한 우리 사회의 모든 분단은 그런 사회적 성격 때문에 빚어지고 있는 것은 아닐까? 프롬은 그 반대의 창조적 성격, 즉 휴머니즘적, 존재지향적, 현실지향적, 생명지향적 성격을 갖자고 주장한다. 그래야만 모든 분단이 극복될 수 있다는 것이다.

이 책은 그런 프롬의 사상을 중심으로 하여 쓴 평전이다. 그는 사상가로서는 매우 특이하게 자신의 삶을 분석하여 그 사상을 형성한 사람이기 때문에 자기 사상을 '삶의 예술'이라고 불렀다. 따라서 그는 사상가라기보다 예술가에 가깝다. 그는 자신이 산 시대가 겪은 고통을 인식하고 그것을 창조적으로 표현했다. 그는 우리들에게도 그렇게 살기를 권유한다. 즉 고통을 받아들인 뒤 인간이면 누구나 가지고 있는 능력을 이용해 그것을 창조적으로 표현하라고 손짓한다.

이 책은 그런 프롬의 이야기에 공감하는, 또는 적어도 호기심을 느끼는 사람들을 위해 쓰여진 것이다. 이런 이유에서 이 책이 출판될 가치가 있다고 보고 기꺼이 출판을 맡아준 필맥에 진심으로 감사한다. 필맥의 이주명 사장이 나와 처음 만난 자리에서 이 책의 출판을 기꺼이 맡겠다고 한 것은, 프롬이 인류역사상 가장 위대한 사상가 50인 중 한 사람으로서 위의 여러 물음에 대한 답을 찾는 데 참조할 가치가 있는 사상가라고 봤기 때문이 틀림없으리라. 우리는 그 여러 물음과 답을 이 책의 각 장에서 하나하나 살펴보고 나름의 결론을 내리고자 한다.

2004년 1월 박홍규

차례

프롤로그

우리의 사도마조히즘적 권위주의

왜 나는 에리히 프롬을 다시 말하고자 하는가? "우리는 왜 프롬을 다시 읽어야 하는가?"라고 비슷한 질문을 던진 어느 철학자는 그가 여러 종교적, 철학적 천재들의 통찰들을 수용하여 위기의 현대 기술문명 사회에 대한 분석과 대안을 종합적으로 제시했기 때문이라고 한다.[1)]

하지만 나의 관심은 그러한 측면에 있지 않다. 그런 학문사적 차원의 평가는 나의 관심이 아니다. 나는 프롬 사상의 핵심은 그가 말한 '사회적 성격'의 분석에 있다고 본다. 우리는 개인의 성격에 대해서는 곧잘 이야기한다. 반면 우리에게 공통된 사회적 성격에 대해서는 별로 관심이 없다.

그러나 분명 '사회적 성격'이라고 부를 만한 것이 있음을 우리는 누구나 알고 있다. 그 하나가 권위주의적 성격이리라. 프롬은 권위주의적 성격을 대표하는 사디즘적 성격을 이렇게 분석한다. 첫째, 타인을 자신에게 의존하게 하여 그에게 절대적이고 무한한 힘을 행사하고 그를 오직 도구로 삼으려 한다. 둘째, 타인을 지배할 뿐만 아니라 그를 착취하고 이용하려 한다. 셋째, 타인을 고통스럽게 하거나 그가 괴로워하는 것을 보려 한다.

그런데 이 세 가지 사디즘이 각각 다음과 같이 합리화된다. 첫 번째 합리화는 "나는 무엇이 너에게 가장 좋은지를 알고 지배하니 너는 나를 따라야 한다." 우리는 이러한 합리화를 어린 시절부터 지금까지 셀 수 없이 들어왔다. 부모나 교사, 상관이나 선배로부터 효도, 애교, 애사, 애국이란 이름 아래 얼마나 자주 그리하기를 강요당해왔던가. 둘째 합리화는 "나는 너에게 많은 것을 베풀어 왔으니 이제 내가 원하는 것을 너에게서 취한다"는 것이다. 이 역시 우리가 부모나 형제로부터 수없이 많이 들어온 말이며, 나이가 많다는 이유 또는 지위가 높다는 이유로 이런 말을 하는 사람을 얼마나 많이 보아 왔던가. 셋째 합리화는 "내가 너를 때리려 하는 것은 정당한 복수이며 나와 내 친구들을 위험에서 보호하기 위해서"라는 것이다. 우리는 스스로 억울하다고 주장하는 사람들로부터, 심지어 운동권으로부터도 이러한 합리화의 말을 듣곤 한다.

반면 마조히즘은 열등감이나 무력감을 가진 사람들에서 전형적으로 나타난다. 마조히즘은 스스로를 낮추고 약하게 하며, 다른 사람이나 제도와 같이 자기 이외의 힘에 의존하는 경향을 보인다. 이런 마조히즘의 경향은 흔히 사랑이나 충성으로 합리화된다.

프롬은 인간이 사디즘과 마조히즘을 공유하는 사도마조히즘적 성격을 갖는다면서, 그 전형적인 예가 '권위주의적 성격'이라고 한다. 어떤 권위에 복종하는 동시에 타인을 자신의 권위에 복종시키려 하는 관료적 성격이 바로 여기에 해당된다. 그러나 비단 관료들뿐이랴. 우리 사회 전체가 그러한 성격이 아닌가 싶다. 권위주의적 성격이 지배하는 사회에서는 인간의 독립성, 평등, 통합성, 비판적 사고, 창조성은 질식된다.

프롬이 말한 사회적 성격 중에서 오늘날 가장 주목되는 것은 시장지향적 성격이다. 자본주의 사회에서는 모든 상품이 팔려야만 그 시장가치를 갖는다. 독창적인 사고는 시장적인 사고로 급속히 대체되고, 오로지 양적으로 더 많은 지식을 습득해야 한다는 잘못된 생각에 사로잡힌다. 사람들은 점점 더 자신의 환경에서 어떤 것들이 참된 중요성을 지니며, 각각의 관련성이 어떠한지를 간과하게 된다. 인간의 희망은 인공적으로 자극되기도 하고, 임의로 억압당하기도 한다. 독점자본주의 속의 개인은 생각하거나 느낄 줄 모르는 자동인형이 되어 버린다. 사회적 성격에 대한 순응만이 강요되며, 순응하지 못하는 사람은 집단으로부터 이단자로 낙인찍힌다.

이러한 사회적 성격이 우리 사회만큼 분명하게 드러나는 곳이 또 있을까? 바로 이런 이유에서 나는 프롬이 중요하다고 본다. 우리 사회의 성격을 규명하는 데 그가 말한 것만큼 적확한 것이 없기 때문이다. 특히나 우리가 사도마조히즘적 권위주의에 젖어 있음은 누구도 부정할 수 없다. 저 권위주의의 유교가 지배한 조선시대와 군사독재인 일제시대를 거쳐 다시 우리 군인들에 의한 군사독재를 통해 우리 사회의 권위주의는 점점 더 강화되어 왔다. 여기에 시장 또는 마케팅을 지향하는 사회적 성격이 더해졌고, 다시 죽음애적 지향, 그리고 최근에는 사이버네틱 지향이 더해졌다.

프롬이 말한 권위주의와 시장주의는 단지 우리의 정치적인 부분뿐 아니라 경제, 사회, 문화 전반에 그 뿌리가 깊다. 죽음애는 50년이 넘는 분단이 상징한다. 사이버네틱은 전 세계에서 가장 높은 인터넷과 핸드폰의 보급률이 증명한다. 이런 사이버네틱 지향으로 우리는 남들이 200년 이상 걸려 이루었다는 자본주의를 20년 만에 달성할 수 있었다. 그러나 다른 한편으로는 세계 최고의 우울증 환자 발생률(세계 평균은 2퍼센트 정도이나 한국은 5퍼센트가 넘는다), 세계 최고의 이혼율, 세계 최고의 교통사고 발생률과 산업재해 발생률 등의 부끄러운 세계 기록을 세우는 결과를 초래했다. 물론 이를 프롬, 특히 그가 말한 사회적 성격만으로 다 설명할 수는 없으리라. 그러나 그의 이야기는 우리가 충분히 참조해야할 가치가 있다.

프롬은 통속적인가?

머리말에서 프롬이 1970년대에는 인류 역사의 위대한 사상가 50인 중의 한 사람으로 꼽혔다고 말했다. 그러나 1996년에 나온 《103인의 현대사상》이란 책에는 그가 빠져 있다. 이제는 인류 역사상 50인 중의 한 사람이기는커녕, 현대의 103인에도 포함되지 못한다는 것인가? 이렇게 20년 만에 프롬에 대한 평가가 바뀐 것은 무엇 때문일까? 특히 그의 책이 대부분 1990년대에 수없이 번역되어 인기를 끌었는데도 낮게 평가된 것은 무슨 탓일까?

이와 관련된 견해로 이런 것이 있다. 프롬이 누리는 대중적인 인기가 그를 통속 사상가로 치부되게 하는 결과를 초래하고, 아울러 그의 책을 교양 있는 수필 정도로 평가하게 한다는 것이다.[2] 이런 견해에 의하면 인류 역사 최대의 베스트셀러이자 스테디셀러인 성경이나 불경 또는《자본론》의 저자들이야말로 최고의 통속 사상가들이리라. 물론 사람들은 그들의 대중적 인기와 프롬의 그것을 구별하겠지만 말이다.

여하튼 여기서는 프롬의 인기를 그렇게 보는 견해를 일단 긍정해 보자. 그런 인기의 대표 격인 책이 바로《사랑의 기술》일 것이다. 우리말로 20종 이상의 번역서가 나온 이 책은 한때 서점의 에로티시즘 코너에 꽂혀있기도 했다. 하긴 이 책이 약 반세기 전인 1956년 미국에서 출판된 이래 세계적인 베스트셀러가 된 이유에는 에로틱한 사랑의 기술서인 양 오해된 것도 한몫을 했으니 우리나라 서점 주인만 탓할 필요는 없을지 모른다. 심지어 그런 제목 때문에 사회주의 국가에서는 포르노처럼 검열에 걸리기도 했다.

그러나 그 어떤 나라에서도 독자들은 그 내용에 놀랐으리라. 기대한 에로티시즘이 전혀 없다는 점에서 한번 놀라고, 도리어 그런 에로티시즘에 반하는 책임을 알고 또 한번 놀랐으리라. 그러나《사랑의 기술》은 그 이상 여러 가지 의미에서 혁명적인 책이다. 사랑에 대한 상식을 철저히 파괴하기 때문이다. 우리가 흔히 사랑에 빠졌다거나 누구에게 반했다고 하는 표현은 사랑을 쇼윈도에 장식된 상품으로 보는 시장의 관념이라고 프롬은 폭로한다. 그는 성공한 남자와 아름다운 여자의 커플 맺기가 사랑이라는 할리우드 영화의 환상을 거부한다. 그런 사랑의 실패가 최근 급격히 상승하는 이혼율로 나타나고 있음을 보면서, 우리의 사랑이 실로 환상이나 착각 위에 있음을 느낀다. 프롬은 사랑이란 주고받는 거래나 교환이라는 통념에 반대하여 사랑의 본성은 스스로 사랑하는 능력이고 연구와 훈련을 필요로 하는 창조적 기술이라고 주장한다. 나아가 사랑에 대한 시장적 관념과 사회적 구조를 바꾸어야 진정한 사랑이 가능하다고 역설한다.

이러한 프롬의 새로운 사랑 이야기는 이십세기의 어떤 사상보다도 위대하고 혁명적이기에 가장 대중적이라고 나는 생각한다. 80년에 걸친 프롬의 생애는 바로 그런 사랑의 추구였다. 그가 남긴 모든 책들은 그런 사랑이 우리에게 가능하게 하는 길을 모색한 것이었다. 궁극적으로 프롬은 자본주의에서 사랑은 불가능하다고 본다. 따라서 우리는 자본주의를 바꾸어야 한다. 물론 프롬은 공산주의에서도 사랑이 불가능하다고 본다. 따라서 우리는 공산주의도 바꾸어야 한다. 그래서 남북간의 사랑이 불가능하다고 본다면 지나친 비약일까? 그러나 어쩌면 남쪽도 북쪽도 사랑을 잃은 탓으로, 사랑을 못하는 탓으로, 이토록 분단의 기간이 길어지고 있는 것이 아닐까? 아니 그 분단이야 어떻든 우리가 살고 있는 남쪽 내의 여러 분단 역시 마찬가지 탓이 아닐까? 가장 작게는 너와 나의 관계도 마찬가지가 아닌가? 지금 여기에서 과연 우리는 사랑할 수 있는가? 우리는 사랑하고 있는가?

왜 이 책을 쓰는가?

앞에서 프롬의 대중적인 인기 때문에 그를 통속 사상가로 치부하고 그의 책을 교양 있는 수필 정도로 평가하는 경향이 있다는 견해를 소개했다. 그러나 그렇게 프롬을 평가하는 사람들은 행복하다고 나는 생각한다. 그들이 교양수필 정도로 가벼이 읽는 프롬이 나에게는 언제나 어려웠다. 내게는 도저히 융합될 수 없을 것처럼 보이는 마르크스와 프로이트를 융합하는 것을 위시한 그의 기묘한 융합 기술에 끝없이 탄복하면서도 아직까지 그 마술의 비밀을 제대로 모르기 때문이다.

그럼에도 불구하고 누구나 프롬을 읽는다. 프롬의 책 대부분은 우리말로 여러 번 번역되었다. 그 중 몇 권은 출판되자마자 베스트셀러가 되었으며, 지금도 여전히 팔리고 있는 이른바 스테디셀러다. 또한 서양에서는 이미 많은 연구서가 간행되었고, 우리나라에서도 정치학자인 전 연세대 교수 이극찬과 철학자인 서울대 교수 박찬국의 프롬 연구서가 출간되었다.

그 두 책이 각각 정치학과 철학의 입장에서 쓴 '연구서'인 반면이 책은 '평전'이다(불행인지 다행인지 법학자인 나는 이 책을 쓰면서 법이라는 것을 의식한 적이 단 한 번도 없다). 그러나 사상가에 대한 '연구서'나 '평전'은 서로 구별이 애매하게 될 수 있다. 이극찬의 책은 프롬의 생애를 아예 생략하고 그 사상의 소개에 그치고 있으나, 박찬국의 책은 1부에서 그의 생애를 언급한다. 물론 그것은 책 전체의 20분의 1 정도에 불과하고, 그 뒤에 설명되는 사상과 직접 관련되어 있지 않다. 그래서 생애와 사상이 아무런 연관이 없어 보이고, 책 전체로 볼 때 생애에 대한 설명이 그다지 중요치 않아 보이기도 한다. 나는 이러한 이해가 과연 옳은지에 대한 회의에서 이 '평전'을 쓴다. 한 사상가의 사상이 그 생애와 단절되어서는 제대로 이해될 수 없다고 생각하기 때문이다.

그러나 박찬국의 프롬 생애에 대한 설명은 지금까지 우리나라에 나온 유일한 것이라고 할 수 있는 만큼 중요하므로 이 '평전'을 집필할 때도 당연히 참고가 되었다. 비록 15쪽 정도의 짧은 글이지만 프롬의 생애를 정확하게 소개한 것이라면 사실 이런 '평전'을 쓸 필요도 없다. 그러나 그 글은 정확하지 못하다. 예컨대 프롬이 사회주의와 접촉을 시작한 것은 1910년대 초였으나, 박찬국은 1930년대 초 막스 프랑크 사회연구소와 관계하면서부터라고 설명한다. 막스 프랑크 사회연구소란 프랑크푸르트 사회연구소를 잘못 쓴 것이기도 하다. 그러나 무엇보다도 중요한 문제점은 프롬을 유대교와 과도하게 연결시킨다는 점이다. 프롬이 유대교와 관련이 있는 것은 사실이나 나는 그것이 그리 중요하지 않다고 본다.

이 책은 박찬국이 쓴 프롬 생애에 대한 글보다 훨씬 상세하게 그의 생애를 다룬다. 그렇다고 해서 프롬의 사상에 대한 설명을 하지 않는 것은 아니다. 도리어 중요한 저서를 모두 언급한다는 점에서 박찬국의 책은 물론 이극찬의 책과 그리 다르지 않다. 물론 생애를 따라 저술 순으로 그 사상이 설명되므로 박찬국이나 이극찬의 책처럼 체계적이지는 않다. 그러나 그 두 책의 체계라는 것도 사실은 특정 저술을 중심으로 한 것이라는 점에서는 이 책과 다르지 않다.

문제는 프롬의 사상을 보는 시각이다. 이극찬은 자유를 중심으로 보고, 박찬국은 자유의 문제와 함께 윤리, 종교, 사랑을 중심으로 본다. 따라서 박찬국의 책이 훨씬 전반적이다. 그러나 두 책 모두 프롬을 마르크스와 프로이트의 비판적 결합으로 본다는 점에서 동일한 시각을 지녔다. 이에 반해 이 책은 프롬을 아나키즘이라는 시각에서 바라본다. 이극찬이나 박찬국의 책에서는 프롬을 아나키즘적 시각에서 보는 언급이 전혀 없으나, 이 책은 아나키즘의 입장에서 프롬을 보는 것이 옳다는 전제 아래 집필됐다.

또 하나의, 그리고 가장 근본적인 문제점은 박찬국이나 이극찬의 책에는 프롬 사상에 대한 소개만 있고 비판은 거의 없다는 점이다. 나는 이 책에서 프롬을 가능한 한 비판적으로 검토하고자 한다. 그러나 그 전에 프롬이 우리나라에서 대중적 인기를 누렸던 반면 그의 저작들은 불온한 것으로 취급되어온 또 다른 측면도 있음을 지적할 필요가 있다.

마지막으로 지적할 문제는 박찬국의 책이나 이극찬의 책은 프롬에 대한 소개가 충실하지 않다는 점이다. 가령《사랑의 기술》에서 프롬의 서론이자 결론인 '자본주의 사회에서는 궁극적으로 사랑이 불가능하다'는 것이 박찬국의 책에서는 완전히 빠져 있다. 그래서 마치《사랑의 기술》이 말 그대로 '사랑의 기술'에 대한 통속적인 해설서인양 소개되고 있다. 이런 관점에서 보면 프롬은 자본주의를 긍정하고 그 속에서 멋지게 살아가는 삶의 기술을 가르치는 사람쯤으로 보인다. 그런가 하면 그를 용공으로 보는 공식적인 견해도 있다. 이런 엄청난 대립이 병존하는 나라가 아! 대한민국이다.

프롬은 이적인가?

2001년 신문에서 프롬의《자유로부터의 도피》가 1981년에 법원에 의해 이적표현물로 규정된 뒤 20년 동안 그렇다는 보도를 읽었다. 내가 대학시절 감명 깊게 읽었고 그 후 약 30년간 애독서로 삼아온 책이 이적표현물이라니 어이가 없었다. 게다가 내가 그런 세월을 30년이나 살아왔다는 것도 너무나도 이상하게 생각되었다.

《자유로부터의 도피》가 출판된 것은 1941년이었고, 우리말로 번역된 것은 그 25년 뒤인 1976년이었다. 우리나라에서는 번역이 나온 지 5년 뒤인 1981년에 이적표현물이 되었으나, 그 뒤에도 여러 차례 번역되었고 프롬의 다른 책들과 함께 이른바 스테디셀러로 자리 잡았다.

그 책을 번역한 이규호는 1981년 당시 문교부장관이었는데 비록 번역이긴 하지만 이적표현물을 소개한 자가 우리나라 교육의 책임자가 되었다니 더욱 이해하기 어려웠다. 게다가 그 책은 현재 고등학생들의 논술 교재로도 애용된다고 한다. 2001년 당시 교육부장관이었던 한완상의 《민중과 지식인》도 대단한 명저이나 1992년 이적표현물로 규정됐고, 2001년까지도 그런 상태였다. 이런 식의 이적표현물은 2001년 당시 1220종이나 되었다.

입법부가 제정한 국가보안법이라는 법률에 따라 사법부가 이적표현물로 규정한 책의 역자와 저자들이 행정부, 그것도 교육의 책임자가 되고, 그런 책들이 아무런 규제도 없이 30년간 버젓이 읽힌 우리 현실은 이른바 삼권분립이 제대로 확립된 탓인가, 아니면 상식이 통하지 않는 나라인 탓인가? 그러나 '삼권분립'이란 그런 '삼권의 따로 놀기'가 아니라고 하는 점은 상식이므로 정답은 '상식이 없는 나라'가 되겠다.

사실 삼권이 따로 노는 것도 아니다. 이규호나 한완상은 자신의 역서나 저서가 이적표현물로 규정되고 그것을 읽거나 소지한 사람들이 그런 죄목으로 검찰과 경찰의 수사를 받고 기소되는 데 대해 같은 행정부의 교육부장관으로서 몰랐거나 모른 체했거나 둘 중 하나의 태도를 취했을 것이다. 그렇다면 학자와 장관이라고 하는 것이 서로 구별되었을 것임에 틀림없다. 마치 자신은 그런 역서, 저서와는 무관하게 장관이 되었다는 듯이. 그리고 장관으로서의 자기와는 무관하다는 듯이.

2001년에 모든 신문이 위 사실을 보도했으나, 그에 대한 어떤 논평도 볼 수 없었다. 이제 우리 신문은 논평의 기능을 아예 포기한 모양이었다. 대신 노조를 만든 교사를, 죽어도 해서는 안 되는 일을 한 이적 악당쯤으로 취급하는 모 대학 사회학 교수의 칼럼이 버젓이 함께 실려 있었다. 대학교수가 그 정도 수준이니 공무원들을 나무랄 수도 없을 지경이었다.

정부와 국회는 물론 인권의 최후보루라고 하는 법원조차 그 모양이고, 더욱이 언론이나 대학조차 그 모양이니 이제 무슨 이야기가 가능하겠는가? 우리에게는 《자유로부터의 도피》를 읽을 자유조차 공식적으로 인정되지 않았다. 따라서 도피할 수 있는 자유조차 주어지지 않았다.

지금 우리에게 자유는 무엇인가?

이러한 상황에서 지금 우리에게 자유는 무엇인가? 미국의 패트릭 헨리(Patrick Henry, 1736~1799)는 "자유가 아니면 죽음을 달라"고 외쳤다. 반면 지금 우리의 사회학 교수는 "자유는 죽음에 이르는 길"이라고 신문에서 외친다. 노조라고 하는 결사의 자유는 교원의 경우

"죽어도 해서는 안 되는 일"이라고 말하고, 노조를 만들려면 공장으로 가라고 명령한다.

이런 글이 버젓이 신문에 실리는 것을 보면 여론의 거울임을 자처하는 언론도 그런 주장이 곧 여론이라고 생각하는 모양이다. 그런 신문은 자사 사장이 탈세로 구속되자 언론 자유를 탄압하는 것이라고 외쳤다. 언론 자유란 언론, 출판, 집회, 결사의 자유라고 하는, 헌법에 규정된 이른바 표현권의 하나이다. 그러나 그 중에서도 언론에게 중요한 것은 언론의 자유, 그것도 탈세한 자사 사장을 구속해서는 안 된다는 '언론사 탈세의 자유'를 말하는 모양이다.

우리에게도 자유가 있다는 것을 보여주는 증거는 바로 그런 자유를 규정한 헌법이다. 그런데 헌법에 규정된 출판의 자유를 법원은 이적표현물이라는 규정으로 억압했고, 마찬가지로 헌법에 규정된 결사의 자유를 위 사회학 교수는 죽어도 해서는 안 되는 범죄로 단정했다. 그런 주장은 기본적으로 헌법을 개정하고, 헌법에 근거해 제정된 법률을 개폐해야 가능한 것이다.

헌법 개정은 대단히 어렵고 법률 개폐도 쉬운 일이 아니다. 결사의 자유를 억압하는 것이 설사 가능하다 해도 몇만 명이나 되는 전교조 교사들을 공장으로 내쫓는 일이 쉬울 리가 없다. 따라서 위에서 본 바와 같은 주장을 한 사회학 교수나 신문사는 차라리 우리나라를 떠나는 것이 가장 좋은 방법이다. 그러나 그들이 망명할 나라가 그리 많지도 않다. 헌법이나 법률로 결사의 자유를 부정하는 나라는 지극히 적기 때문이다. 그러므로 그 교수나 신문사는 차라리 지구상에서 사라지는 것밖에 그 울분을 풀 길이 없는 듯하다.

나아가 그들은 학부모가 선생을 폭행하는 것도 선생이 노조를 결성한다는 가당찮은 생각을 하기 때문에 일어나는 일이라며 교사에 대한 폭행을 두둔한다. 어쩌면 살인사건이 벌어져도 그는 두둔할지 모른다. 이쯤 와서는 아예 상식 운운할 겨를도 없어진다. 그런 교수이니 곧 대단한 사명감을 가지고 조폭 교수로 구사대처럼 구교대를 조직하여 교사와 교수에 대한 폭행에 앞장설 지도 모르겠다. 언행이 일치한다면 그렇게 나서서 영화에서처럼 대활약을 하는 것이 어떨까?

자본주의에 반대하는 프롬

프롬은 자본주의에 반대한다. 프롬은 공산주의에도 반대한다. 그는 구소련과 같은 체제에 명백히 반대했다. 따라서 그가 북한에 대해서는 아무 말도 한 적이 없지만 분명히 반대하는 마음을 가졌을 것이라 여겨진다. 그러므로 그는 우리식 용공의 기준에는 전혀 합당하지 않다. 그러나 우리 정부는 자본주의에 반대하면 무조건 이적이고 용공으로 보는가 보다. 그렇지 않다면 프롬이 이적이 될 리 만무하다.

《자유로부터의 도피》는 나치가 성립된 이유를 독일인이 자유로부터 도피했다는 점에서 찾는다. 나아가 이는 나치 시대의 현상만이 아니라 근대 이후의 현상으로, 나치 독일 외에도 미국을 비롯한 모든 나라에서 공통적으로 나타난다고 프롬은 분석한다. 이러한 프롬의 주장은 우리가 배운 상식과는 상당히 달랐으므로, 나는 대학시절 그 것을 처음 접하면서 충격을 받았다.

내가 그 책을 읽었던 1970년대의 한국은 나치를 방불케 하는 군사독재 시절이었다. 당시 군사독재가 나쁘다는 비판과 민중이 곧 그것을 극복하리라는 희망이 암암리에 말해졌다. 그러나 그런 비판도 우리 모두가 독일인들처럼 자유로부터 도피했기 때문이라는 것은 아니었다. 게다가 근대 유럽이나 미국도 나치와 본질적으로 다르지 않다는 지적은 아예 없었고, 오히려 미국식 근대화를 하자고 야단들이었다. 한완상의 《민중과 지식인》도 그런 점에서는 다르지 않았고, 따라서 《자유로부터의 도피》와는 그 본질이 다르다.

반면 나는 옛날이나 지금이나 우리에게 과연 진정한 자유가 존재한 적이 있는지를 의심한다. 헌법은 물론 '국민의 자유와 권리'를 화려하게 규정하고 있고, 대부분의 사람들은 스스로 '자유롭게 살고 있다'고 느낀다. 사실 과거에 비해 자유의 폭이 확대된 것은 사실이다. 이적표현물도 자유롭게 읽히고 있다. 그러나 이적표현물은 이적표현물로 엄연히 존재하고, 그것을 읽는 자유도 일부에서는 제한되고 있으며, 그것을 읽다가는 자칫 국가보안법에 걸리기 쉽다.

여기서 분명히 못을 박자. 프롬은 자본주의를 찬양하기는커녕 저주한 사람이었다. 우리나라의 학자들이나 일부 지식인들이 그를 두고 '미치지 말자고 외치는 정신병 설교사' 정도로 오해하거나 '소외니 뭐니 하며 철학적인 허무주의를 외치는 철학병 설교사' 정도로 오해하는 것과 달리 그는 명백히 자본주의에 거역한 사람이었다. 그러나 우리 정부가 생각하는 용공적 이적은 결코 아니었다. 말하자면 그는 이분법만이 통하는 대한민국에서는 그다지 인기가 없을 법한 제3의 길을 선택한 사람이었던 것이다. 그것도 유럽식 사회민주주의 같은 것이 아니라 아나키즘이라고 하는 제3의 길을 말한 사람이었다.

그것은 당연히 남쪽의 자본주의도 북쪽의 사회주의도 비판한다.

왜 프롬인가?

이런 점에서 내가 읽은 프롬의 책들은 우리 사회에 대한 가장 근본적인 비판으로 1970년대뿐만 아니라 지금의 상황에도 그대로 적용될 수 있다. 나는 프롬의 책에 완전히 동의하지는 않지만, 사회와 인간에 대한 그의 비판은 우리의 사회와 인간에도 기본적으로는 그대로 적용될 수 있다고 생각하면서 이 책을 쓴다.

프롬의 책은 결코 쉽지 않다. 그러나 철학 책치고는 쉬운 편이고 그 내용도 포괄적이다. 적어도 전문적인 특정 분야의 철학 책은 아니다. 사실 철학이라는 말을 사용하기도 애매하다. 예컨대 이규호는 철학과 교수였으나 프롬을 사회심리학자라고 소개했다. 프롬을 철학자라고 부르는 사람은 거의 없다.

사회심리학은 말 그대로 심리학의 한 분야다. 프롬이 사회심리학을 구축했다는 점에서 분명 그렇게 불릴 수 있으나 나는 그를 철학자로 본다. 물론 내가 말하는 철학자란 철학의 아버지라는 소크라테스가 그랬듯이 모든 학문에 두루 통하는 사람이라는 뜻이다. 이런 점에서 프롬을 사상가라고 부를 수도 있고, 가장 올바른 의미에서 지식인이라고 할 수도 있다.

여기서 오해를 피하기 위해 우리 주변에 흔해빠진 인생철학자나 고독철학자 또는 수필철학자와 프롬을 분명히 구별할 필요가 있다. 철학 지식을 적당히 양념으로 쳐서 센티멘털한 수필류로 독자들을 현혹하는 철학 아닌 철학을 하는 대중적 필자들을 나는 경멸하는데,

프롬은 그런 자들과는 명백히 차원이 다르다.

프롬은 인류의 역사와 사회, 그리고 인간을 모두 고뇌한다. 그는 그와 같은 부류의 철학자였던 마르크스와 프로이트를 넘어 그 둘을 통합하고자 했다. 그는 적극적인 사회개혁가는 아니었으나 평생을 두고 현실 문제와 대결했고, 중요한 사안에 대해서는 직접 발언하기도 했으며, 사회운동에 참여하기도 했다.

나는 프롬의 책들을 지난 30여 년간 몇 번이나 되풀이해 읽었다. 이 책을 쓰기 위해 또 한번 프롬을 읽으면서 그의 책들이 이적표현물이 되어 있는 현실에 통한을 느낀다. 사실 그의 책들을 이적표현물로 규정한 정부 당국자와 법원은, 프롬이 평생을 두고 싸운 파시즘의 권위주의적 성격을 띤 인간과 사회의 그것이다. 우리 사회는 아직도 그런 인간들이 지배하며 우리 자신도 그렇게 물들어 있다. 따라서 그런 사회, 그런 자신을 새롭게 만들어야 한다는 프롬의 외침을 우리는 경청할 필요가 있다.

이 책은 그런 프롬의 삶과 철학을 정리하는 평전이다. 평전이란 한 사람의 일생 동안 행적을 그저 기록만 하는 전기와는 달리, 한 사람의 일생을 평을 곁들여 기록하는 것을 말한다. 그런데 현재 평전이란 타이틀을 달고 출판되는 책들이 비평을 제대로 곁들이고 있는지 의심스럽다. 여하튼 프롬 책의 대부분이 1960년 이래 40여 년간 수차례 반복 번역된 우리나라에서 그에 대한 평전이 한 권도 저술되지 않았다는 점은 문제가 있다.

그의 책이 수없이 번역되고 소개되고 해설되었지만 그 속에 프롬의 본질인 '권력에의 저항'이 나타나지 않았던 점은 어떻게 이해해야 하는가? 도리어 번역자들이 권력에 아부한 우리의 더러운 역사를 어떻게 이해해야 하는가?

이규호는 《자유로부터의 도피》의 번역자 서문에서 프롬을 "현대사회의 고질적 병폐를 분석 비판하고 사회의 건전함을 구축하고자 힘을 기울인 사람"이라고 말한다.[3] 그러나 그가 말한 고질적 병폐란 구체적으로 무엇인가? 우리의 경우 그것은 바로 다름 아닌 저 권력이 아닌가? 그것도 이규호 자신이 아부한 군사독재 권력이 아닌가? 자신이 학문적 차원에서 번역한 프롬이 그 자신이 아부한 권력에 의해 금서가 되어도 그는 무방했던 것이 아닌가?

이 책은 그들에 의해 죽은, 살해된 프롬을 되살리고자 하는 시도다. 나는 이 책이 프롬 책을 논술 교재로 읽는 학생들에게 참고서의 용도로 쓰이게 되는 것을 바라지는 않는다. 하지만 혹 그렇게라도 읽혀져 젊은이들이 프롬을 재인식할 수 있게 된다면 기껍게 받아들일 것이다.

이 책은 프롬에 대한 찬양서가 아니라는 점을 분명히 밝힌다. 나는 이 책의 곳곳에서 프롬을 비판하며, 특히 선불교에 대한 그의 태도를 비판한다. 선불교와 관련된 프롬의 책 《선과 정신분석》은 한 번역자의 동일한 번역서가 몇 번이나 출판사를 바꾸어가면서 간행될 정도로 인기를 끌고 있다. 그 영향 때문만은 아니겠지만 우리나라 심리학자나 정신분석학자들 중에는 선불교에 관심을 갖는 사람들이 많다. 프롬은 자신이 살았던 서양 사회나 기독교에 대해서는 몹시 비판적이었으나 동양 사회나 불교에 대해서는 거의 맹목적이라는 한계를 갖고 있었다.

프롬의 삶과 생각

오늘날 프롬을 모르는 사람이 과연 몇이나 될까. 현대 사상가 중에서 그만큼 대중적인 사람은 다시없다. 그의 책은 우리말로 대부분 번역되었고 그것도 몇 번이나 되풀이 번역되었다. 그는 우리 시대의 증인이었다. 널리 알려진 대로 프롬은 1900년 독일의 유태인 가정에서 태어나 공부했고, 1933년 나치를 피하여 미국과 멕시코에서 살다가 1980년에 죽었다. 따라서 그는 20세기를 고스란히 살았고 나치와 미국, 그리고 제3세계를 고루 경험했다.

프롬은 사상가로서는 보기 드물게 세계적인 베스트셀러를 만들었다. 그러나 그는 평생 돈을 모르고, 아니 무시하고 살았다. 이런 점에서 그는 철저히 비현대적인 인간이었다. 현대는 무엇보다도 돈을 추구하는 세계이나, 그는 돈의 추구란 삶의 상실이고 영혼의 구제를 포기하는 것이라는 믿음을 평생 가지고 살았다. 그래서 베스트셀러에 대한 인세도 조금밖에 받지 않았다. 그것은 그가 돈이 많았기 때문이 아니라 돈이 자신을 망친다고 생각했기 때문이다.

일생 동안 그는 오전 시간을 돈과 무관한 사색의 시간으로 보냈다. 돈을 벌기 위한 직업으로서의 정신치료는 오후에만 했다. 그는 그렇게 현실을 부정하고 시대의 상식에 순응하지 않았기에 자신의 가치를 확보하고 창조적인 힘을 얻을 수 있었다.

그것은 그가 태어난 유태인 가정의 전통으로, 바로 그런 문화 속에서 마르크스, 프로이트, 그리고 아인슈타인의 창조가 가능했다. 유태식 천재교육이 우리나라에서도 회자되고 있으나, 그 근본이 다름 아닌 상업주의의 부정이라는 점은 우리에게 전혀 알려져 있지 않다.

장사꾼의 육성이 아니라 창조적인 인간을 키우기 위해 유태식 교육을 참조한다면, 그 근본정신을 알아야 한다. 그것은 무슨 대단한 것이 아니라 자유, 자치, 자연에 대한 사랑이다.

그러한 세계에서 자란 프롬은 자유와 자치와 자연에 대한 사랑을 평생 견지했다. 그것은 현실에 대한 변증법적인 부정에 의해 가능했다. 이러한 부정적 실천은 비관주의, 부정주의, 회의주의, 허무주의와는 달랐다. 항의나 거부, 원칙적 반대주의와도 무관한 것이었다.

돈, 곧 '소유하는 것(having)'을 부정적 실천으로 지양하는 것은 단순히 '소유하지 않기'를 추구하는 것이 아니라 그것을 넘어선 새로운 가치인 삶, 곧 '존재하기(being)'를 추구하는 것이었다. 소유의 추구는 인간을 수동적으로 만드는 특성에 의해 인식되고, 인간에게 본래적인 실천을 능동화함으로써 부정된다. 부정적인 실천은 표면적인 것, 다수가 인정하는 것을 부정하는 것이며, 순수한 창조성을 가능하게 한다. 따라서 프롬은 부정적인 실천을 '혁명적' 또는 '생산적'이라고 한다. 여기서 '생산적'이라는 말을 산업주의적인 의미로 이해하지 말기 바란다. 이는 '창조적'이라는 의미이다.

물론 현실의 부정적인 특성을 인식하기 위해서는 설령 맹아의 상태라 할지라도 부정적인 실천이 먼저 있어야 한다. 프롬이나 마르크스의 경우 그것은 바로 자유주의적인 기독교 사회를 부정한 유대교 사회였다. 유대교 사회는 인간적 성장의 목표를 현실에 순응하는 데 두지 않고 전인적으로 완성된 개인을 만드는 데 두었다. 이런 신조에 따라 프롬은 현대를 병들었다고 진단했고, 그 결과 개인도 병들었다고 진단했다.

현대 사회에서는 시장과 이윤 지향의 소비주의, 기술의 발달, 그리고 정보의 신속한 전달이라는 실용적 동기가 모든 영역에서 인간적 동기에 우선하여 인간을 빈곤하게 만들고 있다. 그러한 실용적 동기는 대중에게 허위의 구매욕과 천박한 서민감각 등을 조작해 넣음으로써 인간의 자유와 존엄을 침해하고 있다. 프롬은 이런 점을 누구보다 예리하게 분석하면서도 인류에게 희망이 없다고 말하지는 않는다.

　　모든 사회적 성격은 모든 개인과 그 사회적 상호작용 전체의 지배적 특성에 의해 형성된다는 것이 프롬의 전제이다. 개인들의 행동이 일정한 기존 형태로부터 상당히 유리되면 언제나 집단의 행동양식도 변한다. 따라서 사회규범으로부터의 커다란 일탈은 언제나 사회적 성격에 변화가 일어날 수 있음을 시사한다고 프롬은 본다. 우리는 오늘의 젊은 세대가 과거와는 다른 새로운 생활양식을 모색하고 표현하는 것에서도 그러한 시사를 읽을 수 있다고 생각한다. 이로 인해 기존의 사회적 성격은 차츰 변하고 있고, 앞으로 더욱 철저히 변하리라는 기대를 하게 된다. 이럴 때 프롬을 다시 볼 필요가 있는 것은, 산업화 사회를 벗어나면서 자율적인 인간이 살아남는다고 하는 희망의 재생을 그를 통해 느낄 수 있기 때문이다.

　　그러한 희망이야말로 프롬의 생애를 관통한 에너지였다. 프롬은 자신에 대해 "무신론 신비주의자이고, 어떤 사회주의 정당이나 공산주의 정당과도 무관한 사회주의자이며, 전적으로 비정통인 프로이트파 정신분석학자"라고 말했다.[4] 이 말은 프롬 사상의 세 가지 핵심을 나타낸다. 첫째, 무신론 신비주의란 그가 어렸을 때부터 익숙했던 유대교에 근거한 것이다. 둘째, 사회주의는 그가 10대 때부터 친숙했던 아나키즘적 또는 휴머니즘적 사회주의에 근거한 것이다. 셋째, 정신분석학은 그가 30대부터 죽을 때까지 직업으로 삼은 세계로, 신비주의 및 사회주의와 함께 그의 사상을 구성하는 3대 요소 중 하나이다.

프롬 생애의 시대구분

프롬은 1900년에 태어나 1980년에 죽었다. 흔히 우리는 하나의 세대를 20년으로 본다. 그렇다면 프롬은 4개 세대를 산 셈이다. 나는 대체로 그러한 세대 구분에 의해 프롬의 삶을 넷으로 나눌까 한다.

그 첫째는 1900년부터 1925년 대학 공부를 마칠 때까지 '배움'의 25년이다.

그 둘째는 1926년부터 1935년까지 '모색'의 10년이다.

그 셋째는 1936년부터 1960년까지 '성숙'의 25년이다.

그 넷째는 1961년부터 1980년까지 '전환'의 20년이다.

이러한 구분은 사실 한 사람의 연속된 생애를 억지로 나눈다는 점에서 반드시 자연스럽지는 않다. 또한 20년이라고 하는 세대 단위와도 반드시 일치하지 않으나, 편의상 그렇게 본다는 것을 전제로 한다. 사실 '배움'의 시기는 10대 말에 끝났다고 볼 수도 있고, 10대 말 대학 입학 때부터 '모색'의 시기가 시작되었다고 볼 수도 있다. 나아가 그 '모색'은 최초의 저서인 《자유로부터의 도피》(1941)를 쓴 1930년대 말까지 지속되었다고 볼 수도 있다. '성숙'과 '전환'의 구분도 마찬가지로 애매하다.

그래서 프롬 평전은 시기구분을 하지 않는 것이 보통이다. 프롬에 대한 최초의 평전인 풍크의 《에리히 프롬(Erich Fromm)》(1982)은

6개의 장으로 나뉘는데 처음 3개 장은 1933년까지를 시대순으로 다루지만 마지막 3개 장은 시대순과 무관하다. 풍크의 이 책은 처음 3개 장을 각각 유년, 소년, 청년 시기로 구분하고 있고 그 설명이 상세하다. 그러나 나는 청년기까지 그의 삶을 그렇게까지 상세히 나눌 필요가 있는지 의문을 갖고 있다.

미국에서 나온 게르하르트 크나프의 프롬 평전인《삶의 기술 - 에리히 프롬의 생애와 저술(The Art of Living-Erich Fromm's Life and Works)》(1989)도 10개 장으로 나뉜다. 하지만 앞의 1장(1900~1929), 2장(1929~1940), 3장(1941), 4장(1944~1950)을 제외한 나머지 장들에서는 시기구분이 애매하고, 다만 그의 저술이 지닌 특징에 따라 시기가 구분돼 있다. 프롬 평전들이 이런 공통된 특징을 갖고 있는 것은 그의 생애에 특별한 변화가 없었고, 평전 저자들이 주로 저술을 중심으로 그를 다룬 탓이었던 것으로 보인다.

이 책도 그와 같은 문제점에서 벗어나기 어렵다고 여겨지지만, 가능한 한 시기구분에 충실하면서 설명하고자 한다. 위에서 본 4개의 시기구분 가운데 '배움'은 이 책의 1장, '모색'은 2장, '성숙'은 3~6장, '전환'은 7~9장이다.

1장 '배움'은 프롬이 태어나 가정, 학교, 사회 등에서 여러 가지를 배운 시기를 다룬다. 흔히 '배움'이라고 하면 학교생활이 중심이라고 생각되기 쉬우나, 프롬에게는 학교생활이 그다지 중요하지 않다. 특히 우리의 초중고교에 해당하는 기본교육에서는 프롬에게 특별한 점이 거의 없다. 한 가지 이 시기에 의미가 있다면 우리의 고교 시기에 해당되는 1914년에서 1918년 사이에 일어난 1차 세계대전이

라는 전쟁을 통해 그가 느낀 점들뿐이다. 프롬에게 가장 중요한 배움
은 가정과 사회를 통해 이루어졌다.

　　2장 '모색' 은 프롬 사상의 근간이 되는 프로이트와 마르크스와
의 만남의 시기를 다룬다. 여기서 '만남' 이란 프롬이 두 사람을 만나
는 것이자, 프롬을 통해 그 두 사람이 만난다는 의미도 포함한다. 특
히 이 시기에 프롬은 마르크스를 통해 프로이트를 비판했다.

　　3~6장 '성숙' 은 프롬 전기의 중요한 저작들로서 1940년에서
1960년 사이에 저술된《자유로부터의 도피》《인간 자체: 윤리심리학
의 탐구》《건전한 사회》《사랑의 기술》을 중심적으로 다룬다. 이 시
기는 프롬이 베스트셀러 작가로서 세계적인 명성을 떨친 시기이자
정치적인 활동에 적극 참여한 시기이기도 하다.

　　7~9장은 '전환' 은 1961~1980년 사이에 저술된《인간의 마음》
《인간 파괴성의 분석》《소유냐 존재냐》를 중심으로 다룬다. 이 시기
는 '성숙' 의 시기와 구분하기 힘든 점도 없지 않으나(그래서 다른 평
전 작가들은 구분하지 않았다), 역시 앞 시기와는 다른 점들이 있다
고 나는 본다. 예컨대 이 시기는 프롬이 프로이트로 되돌아온 시기이
자, 프로이트가 말한 삶과 죽음의 본능을 새로운 관점에서 전환시킨
시기이기도 하다. 무엇보다도 생태를 중시하고 아나키즘적 사회에
대한 비전을 제시한, 신선한 자극적 통찰이 빛나는 시기이다.

사회적 위기에 대한 반응으로 본 시기구분

이상의 시기구분은 프롬이 각 시기의 위기에 대해 보인 반응을 통해
서도 설명될 수 있다. 즉 '모색' 의 시기에 나타나는 최초의 위기는 마

르크스가 서유럽에서 일어나리라고 예언한 혁명이 불발로 끝나고, 도리어 파시즘이 득세하여 유럽 마르크스주의가 맞게 된 위기였다. 이 위기에 대해 카를 포퍼, 아서 케스틀러, 시몬느 베이유 등은 마르크스주의의 프롤레타리아 혁명론을 오류라고 비판하고, 다른 것에서 계몽과 해방을 추구했다. 그러나 프롬을 비롯한 이른바 프로이트 좌파들은 마르크스주의를 버리지 않고 프로이트를 가져와 프롤레타리아의 무기력을 낳은 주관적 요인을 찾고자 했다. 그들은 대중의 불합리성과 복종성을 원초적 유전이나 선사시대에서 찾는 프로이트를 비판하고, 그것은 권위주의적인 가정, 교회, 교육제도의 특징인 여러 차원의 사회화에서 생긴다고 보았다.

이어 프롬의 '성숙' 시기는 전후의 산업자본주의가 낳은 정신적 병폐, 냉전과 핵군비 경쟁으로 나타난 이성의 위기, 그리고 생태계의 위기에 대응하는 시기였다. 호르크하이머나 아도르노, 밀스 등과 함께 프롬은 과거와는 다른 소외와 소비주의라는 대중문화를 특징으로 하는 명목뿐인 민주사회에서 합의, 복종, 허위의식이 우려할 만한 규모로 확대되는 위기를 보았다. 이에 대해 프롬은 정신적 재발견과 혁신의 필요성, 그리고 현대 문화의 물욕적, 소비주의적, 물질주의적 지향에 대한 의식적이고 자발적인 포기의 필요성을 강조했다. 또한 프롬은 반핵, 반베트남전쟁 운동에 적극 참여하고 중산계급의 관습이나 물질적 욕구를 거부하는 대항문화를 지원했다.

마지막으로 프롬의 '전환' 시기는 정신분석의 위기에 대응한 시기였다. 그는 '성숙' 시기의 활동을 계속하면서도 정신분석이 관료조직 장치로 전락해 교회처럼 자주적 사상을 질식시키고 동조적(同調

的) 가치관을 조장하여 커다란 위기를 맞는 것을 우려했다. 그러나 동시에 프롬은 마르쿠제로부터 그 자신이 그런 위기를 초래했다는 비판도 받았다. 여기서 초기의 '좋은' 프로이트 학파인 프롬과 후기의 '나쁜' 수정주의자인 프롬이라는 구별이 생겨났다. 그러나 우리가 이 책에서 보게 되듯이 그와 같은 구분이나 비난은 적절하지 못하다. 그의 사상은 고여 있지 않고 계속 변천했다는 점을 진지하게 검토한다면 초기와 후기의 그러한 구별은 공정하지 못한 것임을 알 수 있다.

사상의 연속성과 관련해서는 프롬이 초기에는 파시즘과 권위주의의 문제를 강조했으나, 중기에 미국 사회를 검토하게 되면서 그런 관심이 약화된 점을 지적할 수 있다. 이는 중기에 '자동인형적 순응'이라든가 '시장적 성격', 그리고 '익명의 권위에 대한 복종' 등으로 관심이 기울어지면서 생겨난 것이다. 그러나 이러한 관심의 변화는 그가 위험하고 불쾌하다고 느낀 미국 사회의 여러 특징에 대한 감정적 반응에 의해 일어난 것이지, 이론적 수정에 의해 일어난 것이라고 보아서는 안 된다. 이 점은 이 책의 해당 부분에서 마르쿠제와의 논쟁을 검토하면서 다시 상세히 언급하도록 한다.

여하튼 우리는 프롬의 사상이 시대적 위기상황에 의해 변모했다는 것을 알 수 있기 때문에(이는 어떤 사상의 경우나 마찬가지이지만), 프롬의 생애와 사상을 검토하는 이 책에서도 시대상황에 대한 고찰을 매우 중요하게 다룬다. 시대상황에 대한 고찰이 없는 프롬의 평전은 무의미할 것이다.

소년 프롬

선조들

어떤 사람을 살펴보면서 그 선조의 가계를 따지는 것이 반드시 필요한 일은 아니다. 그러나 유태인 출신인 프롬의 경우는 그럴 필요가 있다. 프롬의 부모 집안은 유대교의 율법가인 랍비와 탈무드 학자들을 많이 배출한 보수적인 가계였고, 그런 특성이 프롬 사상에 어느 정도의 영향을 끼쳤기 때문이다. 그렇다고 해서 이 점을 과도하게 강조할 필요는 없다.

　예컨대 박찬국은 15쪽에 걸친 프롬 생애에 대한 설명 중 거의 절반가량을 선조나 유대교와의 관련성에 할애했다. 물론 풍크를 비롯한 유태인 학자들이 쓴 프롬 전기의 영향 때문이었겠지만 이는 좀 지나친 강조가 아닌가 한다. 프롬 자신이 '지적 자서전' [5]으로 1962년에 쓴 《환상의 연쇄를 넘어: 나의 마르크스와 프로이트와의 만남》에서도 선조나 유대교에 대해 일체 언급하지 않았다는 점은 나의 견해를 뒷받침해준다. 따라서 여기서는 프롬을 이해하기 위한 최소한의 전제 지식으로서만 선조와 유대교를 다룬다.

유태인은 1812년의 해방 이래 독일 사회에 진출하여 1869년에는 북부 독일에서 독일인과 동일한 권리를 부여받았고, 2년 뒤 독일이 통일되자 독일 전역에서 동일한 권리를 인정받았다. 그러나 군인이나 관리가 되는 길이 막혀 있었기에 유태인은 주로 의사나 변호사와 같은 자유업에서 활약했다. 프롬이 대학에서 처음에 법학을 선택한 것도 그런 사회적 환경 때문이었다고 할 수 있다.

당시 독일 제국에서 유태인은 전체 인구의 1퍼센트에 불과한 소수였다. 그러나 자유업의 경우에는 1907년에도 의사의 6퍼센트, 변호사의 14퍼센트가 유태인이었다. 유태인들은 학술, 예술, 언론 등에서도 두각을 나타냈다. 그러나 프롬의 선조들은 그런 계몽된 유태인이 아니었다.

프롬의 아버지 쪽은 마인 지방 출신 유태인이었다. 프롬의 조부 젤리히만 프롬(Seligmann Fromm, 1821~1898)은 전통적인 랍비 집안에서 태어나 당시 저명한 랍비였던 젤리히만 베어 밤베르거(Seligmann Baer Bamberger, 1807~1878)의 제자가 되었고, 그 뒤 1852년에 그의 사위가 되어 그 해부터 30여 년을 고향에 사는 어느 귀족의 가정 랍비로 살았다.

프롬이 그의 선조 가운데 가장 존경했던 인물인 밤베르거는 상인의 아들로 태어나 당시 독일에서 가장 유명한 탈무드 연구가가 됐다. 그는 9명의 자녀를 먹여 살리기에 필요한 최소한의 돈을 벌면서 남는 시간은 탈무드 연구에 바치기 위해 작은 상점을 열었는데, 탈무드 공부에 방해가 된다는 이유로 찾아온 손님을 내쫓기도 했다. 그후 그는 뷔르츠부르크의 랍비가 되어 독일 남부 바이에른 지방 최고의 랍비로 명성을 떨쳤다. 뒤에 프롬은 삶과 공부를 일치시킨 증조부의 삶에서 가장 큰 영향을 받았다고 말했고, 자신도 평생 밤베르거처럼 살고자 노력했다.

프롬의 조부인 젤리히만 프롬은 결혼한 1852년부터 1875년까지 홈부르크 백작에게 고용되어 탈무드 학자로 지내다가, 1875년 프랑크푸르트에 있는 어느 남작의 가정교사 겸 랍비가 되어 많은 보수를 받았다. 보수적인 프롬 집안 사람들은 이런 그를 고운 눈으로 보지 않았다. 특히 그의 아홉째 아들인 프롬의 아버지 나프탈리 프롬(Naphtali Fromm, 1869~1933)과 그의 아들 에리히 프롬은 경제적 이유로 자유를 팔았다는 점에서 그에 대해 특히 비판적이었다. 이 때문에 젤리히만 프롬의 자녀 10명은 랍비가 되거나 랍비와 결혼하고자 하지 않았다. 결국 전통적인 랍비 가계는 붕괴되었다. 본디 랍비가 되고자 했던 프롬의 아버지도 술집을 경영했다. 프롬은 그런 아버지를 그다지 좋아하지 않았고, 아버지의 형제들을 경멸하여 평생 만나지도 않았다.

프롬의 어머니 로자(Rosa Fromm, 본래의 성은 Krause)의 아버지 집안은 러시아에서 살다가 영국 혁명의 시대에 핀란드로 이민하여 그곳에서 유대교로 개종하고 포젠에 정착했다. 프롬의 외할아버지는 엽연초를 제조했다. 외할아버지의 형인 루드비히 크라우제(Ludwig Krause)는 유명한 탈무드 연구자로, 어린 프롬에게 탈무드를 가르쳤다. 어린 프롬이 탈무드 연구자가 되고자 하고 포젠에 가고 싶어 한 것은 바로 이 큰 외할아버지의 영향 때문이었다. 프롬의 회상에 의하면 "나는 앞으로 어떤 사람이 될까요?"라는 어린 프롬의 질문에 그는 "한 사람의 유태인이 될 것"이라고 대답했다고 한다.[6] 이에 대해 프롬은 "어떤 야심도 배제하려는 전형적인 유태적 답변이었다"고 말했다.[7]

고향 프랑크푸르트와 부모

우리가 유럽에 가는 길은 여러 가지가 있으나, 특정 도시를 지정하지 않고 유럽에 가는 가장 일반적인 방법은 유럽의 중앙인 프랑크푸르트 공항에 내리는 것이다. 나는 몇 년 전 이 도시에 두세 달가량 머물면서 유럽 각지를 여행한 적이 있다. 그 전후에도 몇 차례 유럽을 여행했다. 유럽 전역을 돌기에는 프랑크푸르트만큼 편리한 곳이 없다.

괴테의 고향으로도 유명한 프랑크푸르트는 중세 이래 유럽의 무역과 상업 및 교통의 중심지였다. 프롬이 태어난 1900년 무렵 그곳은 이미 인구가 29만 명을 넘나드는 대도시였고, 1905년에는 인구가 32만 명에 이르렀다. 그리고 프롬과 같은 유태인이 인구의 8퍼센트를 차지했다. 유태인들 대부분은 소매상인이었지만 금융인, 의사, 학자인 유태인도 많았다. 말하자면 중산층이었던 셈이다. 프롬의 아버지 역시 과실주 상점을 경영하는 중산층 상인이었다.

프롬은 1900년 3월 23일 프랑크푸르트에서 태어났다. 프롬의 아버지는 상인이었으나 랍비로 살고자 했다. 프롬의 아버지는 자신이 이루지 못한 꿈을 외아들인 에리히 프롬이 이루기를 원했다. 그래서 프롬의 중간 이름을 랍비였던 조부 이름을 따라 젤리히만이라고 붙였다. 같은 해인 1900년, 역시 같은 곳인 프랑크푸르트에서 뢰벤탈 (Leo Löwenthal, 1900~1993)이 태어났고, 3년 뒤에는 아도르노 (Theodor Adorno, 1903~1969)가 태어났다. 그들은 모두 유태인이었으며, 프랑크푸르트 대학에 다녔다. 뒤에서 다시 언급하겠지만 뢰벤탈과 아도르노는 프랑크푸르트 사회연구소를 통해 프랑크푸르트학파로서 프롬과 인연을 맺었다. 프롬은 뢰벤탈과는 친하게 지냈지만 아도르노와는 적대적이었다.

프롬의 아버지에 대해서는 그다지 자세히 알려지지 않았으나, 1925년 유태인회 프러시아 분회의 평의원에 선출될 만큼 프랑크푸르트의 유태인 사회에서 명망이 높은 인물이었던 것 같다. 정치적, 종교적 신념에 있어서 그는 밤베르거처럼 전통적인 보수적 유태인 그 자체였다. 또 사진으로 볼 때 그는 허약하고 내성적이었을 것으로 여겨진다.

프롬 부모의 결혼생활은 결코 행복한 것이 아니었다. 그러나 대부분의 유태인 부모가 그러하듯 프롬의 부모 역시 하나뿐인 아들에게 엄청난 관심을 쏟았고, 이는 프롬을 신경증적인 아이로 만들었다.[8] 그의 어머니는 아들에게 종교적 정통성과 중세적 정의관을 심어주고자 노력하는 아버지의 정치적, 종교적 보수주의에 반대했다. 어머니는 프롬의 나쁜 점은 모두 아버지의 피를 물려받은 탓이고, 좋은 점은 자신의 피를 물려받은 덕분이라고 주장했다. 그리고 프롬의 행복보다도 명성이나 평가에 더 관심이 많았다. 어머니는 프롬을 피아니스트로 만들고자 했지만, 이러한 희망은 프롬이 고등학교 졸업과 동시에 피아노 공부를 그만둠으로써 이룰 수 없는 것이 되었다.

특히 프롬이 존경하는 큰 외할아버지 루드비히 크라우제처럼 탈무드 연구가가 되기 위해 피아노 공부를 그만뒀다는 점에서 어머니의 실망은 더욱 컸다.[9)]

프롬은 어려서는 아버지와 친밀했으나, 성장하면서 아버지가 자기에게 무관심하다고 느꼈다. 상인이면서도 랍비처럼 산 아버지는 상인이라는 직업에 대한 부끄러움을 아들에게 심어주었다. 즉 돈을 벌기 위해 평생을 바치는 것을 수치로 여기는 중세적 인생관을 뿌리 깊게 심어줌으로써 프롬의 인생에 결정적인 영향을 미쳤던 것이다.[10)]

이 근대적 생활과 중세적 가치의 갈등은 프롬의 근본사상을 형성한다. 즉《자유로부터의 도피》에 나타나는 인간성의 발달에 대한 사상이나《소유냐 존재냐》에 나타나는 존재와 소유의 대립이 바로 그것이다. 그가 미국 자본주의에 대해 애증의 태도를 보인 것도 그러한 대립에서 비롯되었다고 볼 수 있다.

이는 프롬이 우리의 고등학교에 해당되는 김나지움에 들어갈 나이인 13세에 랍비의 지도를 받으며 집과 교회에서 탈무드를 배우기 시작했고, 이런 탈무드 공부가 26세까지 이어졌다는 점과도 관련된다. 그 후 그는 정통 유대교로부터 멀어졌으나, 당시의 탈무드 공부는 그의 모든 저작에 강한 도덕주의적 경향으로 반영됐다. 1966년의《당신도 신이 되리라》에서 그는 유대교의 가르침을 강조했다.[11)]

김나지움 생활에 대해 프롬은 뒤에서 소개할 몇 가지 에피소드 외에는 회상을 남기지 않고 있다. 그러나 당시의 여러 사람들이 회상했듯이 프롬이 다닌 김나지움도 군대식 학교였음에 틀림없고, 프롬

고교 시절 친구들과 함께. 오른쪽에서 두 번째가 프롬

은 그것을 분명히 혐오했을 것이다.

사춘기의 의문

프롬은 《환상의 연쇄를 넘어: 나의 마르크스와 프로이트와의 만남》
에서 자신이 프로이트와 마르크스를 만나게 되는 어린 시절의 경험
을 회상한다. 우선 그가 프로이트를 알기 전에 인간의 심리에 관심을
가졌다는 설명부터 살펴보자.

프롬은 아버지가 '성미가 조급하고 까다로운' 사람이었으며, 어
머니는 '곧잘 울적해하는' 성격이었다고 했다.[12] 다른 회상에서는
두 사람 모두 걱정이 많았고, 특히 외아들인 자신에 대해 과도한 걱정
을 했다고 말했다. 심지어 그의 아버지는 박사학위 취득을 위한 최종
시험을 앞둔 프롬이 혹시나 자살하지 않을까 걱정하며 하이델베르크
대학에 찾아오기까지 했다.[13] 프롬은 자신이 그런 두 사람 사이에서
태어난 외아들이기 때문에 '인간의 심리적 반응의 이상하고 신비로
운 원인'에 어려서부터 흥미를 느꼈다고, 자신이 정신분석에 흥미를
느낀 근본 계기를 설명했다.[14]

어린 시절에 프롬이 죽음을 강하게 느꼈던 중요한 경험이 있었
다. 그가 열두 살 때 알고 지내던 아름답고 재능이 뛰어난 젊은 여류
화가가 자살했다. 그녀는 아버지가 죽자 아버지와 같이 묻어 달라는
유서를 남기고 자살했다. 이 사건[15]은 어린 프롬에게 충격을 주었다.
프롬은 《환상의 연쇄를 넘어: 나의 마르크스와 프로이트와의 만남》
에서 이 사건을 회상하고 있다. 이 사건은 프롬으로 하여금 정신분석
에 흥미를 느끼게 하고, 자신의 정신분석 이론에서 '생명애호적 인

자'와 '죽음애호적 인자'라는 개념을 낳는 계기가 되었다.

이 사건이 프롬을 정신분석의 세계로 이끈 한 계기였다면, 그를 사회주의로 이끈 계기는 그의 가정 및 종교교육, 그리고 유태인이라는 인종적 요인으로 인한 분쟁의 경험이었다. 프롬이 어려서부터 유대교의 경전인 구약성서에 젖었음은 앞에서도 보았다. 그 중에서도 특히 예언서가 그에게 감동을 주었는데, 그것은 여러 가지 계율이나 재앙의 고지 때문이 아니라 '최후의 날'에 대한 약속 때문이었다. 이와 관련된 '세계평화와 여러 국가들의 협조'라는 비전은 열두 살 무렵의 프롬을 강하게 사로잡았다.[16]

이는 그가 기독교 사회에 살고 있던 한 유태인 소년으로서 반유태주의 분쟁에 몇 차례 말려들었던 데다가, 분쟁의 쌍방에 냉담하고 배타적인 감정이 존재하고 있음을 깨달았던 탓이었다.[17] 이때부터 생긴 배타주의에 대한 증오와 평화에 대한 사랑 역시 그의 평생을 지배한다. 프롬은 열두어 살 때부터 아버지의 상점에서 일하는 사회주의자들과 정치를 논한 경험이 있는데 이 경험은 그가 정치에 흥미를 갖는 계기로 작용했다.[18] 여기서 우리는 프롬이 일찍부터 사회주의에 눈떴음을 알 수 있다.[19]

전쟁

프롬이 열네 살이었던 1914년에 1차 세계대전이 발발했다. 이때의 경험은 그의 정신 발달에 큰 영향을 주었다.[20] 우리는 그가 추상적으로 전쟁을 혐오한 것이 아니라, 당시 한 교사의 태도로부터 구체적으로 전쟁의 모순을 느꼈다는 점에 주목할 필요가 있다.

나의 라틴어 교사가 전쟁이 일어나기 2년 전에 수업 중 즐겨 입에 올린 격언은 '평화를 바라면 전쟁을 각오하라'였는데, 막상 전쟁이 일어나자 그는 기쁜 표정을 지었다. 그래서 평화에 대한 그의 관심이 진짜가 아니었음을 알았다. 항상 평화의 유지에 관심을 갖고 있는 것처럼 보였던 사람이 일변하여 전쟁을 환영하는 일이 어떻게 가능하단 말인가? 그 후 오늘에 이르기까지 나는 군비(軍備)가 평화를 유지한다는 생각을 신용할 수 없게 되었다.[21]

당시 독일 전역에는 영국인에 대한 신경증적인 증오가 퍼져 있었다. 독일인들이 영국인들을 악마로 취급하는 데 대해 프롬은 충격을 받았다. 프롬이 다닌 학교에서는 영국의 국가를 암기하라는 숙제를 학생들이 거부하는 소동이 벌어졌다. 그 때 선생님은 "바보 같은 소리를 해서는 안 된다. 지금까지 영국은 한 번도 전쟁에 진 적이 없다"고 말했다. 그것은 증오 속에서 터져 나온 유일한 현실 감각의 소리이자 이성적인 계몽의 목소리였다.

훗날 60세가 넘은 프롬은 당시의 사건들을 회상했고, 회상은 다시 하나의 물음으로 모아졌다. "어떻게 그러한 일이 가능하단 말인가?" 이 물음은 앞에서 본 젊은 여류 화가의 죽음에 대해서 그랬던 것처럼 의미를 찾고자 하는 시도였다. '계몽의 빛'은 다수파의 상식과 정당화된 증오에 대항하여 들려온 '이성의 소리'였다. 그 선생님은 비록 보수적인 생각을 내뱉은 것에 불과했으나, 프롬은 그로부터 힘든 용기를 필요로 하는 부정적 실천을 행함으로써 자립과 아이덴티티를 얻을 수 있음을 배웠다. 이런 배움은 바로 그가 존경한 선조 랍비의 정신이 그를 통해 계몽의 빛을 발하게 하는 계기가 됐다.

그러나 아직은 의문이었다. 전쟁으로 인해 사람들이 죽어나가고 있음에도 군 고위층이나 언론에서는 전쟁을 합리화하고 승리를 예언하고 있었다. 프롬은 그런 태도가 잘못이라고 생각하게 되면서 의문이 더욱 커졌다. 연방의회 하원에서는 전쟁 예산에 반대하는 사회주의 의원이 늘어났고, 그들은 정부의 태도를 비판했다. 그러나 살육은 계속됐고, 그에 수반해 단기결전을 한다는 약속, 자기 나라의 결백에 대한 위증, 극악무도하다는 적에 대한 기만적인 비난, 거짓 평화제의, 성의 없는 강화조약 포고 등이 이어지는 것을 보면서 "어떻게 그런 일이 있을 수 있을까?"라는 의문은 더욱 커져갔다.

수백만의 사람들이 계속 참호 속에 있으며, 아무 죄도 없는 다른 나라 사람들을 죽이거나 죽임을 당하고, 그 결과 부모나 아내, 친구들을 깊은 비탄의 구렁텅이에 빠뜨리는 이런 일이 어떻게 있을 수 있을까? 그들은 무엇 때문에 싸우고 있는가? 양 진영 모두 자기들은 평화와 자유를 위해 싸우고 있다고 믿고 있는데, 대체 이런 일이 어떻게 있을 수 있을까?

…

전쟁은 별다른 의미도 없는 우발사고의 결과일까? 아니면 일정한 사회적, 정치적 발전의 결과이고, 그 자신의 법칙을 따르며, 그 법칙의 특징을 알기만 하면 이해할 수 있고, 나아가서는 예언까지 할 수 있는 것일까?

…

1918년에 전쟁이 끝났을 때 이미 청년이 된 나는 심한 곤혹에 빠져, 어째서 전쟁이 일어날까 하는 의문, 즉 인간의 집단행동의 비합리성을 이해하고 싶다는 소망과, 평화와 국제적 상호이해를 추구하고자 하는 열정적 욕구에 사로잡혀 있었다. 그리고 모든 공인된 이데올로기와 공적인 선언 따위에는 극도로 회의적이었고 '모든 것을 의심하지 않으면 안 된다' 는 확신에 차있었다.[22]

이러한 경험이 프로이트와 마르크스에 관심을 갖게 한 계기였다고 그는 말한다. 그것은 개인 생활을 지배하는 법칙과 사회의 법칙, 즉 사회적 존재로서의 인간을 둘러싼 법칙을 이해하는 일이었다.[23] 그렇다고 해서 프롬이 1918년경부터 프로이트와 마르크스에 대해 관심을 가졌다는 것은 아니다. 여기서 중요한 점은 프롬이 이론적 사변보다 경험적 관찰을 중시했다고 하는 것이다.[24]

프롬은 18세에 당시 막 출판된 블로흐(Ernst Bloch, 1885~1977)의 《유토피아의 정신(Geist der Utopie)》(1918)을 읽었다. 프롬보다 15세 연상인 블로흐는 프롬의 집에 자주 드나들었다. 경험적 관찰을 중시하는 프롬이 1차 세계대전 중 전쟁 반대론을 폈던 블로흐에게 호감을 느꼈던 것은 당연하다. 마르크스주의자들 가운데 유일하게 유토피아 철학자를 자처한 블로흐의 사상은 1954년부터 1959년까지 간행된 3권의 주저 《희망의 원리(Das Prinzip Hoffnung)》에 집약됐다. 그러나 블로흐의 메시아주의적 사회주의는 이미 《유토피아의 정신》에서부터 나타났고, 18세의 프롬에게 중대한 영향을 끼쳤다.

이처럼 소년 시절은 프롬의 기본적인 성격을 형성한 시기였다. 그것은 유태 문화의 독특한 이율배반을 바탕으로 이루어졌다. 즉 신비주의와 합리주의, 저변으로부터의 자발성과 학문에 대한 사랑, 깊은 고독과 집단에 대한 선호, 급진적인 반항과 전통에 대한 사랑이라고 하는 모순된 환경적 요소들이 프롬의 인격 형성에 기본이 된 것이다.

유대교는 무척 보수적이어서 유태인 스스로 독자적인 운명에 헌신해야 한다고 여기며, 자신들이 속한 사회에 동화되는 것을 거부했다. 그러나 동시에 유태인들은 개인적으로는 개방적이었고 독창성, 융화성, 다양성을 주장하는 이율배반적인 성격을 갖고 있었다. 보수적인 유대교는 당시 유태 사회에서도 소수파였지만, 결코 다수파에 동조하지 않는다는 신념을 지니고 있었다. 또한 앞에서 본 바와 같이 1차 세계대전에 의해 생겨난 공식 이데올로기에 대한 깊은 불신도 프롬의 성격과 사상을 형성하는 바탕이 되었다. 이는 유태적 정체성의 문제와도 관련된다. 어느 국가나 사회에 정착하더라도 그곳에 자발적으로 뿌리내리지 않는 디아스포라(Diaspora)[25]를 프롬의 본질로 보는 견해가 있다. 이는 미국에서도 멕시코에서도 뿌리를 내리지 못하고 아웃사이더로 산 그의 삶과 연관되어 주장되는 견해다.[26]

그러나 그런 프롬의 삶의 특수성을 인정한다고 하더라도 그의 보편적 인간에 대한 휴머니스트적인 믿음, 즉 각 개인 안에는 전체 인류가 있고, 인간의 조건은 모두에게 동등하며, 이는 지능, 재능, 크기, 피부색의 차이에도 불구하고 항상 그러하다는 신념을 유태적 정체성으로 보는 점에는 의문이 있다. 왜냐하면 시오니즘이나 이스라엘에서 볼 수 있듯이 적어도 대부분의 유태인은 자민족에 관한 한 대단히 국수주의적인 면을 보이기 때문이다. 만약 이런 점을 유태적 정체성으로 본다면 인간에 대한 프롬의 신념과는 왠지 거리가 있어 보인다.

여기서 우리가 눈여겨보아야 할 점은 적어도 소년 시절 이후 프롬이 어디에서나 이단이나 소수로 산 것은 그의 유태인적 기질 탓이라기보다도 그 자신의 선택적 결단에 의한 것이라고 보아야 한다는 것이다. 특히 그의 학문 세계나 정치 참여가 그렇다. 따라서 프롬의 인간성 형성에서 그 원인을 찾아야지 유태인이기 때문이라느니 하는 민족성론으로 설명해서는 안 된다.

대학 시절

대학생 프롬

독일 역사에서 1918년은 매우 중요하다. 1차 세계대전에서 독일 제국이 패하고 사회민주주의자들에 의해 바이마르 공화국이 수립되었다. 당시 프롬은 사회개혁의 필요성에 원칙적으로 찬성했으나 좌우익의 잔인한 정치투쟁에는 혐오감을 느꼈다. 심지어 로자 룩셈부르크와 칼 리프크네히트가 우익 군대에 의해 잔혹하게 학살되었을 때도 분노하지 않았다. 그 이유가 좌익의 정치투쟁에 대한 반감 때문이었는지는 알 수 없고, 우익 군대의 학살행위에 대한 프롬의 반응도 알 길이 없다. 그는 이 사건에 대해 1973년에 쓴 《파괴란 무엇인가》에서 룩셈부르크를 잠시 언급했을 뿐이었다.

1918년, 18세에 프롬은 우수한 성적으로 고등학교를 졸업한다. 그러나 학교생활은 그에게 별로 의미가 없었다. 그는 18세에 고등학교를 졸업한 뒤 프랑크푸르트 대학에서 1년 간 법학을 공부한다. 하지만 법학 공부도 그에게는 전혀 무의미한 것이었다.

프롬이 대학에서 법학을 공부한 것은 당시 유태인에게 허용된 자유업 중 하나인 변호사가 되기 위해서였다. 그러나 프롬은 법이란 '사회의 최소한의 윤리'일 뿐이라고 판단해 변호사가 되는 것을 포기하고, 1년 뒤 하이델베르크 대학으로 옮겨 심리학과 사회학 및 철학을 공부했다. 그가 사회학을 공부하게 된 배경에는 앞에서 설명한 라빈코프나 블로흐 등의 영향이 있었다. 아니 그보다도 역시 앞에서 설명한 어린 시절에 품었던 의문, 즉 사회적 공동생활의 법칙성에 대한 의문, 법이나 국가 및 종교 등의 제도에 대한 의문, 사회 속 개인의 기능에 대한 의문, 개인과 사회질서의 관계에 대한 의문 등이 더 큰 영향을 끼쳤으리라. 아니 더욱 근본적으로는 유태인으로서의 삶, 특히 외아들이라는 데서 그가 느낀 여러 가지 문제점들이 원인으로 작용했으리라.

하이델베르크 대학은 막스 베버(Max Weber, 1864~1920)가 사회학을 가르치는 곳으로 유명했다. 그러나 베버는 프롬이 하이델베르크 대학으로 온 다음 해에 사망했기에 프롬과는 거의 만날 수 없었다. 물론 프롬은 하이델베르크에서 막스 베버를 읽었고, 뒤에 그의 책을 가끔 인용하기도 했으며, 그를 마르크스, 프로이트와 함께 결합하고자 했다. 프롬은 막스 베버의 동생인 알프레드 베버(Alfred Weber, 1886~1958) 밑에서 윤리를 연구하기 위해 사회학을 공부했다. 개인적으로 친했던 알프레드 베버는 프롬의 학위논문 지도교수가 되었다.

반면 당시 하이델베르크의 교수였던 실존주의 철학자 야스퍼스

(Karl Jaspers)와 신칸트학파 철학자 리케르트(Heinrich Rickert)는 프롬에게 깊은 인상을 남기지 못해, 프롬의 어떤 책에서도 그들의 이름을 볼 수 없다.[27] 이는 프롬의 친구였던 뢰벤탈이 그들에게 크게 영향을 받은 점과 대조적이다.[28] 당시 프롬이 순수한 철학에는 관심이 없었기 때문이다. 프롬은 철학이란 인간을 행동하는 존재로 다루는 경우에만 의미가 있다고 보았고, 자연히 윤리학과 사회학으로 기울었다. 그래서 그는 아리스토텔레스, 스피노자, 마르크스에 심취했다.

유대교 활동

대학 시절 프롬은 방학 때마다 프랑크푸르트에 돌아가 그곳의 유태인 사회와 깊이 교류했다. 그중에서도 랍비인 네헤미아 노벨(Nehemia Anton Nobel, 1871~1922)의 영향이 컸다. 노벨은 보수적인 유태 신비주의자였으나 괴테나 칸트를 주목한 휴머니스트이자 계몽주의자이고 사회주의자이자 정신분석에도 관심을 가진 사람이었다. 그가 관심을 쏟은 코헨의《유대교를 원천으로 하는 이성의 종교(Die Religion der Vernunft aus den Quellen des Judentums)》[29]는 유대교에 대한 프롬의 인식 틀을 형성해준 책이었다.

코헨은 종교적 실천과 성서 해석에 있어서는 자유주의자였으나, 모제스 헤스(Moses Hess)와 유사한 사회주의적 휴머니즘을 지지한 사람이기도 했다. 헤겔 좌파인 헤스는 엥겔스에 이어 1840년에는 마르크스에게도 사회주의자가 되도록 영향을 끼친 장본인이었다. 그러나 헤스의 사회주의는 공동체 사회주의였고, 뒤에 키부츠 운동에도 영향을 끼쳤다. 헤스의 사상은 후에 프롬의《건전한 사회》에 나타나

정통 유대교 랍비 네헤미아 노벨

는 아나키즘적 비전으로 한 결실을 맺었다. 그러나 프롬은 헤스에 대해 아무런 언급도 하지 않았다. 이는 헤스가 국제사회주의에 실망하여 시오니스트가 되고, 시오니즘의 선구자인 테오도르 헤르츨(Theodor Herzel, 1860~1904)을 지도한 탓인 듯하다.

그러나 코헨은 유태 민족주의에 반대하여, 예언자의 전인류주의와 휴머니즘은 국가(설령 유태 국가라도)에 대한 충성을 배척한다고 주장한 점에서 헤스와 달랐다. 프롬은 1966년에 쓴 《휴머니즘의 재발견》에서 코헨의 전인류주의적 휴머니즘에 경의를 표하고, 반복하여 그를 인용한 바 있다.

프롬은 노벨에 대해서는 아무런 기록도 남기지 않았다. 따라서 노벨이 프롬에 미친 영향에 대해 과도하게 말하는 것은 무리인 듯도 하다. 하지만 프롬이 그를 통해 코헨과 괴테를 읽고 많은 지식인들과 교류했으며, 1927년까지 시오니즘 청년운동에 열심히 참여했다는 사실은 알아둘 필요가 있다. 시오니즘은 1897년 스위스 바젤에서 동서 유럽과 미국의 유태인 대표자들이 모여 팔레스타인 귀환을 선언하고 발족한 운동으로, 당시 많은 유태인들의 공감을 불러일으켰다. 그 지도자인 헤르츨의 사진은 지금도 이스라엘 국회의사당에 걸려 있으나, 그들의 국민국가에 대한 유태인들의 희망은 당시 유럽에 창궐한 민족주의의 계승에 불과했기에 유태인 내부에서도 반대가 많았다. 프롬도 대학 초년시절에는 적극적으로 참여했으나 곧 시오니즘을 떠났다. 이후 그는 팔레스타인에 살던 아랍 사람들을 추방하는 결과를 초래한 이스라엘에 대해 평생 반대했다.

또한 프롬은 하이델베르크 대학에서 랍비인 살만 라빈코프

(Salman Baruch Rabinkow, 1882~1928)를 통해 중세 유태 철학자인 마이모니데스(Moses Maimonides, 1135~1204)의 '부정적 속성론'과 18세기 동유럽에서 발생한 신비주의적이고 사회주의적인 경향의 유대교 일파인 하시디즘에 접근했다. 하시디즘은 주류 랍비 정통주의의 극단적인 율법주의와 합리주의에 대한 대중주의적 반작용이었다. 하시디즘은 일상생활의 의례에 종교적 의미를 부여하고, 성경에 대한 지식보다도 즐거움과 진지함이야말로 신앙의 핵심이자 구제로 가는 길이라고 본다. 따라서 하시디즘은 토라(구약성서와 탈무드에 포함된 유태 율법)를 모르는 농민이나 상인들의 신앙심도 중시했다.

하시디즘은 뒤에 게르숌 숄렘(Gerschom Scholem, 1897~1982)과 마르틴 부버(Martin Buber, 1878~1965)에 의해 깊이 연구됐으며, 프롬의 박사학위 논문과 그 뒤 프롬의 사상에도 뚜렷한 뿌리를 남기고 있다. 그것은 당시 러시아의 진보적인 인텔리겐치아에서 볼 수 있는 반항의 문화를 체현한 라빈코프에 의한 유대교 재해석이었다. 특히 라빈코프가 유대교의 본질을 인간의 자율성에서 찾은 것은 프롬 사상의 근본에 연결됐다.[30)

프롬은 노벨과 라빈코프 등의 보수적 유태인 외에 현대적인 유태인들과도 접촉했다. 그 중에서 특히 프랑크푸르트 출신의 자유주의자인 랍비 게오르크 잘츠베르거는 1차 세계대전 직후 교육을 통한 유태인의 자기 각성에 대해 프롬과 토론했다. 그들은 1920년 프랑크푸르트에 유태민족 교육단체인 '프랑크푸르트 유태연구협회'를 창설했고, 이어 자유유태학교(Freie Jüdische Lehrhaus)를 설립했다. 이 학교의 교장이었던 프란츠 로젠바이크의 상식적인 종교관과 실험적이고 인도적인 탈무드 해석은 프롬에게 깊은 인상을 주었다. 이는 프롬을 정통 유대교로부터 벗어나게 하는 계기가 되었다.

이 학교에서 프롬은 뢰벤탈을 비롯한 많은 유태 지식인들을 만났다. 뢰벤탈은 뒤에 프롬을 사회연구소에 소개하는데, 연구소 멤버 중에서는 두 사람만이 유대교에 대한 초기의 관심을 지속적으로 갖고 있을 정도로 관심이 일치했고 서로 유대감도 컸다. 또한 이 학교에서 프롬은 숄렘, 벤야민(Walter Benjamin, 1892~1940), 부버, 그리고 뒤에 노벨문학상을 받은 작가 아그논(A. I. Agnon, 1888~1970)을 만났다.

숄렘은 최근 우리말로 번역된 1975년도 저서 《한 우정의 역사-발터 벤야민을 추억하며(Walter Benjamin-die Geschichte einer Freundschaft)》에서 1923년 초에 프롬을 만나 함께 책을 읽었던 추억을 회상한다. 이 책에 따르면 당시 프롬은 아직 아버지 세대의 정통 유태 전통을 엄격히 따르고 있었다. 당시 유대인 학생들 사이에서는 "나를 에리히 프롬처럼 되게 해 주렴/그래서 하늘에 갈 수 있도록 해 주렴"이라는 시구가 유행했을 정도였다고 한다.[31] 독일어로 '프롬'에는 '경건하다'는 뜻이 있었고, 따라서 이 시구의 첫 구절은 '나를 에리히처럼 경건하게 해 달라'는 뜻이었다. 그만큼 20대 초기의 프롬은 경건한 유태인의 표상이었다.

그런 당시의 프롬에게 누구보다도 중요한 사람은 부버였다. 1923년 출판된 부버의 《나와 너》를 통해 프롬은 대인관계의 사회적 중요성을 인식했다. 즉 프롬이 '공동체 속 인간의 상호작용'을 초기 연구의 과제로 삼았던 것은 부버의 영향 때문이었다. 비록 프롬은 그렇다는 점을 명시한 글을 남기지 않았고 개인적으로도 부버와 친하지 않았으나, 부버가 프롬에게 그러한 영향을 주었다는 사실 자체는 부정할 수 없다.

프리다 라이히만

철학에 대한 프롬의 회의는 정신분석학과의 만남을 통해 더욱 강해졌다. 마찬가지로 사회학에 대한 관심도 정신분석학에 의해 사회심리학으로 변했다. 그러나 그가 정신분석학을 배운 곳은 대학이 아니라 1924년 하이델베르크에 개설된 프리다 라이히만(Frieda Reichmann, 1889~1975)의 치료소였다. 1923년 대학을 졸업한 프롬은 프랑크푸르트에 돌아가 작은 유태 신문사의 편집자로 일했으나, 곧 정신분석 연구에 몰두했다.

라이히만은 프롬이 하이델베르크에 온 이듬해부터 사귀기 시작한 약혼녀 고르데 긴즈버크의 친구였다. 그 후 프롬의 친구인 뢰벤탈이 긴즈버크에 빠졌기에 약혼은 깨어졌다. 그래서 프롬은 1924년부터 라이히만과 가까워졌고, 그녀에게 정신분석을 받았다. 유태인인 라이히만의 치료소는 초기에는 유태식 식사를 하는 등 종교적 분위기가 강해 신료소(神療所)로 불리기도 했다. 그러나 그러한 종교적 분위기는 곧 사라졌다.

프롬이 유대교나 시오니즘으로부터 이탈한 것은 정신분석과는 무관하게 이미 헤르만 코헨과 살만 라빈코프의 영향을 받으면서 시작되었다. 프롬은 당시 유태인들 사이에 퍼진 시오니즘을 국가주의적이라는 이유에서 거부했고, 이런 반 유태 민족주의는 그의 평생을

프롬의 첫 번째 부인 프리다 라이히만

지배하면서 그로 하여금 정열적으로 아랍인의 인권을 옹호하게 했다. 또한 당시 프롬은 사회적 공동생활의 법칙성, 곧 국가나 종교 및 법률 등의 사회제도에 의문을 품었다. 따라서 프롬은 20대부터 아나키즘적 사고에 젖어들었다. 그 원인에는 앞에서 말한 헤스의 영향이 있었다. 그러나 아나키즘에 대한 프롬의 관심은 시오니즘에 대한 반성에서 비롯된 것이지 아나키즘 자체와의 만남을 통한 것은 아니었다.

1926년 프롬은 자신에게 정신분석을 가르친 라이히만과 결혼했다. 이는 프롬이 뒤에 알게 되는 빌헬름 라이히가 그의 환자였던 여인과 결혼한 것처럼 당시 흔한 일이었다. 프롬보다 11세나 연상으로 프롬의 어머니를 닮은 라이히만은 어머니처럼 프롬을 대했고, 정신분석의 선배로서 그를 가르치기도 했다. 그녀는 지극히 예민하고 헌신적이며 감정이입에 특별한 능력을 갖고 있었고, 프롬은 그녀로부터 깊은 영향을 받았다. 그러나 두 사람의 결혼 생활은 4년 만인 1930년에 별거로 끝났다. 정식 이혼은 두 사람이 미국에 망명한 이후인 1940년에 이루어졌으나, 그 뒤에도 두 사람은 평생 우정을 유지했다. 1957년에 그녀가 죽었을 때 프롬은 침통해 했다.

학위논문

프롬은 졸업논문으로 알프레드 베버의 지도 아래 〈유태법 - 디아스포라 유대교의 사회학에 관한 고찰(Das Jüdische Gesetz - Ein Beitrag zur Soziologie des Diaspoajudentums)〉(1925)을 썼다. 프롬은 이 논문에서 유대교 3파를 중심으로 유태의 생활과 공동체 상호행위의 휴머니즘적 기초를 강조했다. 특히 유대교 디아스포라의 역사적 중요성을 그보다 더욱 큰 민족적, 문화적 맥락에서 자립한 자치의 단위로 강조했다.[32]

유대교 3파란 첫째 8세기에 유대교 사회에 닥친 경제의 변화에 따라 탈무드의 번잡한 율법에 반대하여 성서를 최고 권위로 삼은 유대교 일파, 둘째 그 후 아무런 변화가 없다가 18~19세기 시민사회 및 자본주의 문화의 승리에 의해 결정적인 변화를 겪은 유럽 유대교, 셋째 전적으로 유태문화적인 사회적 세계관에 근거한 사회문화적 운동으로 일어난 하시디즘을 말한다. 이들 3파 중에서 프롬은 하시디즘에 공감했다. 여기서 우리는 그의 탈무드 스승인 라빈코프의 영향을 본다.

프롬은 유태인들이 국가, 영토, 국어를 잃고 교회도 건립하지 못했음에도 불구하고 혈통과 운명을 하나로 하여 연속성 있는 집단으로 존속해 온 것을 디아스포라 유대교의 특징으로 보았다. 프롬이 뒤에 말한 '사회의 접착제'는 이 논문에서 '사회집합체에 침투한 유태법'으로 이해되었다. 그래서 타민족 속에서 그 세계의 내부에 서는 동시에 그 외부에 서서 생존할 수 있었다고 보았다. 이러한 디아스포라 유대교는 언제나 숙주민족 문명의 흐름 속에 포함되었으나, 자신의 경제권과 문화권 속에 하나의 역사적인 주체로서의 존속을 보장하는 독자적인 생활과 법칙성을 발전시켰다고 프롬은 설명했다. 나아가 유대교라는 역사적 존재의 정신으로서의 역할이 유태법에 부여되었다는 것이다. 즉 유태법의 해석과 실천에 의해 독특한 생활 실천을 갖는, 특별한 역사적 존재로서의 디아스포라 유대교의 생존이 좌우되었다고 프롬은 보았다.

이러한 사회학적 문제제기 속에서도 프롬의 보수적인 선조들과 그의 탈무드 교사였던 라빈코프의 영향이 보인다. 나아가 이러한 문제 제기에 대해 그 자신이 후년에 제시한 사회심리학적 해답도 이미 이 논문에 암시되어 있다. 즉 역사적 존재로서의 유태의 정신인 유태법은 본질적으로 성문법이며, 구체적인 생활실천과 무관하지 않다는 것이다. 도리어 그것은 생활 속의 에토스로서 구체적인 생활실천을 규정하는 것이고, 따라서 특유의 역사적 존재인 유태의 정신으로서 역할을 수행하는 것이라고 파악되었다.

이처럼 프롬은 유대교 디아스포라는 언제나 그것이 의존하는 민족의 거대한 문명화 과정에 통합되면서도 그 자체의 사회적, 문화적 소우주 속에 개별성과 자율성을 유지하였고, 그런 특징이 거꾸로 균질한 역사적 힘으로서의 유대교 디아스포라의 존립을 보증하는 것이 되었다고 보았다. 이 논문에서 프롬은 사회학적 방법과 함께 심리학적 방법을 채택하였으나, 그가 뒤에 관심을 갖게 되는 '사회적 성격'에 대한 논의는 아직 나타나지 않았다. 여하튼 이 논문은 그다지 뛰어난 논문으로 보기는 어려우나, 뒤에 프롬이 이어갈 연구의 방향을 보여준 최초의 시도였음에 틀림없다.

2장_모색의 시절

(1926~1935)

마르크스와 프로이트를 통합하다

마르크스주의의 위기와 프로이트

1926년부터 1935년까지 10년에 걸친 프롬의 '모색' 시기는 앞에서도 말했듯이 1920~1930년대에 마르크스주의가 직면한 위기에 대한 좌익 지식인의 일치된 반응의 일부였다. 당시의 사회조건에서는 마르크스가 예언한 결정적인 혁명투쟁이 일어났어야 했으나, 좌익의 절박한 요청에도 불구하고 노동자들은 응하지 않았다.

이에 대해 프로이트는 마르크스주의가 사회심리 또는 대중심리의 비합리성을 무시했다고 비판했다. 프로이트는 사회과정과 역사과정에 대한 마르크스주의의 해석에 대립했다. 그는 계급사회 특유의 각종 부정과 곤궁을 부정하지는 않았으나, 그 기본적 원인인 계급지배를 중시하지 않고 모든 것을 자아, 이드, 초자아의 다이내믹한 갈등의 반영으로 보았다.

이처럼 사회발전과 계급갈등이 내심(內心)의 과정과 구조로부터의 유추에 의해 이해될 수 있다고 보는 견해는 프로이트에 의해 최초로 제기된 것은 아니었다. 그것은 플라톤으로 거슬러 올라가며 헤르바르트(J. F. Herbart, 1776~1841)로 이어지는 견해였다. 독일의 철학자인 헤르바르트는 교육학의 기초로 심리학의 중요성을 강조했다. 카리스마를 지닌 지도자에 대한 대중의 의존심리와 그것의 특히 비합리적인 측면은 프랑스의 사회학자인 타르드(Gabriel Tarde, 1843~1904)나 르 봉(Gustave Le Bon, 1841~1931)에 의해 이미 강조되었다.

정통 마르크스주의자들은 프로이트를 거부했으나, 프롬을 비롯한 프로이트-마르크스주의자들은 마르크스주의가 인간 심리의 비합리적인 면을 무시했다는 프로이트의 비판을 받아들였다. 그러나 사회사의 과정, 구조, 갈등을 내심의 영역에서 유추하여 조립하고자 하는 프로이트에 대해서는 반대했다. 마르크스주의자로서 그들은 개인 심리는 사회구조에서 비롯된다는 명제를 지키면서 사회구조에서 비합리성의 근거를 찾았다. 즉 대중을 계급지배에 복종시키고 사회변화에 대해 반감과 적의를 낳는 요인으로서 가정과 교육 및 종교가 수행하는 역할을 강조했던 것이다.

정신분석에 몰두하다

1926년부터 1930년까지 프롬은 명확한 지적 아이덴티티를 추구하는 탐구와 모색의 세월을 보냈다. 1926년 이후부터 그는 정신분석에 몰두하면서 정통 유대교로부터 벗어났다. 그리고 마치 새로운 신비적 영감을 찾기라도 하듯 불교에 심취했다. 당시 불교에 대한 관심은 일시적인 흥미에 그치는 듯했으나 프롬은 1950년대에 다시 불교를 찾았다.

프롬은 1926년부터 1929년까지 뮌헨과 프랑크푸르트, 베를린에서 심리학과 정신의학을 공부하면서 정통 프로이트주의자가 되었다. 1925년 프롬은 뮌헨에서 정통 프로이트주의자인 비텐베르거(Wilhelm Wittenberger)로부터 정신분석을 배웠다. 이어 1926년에는 프랑크푸르트에서 란다우어(Karl Landauer), 1927년에는 베를린 정신분석연구소에서 작스(Hans Sacks)와 라이크(Theodore Reik) 밑에서 공부했다.

이 시기의 연구와 경험은 프롬의 임상관과 과학관에 큰 영향을 미쳤다. 특히 라이크는 프롬의 종교심리학 연구에 자극을 주었으나, 프롬은 1930년 그의 견해를 방법론의 측면에서 비판했다. 라이크와 마찬가지로 작스에 대해서도 프롬은 비판적이었다.

이처럼 베를린 정신분석연구소는 프로이트 신봉자들로 가득했으나, 연구소 전체의 분위기는 관용적이고 진보적이어서 정신분석 운동의 역사에서 보기 드문 독창적 지성을 양성했다. 특히 작스나 라이크처럼 의사 자격을 갖지 못한 분석가들의 주도로 노동자들을 위한 무료 종합진료소가 역사상 처음으로 개설되었다. 또한 페니헬(Otto Fenichel)은 좌익적 경향의 젊은 분석가들을 위해 소년의 심리에 대한 세미나를 주재했고, 카렌 호나이(Karen Honey, 1885~1952)는 여성심리학에 대해 프로이트와 논쟁을 벌였으며, 라이히(Wilhelm Reich, 1897~1957)는 사회정치적 상황과 그것이 진료 현실에 미치는 영향을 강조했다.

그 중에서도 호나이는 프롬이 사랑한 여인이기도 했다.[33] 프롬보다 15세나 연상인 호나이는 베를린 정신분석연구소의 주축이었다. 프롬은 그녀의 직선적이고 현실적인 성격, 그리고 특히 프로이트에 대한 솔직하고 용기 있는 태도에 감동을 받았다. 성의 심리학에 대한 프롬의 고찰은 1920년대 후기부터 1930년대 전기에 걸친 호나이의 연구로부터 영향을 받은 것이었다. 그런가 하면 신경증을 광범위한 문화 경향의 표출로 보는 호나이의 고찰은 프롬의 영향을 받은 것이었다.

정신분석 이론의 황금시대였던 이 짧은 시기는 당시 혁신적이었던 바이마르 문화에서 빼놓을 수 없는 요소였다. 이 시기 카페나 클럽에서는 정신분석가들과 심리학, 철학, 정치학, 미술 등의 전문가나 학생들이 밤늦게까지 토론에 열중했다.

사회주의에 심취하다

정신분석학은 심리적 성향이 내포되어 있는 인간의 행동방식 및 그 결과를 연구하는 것이다. 프로이트는 행동을 결정하는 심리적 경향을 육체적 본능으로 설명했다. 즉 성욕이 인간의 열정적 행동을 유발한다고 보고, 이 욕구는 성기를 이용한 욕구 충족이 나타나기 이전에 먼저 구순(口脣), 항문, 음경의 단계로 비성기적 욕구 충족이 이뤄진다고 보았다. 이어 1920년에 프로이트는 자신의 본능적 욕구에 대한 이론을 수정하여 열정적 성향과 갈등 체험을 삶에 대한 본능과 죽음에 대한 본능 사이의 충돌로 보았다.

이러한 프로이트의 이론은 인간의 성을 강력하게 억압하던 시절에는 설득력이 있었다. 그러나 그의 이론은 주변 세계와 인간 사이의 특징적 기능에 대해서는 제대로 설명하지 못했다. 이는 그를 잇는 정신분석가들이 그의 본능 개념을 너무 협소하다고 보는 이유가 되었다. 정통 유대교 환경에서 자란 프롬은, 인간은 자신이 속하는 종교 공동체와 밀접하게 연관된다고 생각했다. 또 그는 베버를 통해 사회학을 배우고 마르크스주의를 학습한 것을 계기로 프로이트의 정신분석을 사회에 적용하기 시작했다.

1920년대에 프롬은 마르크스를 본격적으로 읽었다. 숄렘의 회상에 의하면 프롬은 1927년에 사회주의자가 되었다. 이를 부정하는 견해도 있으나[34] 앞서 언급한 라빈코프를 통해 프롬이 이미 하이델베르크 대학 시절에 사회주의에 기울어졌다고 보는 것이 옳으리라.

라빈코프의 제자였던 이작 슈타인베르크는 1, 2차 러시아 혁명 시기에 활약했고, 볼셰비키가 모든 반대세력을 탄압한 1923년에 러시아를 떠났다.[35] 당시 함께 추방된 트로츠키에 대해 프롬은 뒤에 '혁명적 사상가, 장군, 망명자'로 표현하며 깊은 존경을 표한 바 있다.[36] 이는 트로츠키가 마르크스처럼 유태 민족주의에 반대한 탓일지 모른다.

1930년 라이히와의 만남을 통해 프롬은 마르크스주의에 더 깊이 심취하게 되었다. 그러나 두 사람의 관계는 그리 오래가지 않았다. 스페인에서 태어나 빈에서 정신분석을 공부한 라이히는 성격이론에 마르크스의 정치경제학을 접목시켜 성경제학(性經濟學)이라는 이론을 구축했다. 그는 개인의 파괴성을 자본주의가 초래한 결과라고 보고 정치에 깊숙이 관여했다. 그러나 당시 프롬은 라이히의 성경제학적 해석을 따르지 않았고 정치와 무관했다.

1929년부터 프롬은 아내와 함께 프랑크푸르트 사회연구소에 병설된 정신분석연구소에서 활동하면서 정신분석에 대한 새로운 마르크스주의적 접근을 시도했다. 그곳에서 프롬은 페렌치(Sandor Ferenzi, 1873~1933)와 그로덱(Georg Groddek, 1866~1934)[37]을 만나 정통파 프로이트주의에 대한 회의를 더욱 강하게 갖게 되었다.

당시의 중요한 논문인 〈정신분석학과 사회학(Psychoanalyse und Soziologie)〉(1929)[38]에서 프롬은 두 학문간 통합의 목표를 인간의 사회적, 기술적, 경제적 발달과 내적 정동구조(情動構造), 특히 자아 형태의 발달과의 관계를 탐구하는 것이라고 정의하고, 가족은 특정한 사회구조의 산물이고 사회규범은 기술진보에 관련된다고 주장했다.

프롬에 의한 프로이트적인 무의식의 발견은 무의식이 독자적인 역학을 갖는 힘이고, 따라서 인간과 관련된 모든 생명과정은 인간의 사고, 감정, 행동을 결정하는 무의식의 여러 힘(마음의 장치)에 의해 결정된다고 하는 통찰과 연결된다.

정신분석이 사회학에 기여해야 하는 것은 인간의 마음의 장치(아직 불완전한 것이라도)에 대한 인식이다. 마음의 장치는 사회의 발전을 결정하는 것으로 기술적, 경제적, 경영적 요인과 병행하는 것이자 그 것들에 못지않은 고려를 해야 할 가치가 있다. 정신분석은 인간을 사회적인 것으로 이해하고, 그 마음의 장치는 본질적으로 개인과 사회의 관계에 의해 발전되며 결정되는 것이기 때문에 적어도 인간 내지 그 마음이 어떤 역할을 하는 한 사회적 문제의 해결에 참여하는 것은 인간 내지 그 마음의 고유한 사명으로 보아야 한다. 이러한 노력과 관련하여 다음과 같은 말(심리학자가 아니라 한 사람의 천재적인 사회학자)을 인용하는 것이 허용되리라. "역사는 아무것도 하지 않는다. 막대한 부를 소유하지도 전쟁을 일으키지도 않는다. 모든 것을 행하고 소유하며 싸우는 것은 도리어 인간, 현실의 살아 있는 인간이다."[39]

마지막에 인용된 것은 마르크스의 말이나, 전반적으로 보면 마르크스의 영향은 아직 그다지 명백하게 논문에 나타나지 않았다고 할 수 있다. 마르크스의 영향은 1930년 프랑크푸르트 사회연구소에서 활동하기 시작한 이후에야 비로소 분명하게 나타났다. 그러나 이 논문에서 이미 프롬은 프로이트를 어느 정도 벗어나 있다.

1930년에 프롬은 프로이트로부터 벗어나기 시작하면서 사회연구소에 가담했다. 프랑크푸르트학파로 널리 알려진, 호르크하이머와 아도르노 중심의 사회연구소는 1924년에 설립되었다. 당시 대학생들은 그곳을 '카페 마르크스'라 불렀다. 이 연구소는 막 교수가 된 35세의 호르크하이머가 1930년부터 두 번째 소장으로 취임해 수많은 학자들을 초빙하면서 비약적으로 발전했다. 프롬은 1930년부터 1939년 1월까지 8년 넘게 이곳에서 근무하면서 여러 학자들과 교류하고, 정신분석과 사회학의 결합이라고 하는 자기 사상의 기초를 닦았다.

여기서 우리는 1930년대 마르크스주의의 일반적인 상황을 검토할 필요가 있다. 당시에는 1945년 이후에 생긴 냉전이라고 하는 외부적 상황이 전혀 존재하지 않았다. 또한 당시 지식인들은 마르크스주의를 자본주의, 특히 파시즘에 대한 하나의 대안으로 보는 데 별다른 이견이 없었다.

게다가 마르크스주의 자체가 당시 마르크스주의 국가라고 선언한 구소련과 동일시되지도 않았다. 연구소 멤버의 다수는 소련이나 동유럽의 정통 마르크스주의자들로부터 수정주의자라는 규탄을 받았다.

철학적 용어인 '마르크스주의'가 정치적으로 비자본주의를 지칭하게 된 것은 2차 세계대전 후 미국과 그 영향을 받은 나라들에 의해서였다. 특히 냉전이 끝난 후 서양의 보수주의는 마르크스주의자를 반기독교적인 이단으로 취급하여 혼란을 가중시켰다. 마르크스주의자들이 경건한 종교적, 윤리적 존재이기도 하다는 점은 특히 프롬의 경우를 보더라도 확연히 드러난다. 따라서 프롬을 비롯한 프랑크푸르트학파의 마르크스주의를 검토함에 있어서 마르크스주의의 이론적 측면을 정치선전이나 사회주의 국가가 취하는 마르크스 레닌주의의 실천으로부터 분리하여 생각할 필요가 있다.

흔히 '비판이론'이라고 불리는 프랑크푸르트 이론의 창립자는 호르크하이머이다. 그는 1937년경 사회연구소의 기관지인 〈사회연구지(Die Zeitschrift für Sozialforschung)〉에서 이 말을 사용하기 시작했다. 비판이론은 헤겔 철학과 마르크스주의의 특정 측면을 융합했다. 그러나 호르크하이머는 프롤레타리아를 비롯한 어떤 특정한 계급에 대해서도 특정한 역할을 부여하지 않았다.

그는 사회의 경제적 기초, 개인의 심리학적 발달과 형성, 그리고 문화 영역을 둘러싼 보다 깊은 통찰을 위한 이론적 분석과 실천적 공

막스 호르크하이머

헌을 시도했다. 비판이론은 이렇게 이론과 실천의 밀접한 상호관련성에 대한 고찰을 통해 자본주의 사회를 사는 개인의 불모성을 극복하고자 했다. 그리고 새로운 인간적 사회구조를 창조하여 궁극적으로 현대인이 그 숙명과 융합함으로써 삶의 환희와 존엄을 회복하도록 유도하고자 했다.

프롬의 사회심리학

〈기독교 교의의 발달(Die Entwicklung des Christusdogma)〉(1930)[40] 은 기독교 교리의 발생을 정신분석적으로 설명한 것으로, 당시 초기 기독교를 역사적으로 설명한 트뢸치(Ernst Troeltsch, 1865~1923)에 대해 이의를 제기했다는 점에서 1930년 독일의 여러 학문적 도전 중 가장 주목할 만한 것으로 평가되었다.[41]

이 논문에서 프롬은 사회심리학의 독자적인 정신분석적 자세를 정식으로 드러냈다. 사회적 현상에 대한 정신분석적 관찰의 대상인 집단적 정신이라는 것이 없고 그런 현상의 원천으로서의 사회적 본능이라는 것도 없다면 개인심리학과 사회심리학의 차이가(질적이 아닌 양적인) 분명해진다면서 프롬은 다음과 같이 설명한다.

개인심리학은 개인의 운명에 작용한 모든 결정인자를 고려하여 개인의 정신구조를 가능한 한 완전하게 다룬다. 심리학적 연구의 대상을 넓게 잡을수록 집단을 구성하는 개인의 정신구조를 전체로서 이해하게 될 가능성이 낮아진다는 점을 각오해야 한다. 이를 모르면 사회심리학적 연구의 성과를 잘못 판단하게 된다. 사람들은 집단을 구성하는 개인의 심리구조에 대하여 무언가 듣기를 기대하나, 사회심리학적 연구가 무엇을 말할 수 있다고 한다면 그것은 언제나 모든 집단구성 원에 공통된 정신적 성격에 관한 것뿐이고, 그러한 공통성의 한 쪽에 있는 인간의 개인적인 마음의 상태는 고려되지 않는다. 따라서 사회 심리학적 통찰의 가치는 집단을 구성하는 개개 인간의 마음의 특징을 주목하는 것이 아니라, 그 공통된 마음의 경향(의미는 총체로서 사회 의 발달에 결정적인 역할을 수행하는 점에 있다)을 분석하는 점에 있 다.[42]

이처럼 프롬에 의하면 사회심리학은 개인에 대한 정신분석적 인 식과 원리적으로 다르지 않다. 이런 시각에서 프롬은 4세기까지의 초 기 기독교 교리 형성사를 분석했다. 사회주의자인 카우츠키나 엥겔 스처럼 프롬은 기독교를 노예와 피수탈자들의 초기혁명으로 보았다. 그것을 프롬은 뒤에《건전한 사회》에서 "기존 국가의 도덕적 타당성 에 회의를 품은, 빈곤하고 상속받지 못한 사람들의 정신적인 혁명" 이 라고 요약했다.[43]

반면 프로이트와 그 신봉자들이 종교적 신앙심과 강박신경증 사 이의 유사성을 지적한 것에 반대하여 프롬은 기독교 역사 속에 나타 난 오이디푸스적 이중감정은 여러 시대와 사회계층에 발생한 교리의 혼합으로서, 단일한 심리적 동기의 서로 대립하는 충동이라기보다 상이한 목표와 세계관을 표현하는 것이라고 보았다. 기독교 교의가 서서히 발전하여 로마 지배를 옹호하기 위해 적대적인 계급적 탄압 을 가하는 등 이차적 수정을 한 방식에 대한 프롬의 분석은 그 후 심리학, 종교학, 역사적 사회학에서 자주 인용된 고전적 업적이다. 특히 우리나라에서는 프롬의 〈기독교 교의의 발달〉이 기독교를 사회사적으로 본 논문으로서는 유일하게 소개된 만큼 그 의의는 여전히 중요하다.

이러한 프롬의 사회심리학 방법은 1931년의 논문 〈정치와 정신분석(Politik und Psychoanalyse)〉에서 다시 정식화되었다. 특히 이 논문에서는 사적 유물론과의 연관성이 제기되었다. 그리하여 도달된 결론은 사회심리학을 사회경제적 상황에서 이해해야 한다는 점이었다. 그렇다면 그렇게 이해된 사회심리학은 사적 유물론의 사회학적 방법과 어떻게 관련되는가 하는 문제가 생겨난다.[44]

노동자 의식조사

프롬은 자신의 이론을 실증적으로 입증하기 위해 1930년 3000여 명의 노동자를 대상으로 의식조사를 한 뒤 노동자들이 '권위주의적인 성격'을 갖고 있다고 보고했다. '권위주의적인 성격'은 그 뒤 1941년에 집필한 《자유로부터의 도피》에서 집중적으로 검토된다. 그 토대가 이미 이때의 노동자 의식조사에서 놓여졌던 것이다. 이 조사보고서는 오랫동안 미발표 상태에 있다가 프롬이 죽은 1980년에야 공개되었다.[45]

라인란트 일대에서 행해진 이 필드 조사는 봉건제 이후의 세계에서 무엇이 사회를 만드는가 하는 문제, 즉 사회의 소위 '사회심리학적 접착제'는 무엇인가 하는 문제와 연관되는 것이었다. 프롬 자신에게는 이 문제가 그다지 새로운 것이 아니었다. 왜냐하면 이미 박사학위 논문에서 이 문제를 검토한 바 있기 때문이었다. 그러나 이 문제에 대해 정신분석학적, 사회심리학적 해답을 부여한 것은 분명 새로운 진전이었다.

당시까지 사회에 대한 마르크스주의 해석에는 하부구조와 상부구조를 연결하는 심리적 중개자 이론이 결여되어 있었다. 즉 사람들의 행동양식이 일치하는 데 '순수한 힘의 행사' 외에 어떤 다른 메커니즘은 없는가가 탐구되어야 했다. 사회의 접착제로서 '권위'에 대한 연구가 그 공백을 채우게 됐다. 1936년에 호르크하이머가 편집한 《권위와 가정의 연구》 중 '사회심리편'도 바로 이런 프롬의 연구에 근거한 것이었다.

프롬의 조사는 사회심리학적 필드 조사로는 세계 최초의 것이었다. 특히 이 조사는 당파적 신조와 당파적 귀속의식으로 표명된 정치적 신념이 무의식적 동기와는 다르다고 하는 정신분석적 고찰을 정면에서 취급했다. 이는 무의식적 본능구조 또는 성격구조를 고찰해야만 비로소 인간이 실제로 무엇을 생각하고 느끼며 행동하는가를 정확하게 판단할 수 있다는 신념에 따른 것이었다.

이러한 문제제기에 대한 관심은 당시 독일의 정치정세 발전에 의해 촉진되었다. 프롬은 회수한 600매 정도의 조사결과서를 근거로 하여 히틀러가 권력을 잡기 이전에 이미 정당과 노동조합에서 교육을 받은 노동자들조차 자신들의 정치적 신조에도 불구하고 권력적인 독재체제에 반항하지 않을 것으로 예상할 수 있었다. 당시 누구나 노동자들의 반항을 기대했고, 그들 자신도 그것을 확신하고 있다는 통념과는 반대되는 결과였다.

이 조사의 핵심은 271개에 이르는 항목의 앙케트 문항이었다. 조사서는 노동조합 임원의 힘을 빌려 조직노동자들에게 배부되었다. 답변은 형식에 구애 없이 자유롭게 기입하도록 했다. 그 답변들은 마치 정신분석가가 환자의 연상을 들을 때와 마찬가지로 해석되었다. 즉 어떤 회답을 의도하고 있는 게 아니라, 그 저변에 흐르는 의미를 발견하는 것이었다. 바로 정신분석적 방법에 따른 해석이었다. 이런 해석에 의해 정신적 구조에 대한 추론이 가능했고, 나아가 일정한 성격유형 분류도 가능했다. 또한 해석된 결과가 특정한 성격유형에 어느 정도 일치하는가에 따라, 노동자들의 답변에 표명된 신조와 무의식적 동기가 정합성을 갖고 있느냐 여부도 판별될 수 있었다.

앙케트는 대부분 1931년에 회수되어 해석과 결론을 내리기에 지장이 없었다. 그러나 1931에서 1932년 사이에 프롬은 결핵에 걸려 다보스에서 요양하게 되는 바람에 이 작업을 계속할 수 없었다. 게다가 그때는 이미 우익의 압력이 강해졌다. 그래서 호르크하이머는 연구소의 문헌과 자금을 해외로 이동시켜야 했다. 제네바로 옮겨진 연구소는 1934년 활동을 중단했고, 그 뒤 뉴욕의 컬럼비아 대학으로 옮겨갔다.

프롬의 이 보고서는 오늘날에도 많은 시사점을 준다. 나는 우리나라에서 그 정도로 대규모의 노동자 조사보고가 있는지 알지 못한다. 그러나 만약 프롬과 같이 치밀한 준비로 조사한다면 우리의 노동자는 물론 시민 일반에게서도 그러한 권위주의적 성격의 발견이 가능하리라고 짐작한다.

민주화는 정치적 제도의 민주화만으로는 충분하지 못하다. 지난

30여 년의 군사독재, 그 전의 독재까지 합치면 약 50년, 아니 그 전의 일제 36년, 아니 그 전전의 수천 년에 걸친 봉건체제하에서 형성된 권위주의적 성격은 여전히 뿌리가 깊다. 그 성격의 근본적인 변화 없이 어떤 민주화가 가능할 것인가?

사회심리학의 모색

새로운 사회심리학의 길을 열다

호르크하이머를 비롯한 프랑크푸르트 사회연구소 학자들의 사상은 프롬에게 깊은 영향을 끼쳤다. 마찬가지로 프롬 역시 그들에게 중요한 존재였다. 사회연구소에 들어가면서 프롬은 사회를 발전시키고 형성하는 원동력 또는 결정요인으로서 인간의 정신이 어떻게 어디까지 작용하는가를 탐구하는 것이 자신의 연구 과제라고 말했다. 그리고 이러한 그의 유물론적 사회심리학이 연구소의 이론 형성에 미친 영향은 적어도 이 연구소의 학제적 연구계획에 버금가는 지속성이 있었던 것으로 뒤에 평가되었다.

    프롬이 〈사회연구지〉 창간호에 발표한 논문 〈분석적 사회심리학의 방법과 과제(Über Methode und Aufgabe einer Analytischen Sozialpsychologie)〉(1932)[46]는 그 전에 발표한 〈범죄자와 사회의 심리학(Zur Psychologie des Verbrechers und der strafenden

Gesellschaft)〉(1931)과 〈기독교 교의의 발달〉(1930)의 성과를 응축한 것이자 그 뒤 프롬의 방법론을 세운 것으로 프롬 사상의 가장 중요한 초기 작품이다. 이 논문에서 프롬은 프로이트 학파의 강박신경증 및 종교적 표상화의 유추가 진정한 분석 방법에서 벗어난 것이고, 프로이트는 자신을 둘러싼 사회의 가부장적 심리학을 부당하게(무의식적이기는 하나) 인간성 일반으로 확대 적용했다고 비판했다. 또 사회심리의 주된 결정요인으로 경제적 조건이 가장 중요하다고 주장했다. 이는 〈기독교 교의의 발달〉에서 논의한 바를 더욱 발전시킨 것이었다.

이처럼 〈분석적 사회심리학의 방법과 과제〉에서 프롬은 인간의 정신에 대한 프로이트의 견해와 사회경제적 조건에 대한 마르크스의 사상을 통합하는 새로운 사회심리학을 제창했다. 이 논문은 다음 문장으로 시작된 점에서도 유명하다. "정신분석학은 유물론적 심리학으로서 자연과학의 한 부문으로 분류되어야 한다." [47] 프로이트는 생리학에 근거한 본능이라는 가정을 사용하여 무의식 과정을 해석했다. 이에 반해 프롬은 사회학과 마찬가지로 정신분석도 유물론적 과학이라고 주장한다. 왜냐하면 두 가지 모두 관념에서가 아닌 현실적인 생활과 욕구에서 출발하기 때문이며, 사적 유물론은 의식을 사회적 존재의 반영으로 보는 반면 정신분석학은 그것을 본능적인 충동에 의해 결정되는 것으로 보기 때문이다. [48] 여기서 두 가지 과학을 연결하는 게 가능해진다고 프롬은 본다. 따라서 사회심리학은 한 집단의 본능구조 및 그 리비도적이고 주로 무의식적인 행동들을 그 집단의 사회경제적 상황과 관련지어 이해하고자 한다. [49]

본능구조가 각인되는 과정에서 가정이 중개기관으로 기능한다고 프롬은 주장한다. 가족이란 어린아이들에 대해서뿐만 아니라 어른들에 대해서도 사회 또는 사회계급이 각인을 하는 데 매개체 역할을 한다. 요컨대 가족은 사회의 심리학적 대체물이라고 할 수 있다는 것이다.[50] 그리하여 분석적 사회심리학의 방법에 대한 프롬의 정의가 도출된다.

사회심리학이 다루는 문제는 사회경제적 상황에 대해 본능적인 기관이 능동적 또는 수동적으로 적응하는 과정에서 이해된다는 것을 알 수 있다. 기본적으로는 본능적인 기관 그 자체가 생물학적인 성격을 띤 것이지만, 그것은 또한 고도로 수정이 가능한 것이다. 최초의 형성력 있는 요소들이 가진 역할은 경제적 조건으로 나아간다. 가족이란, 경제적 상황이 그것을 통해 개인의 마음에 형성적인 영향을 미치는 본질적인 매개체이다. 사회심리학의 과제는 사회적으로 타당한 심적 태도와 이데올로기(그리고 특히 그 무의식적 저변)를, 경제조건이 리비도적 충동에 대해 가하는 영향의 문제로 설명하는 것이다.[51]

여기서 우리가 주목해야 할 점은, 프롬이 경제적 조건을 가장 중요하게 보면서도 당시 마르크스주의가 빠져든 경제환원주의를 피하고 프로이트 이론을 받아들여 성본능의 유연성을 고려했다는 점이다. 이는 지배계급의 이데올로기적 지배를 인간적으로 납득할 수 있는 방법으로 설명하는 관점이었다. 또한 과거의 속류 마르크스주의가 말한 무미건조한 합리주의적 법칙에도, 당시 구조주의적 마르크스주의의 사이비적 복잡성에도 의존하지 않은 것이었다.

이처럼 프롬의 분석적 사회심리학 이론은 사적 유물론에 중요한 기여를 했다. 마르크스와 엥겔스는 모든 이데올로기적 현상이 경제적 하부구조에 의존한다고 보았으나, 그 변화가 어떻게 일어나는가에 대해서는 아무것도 알지 못했다는 것이다. 반면 분석적 사회심리학은 '경제적 사정이 본능적 생활 속에서 어떻게 이데올로기로 변하는가'를 보여줄 수 있다고 프롬은 주장했다.[52]

어느 사회를 막론하고 그 독자적인 경제적, 사회적, 문화적 구조가 있는 것처럼, 리비도적 구조에도 각기 독자적인 특성이 있다. … 한 사회의 리비도적 구조는 그것을 통해 경제가 인간의 지적, 정신적 표현에 영향을 미치는 매개체이다.[53]

여기서 프롬이 말하는 '사회의 리비도적 구조'가 후에《자유로부터의 도피》를 쓸 무렵에는 '사회적 성격(Gesellschafts-Charakter, social character)'이라는 개념으로 변하는 것을 우리는 볼 것이다. 프롬은 그것이 경제적 기반 및 사상과 상호작용한다는 것을 밝혔다.

라이히, 바호펜의 영향과 프로이트에 대한 비판

프롬은 이 논문에 이어 많은 논문을 〈사회연구지〉에 발표했다. 그것들은 다음 세 가지로 분류된다. 첫째, 개인적 성격과 사회적 성격의 상호의존성 분석(〈정신분석적 성격학과 사회심리학상의 의의〉 (1932))[54], 둘째, 바호펜의《모권》에 대한 검토와 근대 부권제 사회에 대한 분석(〈모권 이론의 사회심리학적 의의〉(1934)),[55] 셋째, 프로이트에 대한 비판(〈정신분석요법의 사회적 제약〉(1939))이다.

여기서 각 논문의 전문적인 내용에 대해서 상세히 설명할 필요는 없겠으나, 먼저 〈정신분석적 성격학과 사회심리학상의 의의(Die psychoanalytische Charakterologie und ihre Bedeutung für die Sozialpsychologie)〉에서는 시민사회적 성격 특성을 '자본주의 사회의 정신'과 '자본주의 경제'로부터 설명하는 최초의 시도를 했음을 지적해둘 필요는 있으리라. 프롬은 초기 자본주의와 산업혁명이 낳은 조건이 '항문성격' 특성의 증식과 강화를 초래하고, 그에 따른 생식기능의 쇠약을 초래했다고 보았다. '항문성격'이란 구순기(口脣期)의 다음에 이어지는 소아성욕의 2단계로 생후 8개월부터 4세까지 배설할 때 항문 점막에 자극이 가해지면 쾌감을 느끼는 시기와 관련된다. 항문기의 고착과 그 반동에 의해 생기는 성격을 항문성격이라고 하며 인색함과 고집, 꼼꼼함이 그 특성으로 나타난다. 이러한 프롬의 사고는 당시의 라이히로부터 영향을 받은 것이었으나, 두 사람의 관계는 그리 순탄하지 않았다.

그러나 더욱 중요한 것은 1930년대에 나타난 바흐펜(Johann Jakob Bachofen)의 재발견이다. 바흐펜은 스위스의 법률가이자, 젊은 니체와 부르크하르트(Jakob Burkhardt, 1818~1897)의 바젤 시절 친구로 고전학과 신화를 연구했다. 바흐펜은 역사법학파인 자비니(Friedrich Karl von Savigny, 1779~1861)의 제자이자 친구이기도 했다. 역사법학파는 자연법이론이 이성주의적 전제하에 법은 이성에서만 유래하며 인간을 구속하는 법이 존재한다고 가정함을 비판했다.

그리고 국민적 법체계가 불합리하게 보여도 그 국민의 문화적 진화의 변천을 반영하는 것이며 그들의 필요에 적합한 유일한 것이라고 주장했다.

바호펜이 1861년에 발표한 책《모권》은 선사시대 사회조직이 당시 많은 사람들이 생각하듯 가부장의 권위나 폭력에 의존한 것이 아니라, 모자간 유대감과 생사 및 생식의 신비에 의존한 것이었다고 주장했다. 그에 의하면 부성이 발견되고 부권적인 사회로 이행하기 이전의 사회생활은 재산의 공유, 일종의 원시 민주주의, 집단혼인이라는 특징을 가졌다. 그리고 세월이 흘러 여성에게 본능적인 것으로 간주되는 보수성과 양식(良識)에 따라 여성들이 일부일처제 결혼을 발명하여 복수의 상대와 성교를 하지 않게 되었다. 이렇게 해서 성립된 모권제 사회는 사교성(社交性)과 강제가 결여된 사회라고 바호펜은 설명했다. 바호펜은 또 '복수를 정당시하는 법제'는 모권제의 유산이라면서, 부권제를 표현하는 산상수훈은 그것을 극복한 것이라고 설명했다.

프롬이 본능적 행위를 프로이트의 리비도 이론으로 설명하는 것에 대한 의문을 갖는 데는《모권》이 가장 중요한 영향을 끼쳤다. 이 책은 가부장적 조직사회에서만 나타나는 현상이라는 오이디푸스 콤플렉스 이론이 오류라는 점을 밝혀주었기 때문이었다.《모권》은 그보다 2년 전인 1859년에 동시 출판된 다윈의《종의 기원》및 마르크스의《경제학비판》과 함께 당시에 가장 주목된 책으로 지금까지 영향을 미치고 있으나, 우리나라에서는 아직 번역되지 않았다. 프롬은 〈모권 이론의 사회심리학적 의의(Die Sozialpsychologische

Bedeutung der Mutterrechtstheorie)〉에서 다음과 같이 지적했다.

> 연구자는 곧잘 자기 자신의 심적 구조 또는 그 사회에 공통되는 심적
> 구조를 '인간의 본성'으로 간주하는 잘못을 범한다. 그리고 상이한
> 사회적 조건 아래에서는 전혀 다른 충동 구조가 사회의 생산력으로
> 작용한다는 사실을 간과하고 만다. '모권사회'의 문화에 대한 연구는
> 사회과학에 있어서 중요한 의미를 갖는데, 그 연구는 현재 우리 사회
> 에서 볼 수 있는 심적 구조와는 전혀 다른 심적 구조를 밝혀주고, 그와
> 동시에 '부성 중심'의 원리에 대해서도 조명해주기 때문이다.[56]

더욱 중요한 논문은 1930년대에 《사회연구지》에 마지막으로 발표된 〈무력의 감정〉(1937)[57]이다. 이 논문은 그 후의 프롬 저작에 대해 선구적인 위치에 있는 작품이라는 점에서 살펴볼 필요가 있다. 먼저 프롬은 자본주의 사회가 과거 어떤 시대보다도 많은 사람들을 위한 사회경제적 변화를 실현하는 수단이 되었으면서도, 다른 한편으로 체념과 무기력 및 맹종이라는 소외의 경향을 낳는다고 분석한다. 정치권력, 즉 국가에 대한 이러한 신경증적인 무력감은 과거 파국적 전쟁의 절박함이 충분히 인식되었을 때도 언제나 대중의 집단행동을 방해했다. 역사적으로 여러 위기나 파멸적 상황의 진전을 회피하는 게 대부분 불가능했던 것은 바로 무력감으로 인한 타성 때문이었다는 것이다.

이러한 뿌리 깊은 무력감은 대인관계에서도 나타나지만 자기 자신에도 나타난다. 격노와 공포가 바로 그것이다. 프롬은 이런 특성을

권위주의적 성격이라고 부른다. 그것은 부권적이고 권위주의적인 육아를 통하여 청년기에 나타나고, 나아가 개인이 이해할 수 없는 경제 시스템에 의해 보강되어 정체된 사회적 성격을 낳는다. 이 논문은 당시 대두한 파시즘에 대한 분석이자, 뒤에 프롬이 《자유로부터의 도피》를 비롯하여 미국 자본주의에 대해 분석한 이론에 틀이 된다.

또한 이 시기에 프롬은 프로이트의 정신분석이 가부장 사회조직 지향의 이론이자 기술이라고 비판하기 시작했다. 1939년의 논문 〈정신분석 요법의 사회적 제약〉에서 프롬은 시민사회적 도덕에 대한 비판을 주제로 한 프로이트의 1907년 저서 《문화적 성도덕과 현대인의 신경과민》에 대해 "엄격하나 원리적으로는 결코 계급에 대한 그의 태도와 다르지 않다는 것을 분명히 보여준다"고 비판했다.[58] 더 나아가 문화의 발전, 여성의 지위, 정신분석에 대한 프로이트의 연구에 대해서도 프롬은 같은 결론에 이르렀다. 특히 프로이트의 관용적 태도조차 그렇다고 말했다. 가치판단을 피하고 관용을 표방하는 모습 뒤에는 그 자신과 같은 사회계층의 다른 보수적인 구성원들 못지않게 시민사회 도덕의 터부를 존중하고 그 파괴를 회피하는 태도가 숨어 있다는 것이다.[59]

이처럼 프로이트가 정신분석의 이론과 치료의 양쪽에서 사회적 현실에 의존하고 있다고 하는 프롬의 비판은 정신분석의 이론과 치료에 대한 근본적인 수정을 요구하는 것으로 이어졌다. 즉 정신분석은 다시 한번 사회결정성이라는 거울을 통해 수정되어야 했다.

그가 살고 있는 사회의 명령과 금지가 그 한정된 의미 이상으로 그에

대해 절대적이고 터부적인 성격을 갖는 정신분석가는 … 환자로부터
그 터부를 어긴다고 하는 공포(거의 환상에 불과하나)를 제거하기에
적합하지 않다. 그 공포는 환자의 노이로제의 근저에 있고, 그 극복 없
이는 치료가 있을 수 없다.[60]

프롬과 프로이트의 차이점

프롬은 1936년부터 프로이트와 자신의 차이점을 설명하는 논문인
〈사회를 통한 심리적 구조의 결정성-분석적 사회심리학의 방법과 과
제(Die Determiniertheit der psychischen Struktur durch die
Gesellschaft-Zur Methode und Aufgabe einer Analytischen
Sozialpsychologie)〉를 썼다. 그는 이 논문을 1937년 〈사회연구지〉에
발표하려 했으나 호르크하이머를 비롯한 여러 동료의 반발로 싣지
못했다. 그 후 이 논문은 사라진 것으로 여겨졌다가 1991년에 발견되
어 1992년에 공개되었다.[61]

먼저 프롬은 프로이트가 인간에 대한 시민적 사고, 즉 구체적인
역사적 진화의 결과물인 한 인간의 존재형태를 자연적으로 주어진
본질로 해석했다고 보았다. 그래서 프로이트가 말한 오이디푸스 콤
플렉스는 모든 민족에서 발견되는 것이 아니라고 지적했다. 또한 나
르시스적 욕구를 포기해야 타인에 대한 사랑이 가능하다고 본 프로
이트를 비판하고 인간은 일차적으로 나르시스적 자기애를 갖는다고
보았다. 특히 해부학적 차원에서 여성이 열등하기 때문에 남성을 질
투한다고 본 프로이트의 이론은 여성의 사회적 지위를 고정시키는
것으로 비판하고, 여성이 남성이 되고자 함은 여성의 사회적 위치에

아도르노. 프롬과 아도르노는 서로 경멸하는 불편한 관계였다.

서 생기는 결과라고 주장했다.

　나아가 프롬은 프로이트가 탄생 직후 몇 년이 인간의 성격발달에 가장 결정적이라고 주장한 데 대해 성격발달의 요인은 사회적 삶의 실제이고, 가정은 성격발달의 원인이 아니라 사회의 심리학적 대리자로 이해되어야 한다고 주장했다. 그리고 프로이트의 본능 개념은 인간과 동물의 차이를 고려하지 않는 것이라고 비판하고, 인간관계의 형식과 관련된 파괴성과 사랑 및 사도마조히즘, 재화 취득의 형식과 관련된 수동적인 욕구, 아끼고 절약하는 욕구, 생산욕구가 인간의 행동에 특별한 열정적 방향을 부여하는 기본성향이라고 주장했다. 이러한 기본성향이 1941년 프롬이 쓴 《자유로부터의 도피》에서 정식화된 사회적 성격임은 두말할 필요가 없다.

그 뒤의 사회연구소

1930년의 노동자 조사나 1937년의 논문이 발표되지 못한 이유는 당시 프롬이 사회연구소 멤버들과 사이가 좋지 못했던 데 있다. 특히 프롬과 뢰벤탈을 '직업적 유태인'이라고 야유한 아도르노와는 서로 경멸하는 불편한 관계였다. 그렇게 야유당할 정도로 프롬은 진지한 인생관을 지녔으나, 호르크하이머나 아도르노는 자유분방한 성격이었다. 호르크하이머는 프롬의 프로이트 비판에 처음부터 부정적이지는 않았으나, 사회연구소가 뉴욕으로 옮겨진 뒤 아도르노의 영향을 받아 정통 프로이트주의자로 돌변함에 따라 프롬에 비판적인 자세를 취하기 시작했다.

　1933년 사회연구소는 '국가에 대해 적대적인 태도를 취했다'는 이유로 나치에 의해 폐쇄당했다. 호르크하이머나 아도르노는 교수직도 박탈당하고 제네바로 도피하여 그곳에 연구소를 다시 세우고 활동했다. 이어 1942년 호르크하이머가 미국으로 가면서 연구소는 뉴욕 컬럼비아 대학으로 이전되었다. 망명과 함께 연구소의 분위기는 문화적, 심미적 현상에 대한 연구로 옮겨졌다. 그 가장 중요한 요인은 1938년부터 본격적으로 연구소 활동을 시작한 아도르노의 영향이었다.

프롬은 1933년 시카고 정신분석연구소 초청으로 미국으로 건너가면서 미국에 망명했고, 그 이듬해 뉴욕에서 병원을 열고 진료를 하면서 뉴욕의 컬럼비아 대학에 부설된 사회연구소에서 연구 활동을 계속했다. 1937년 이후 프롬은 연구소의 공동연구에는 참가하지 않았다. 프롬의 이론은 더 이상 그 멤버들의 지지를 받지 못했는데, 특히 아도르노와 마르쿠제가 그랬다. 프롬은 1939년 연구소에 사표를 제출했다.

연구소와 단절한 프롬은 1941년의 《자유로부터의 도피》 이후 홀로 세계적인 저술가로 이름을 떨치게 된다. 다른 연구소 멤버들도 그 뒤 저술을 통해 유명해졌지만 프롬 같은 대중성은 얻지 못했다. 그 이유는 그들이 사회변동에 대한 기대를 상실하고 철학적 내성과 궁극적인 체념에 젖은 반면, 프롬은 인간의 자기재생 가능성에 대한 희망을 잃지 않았던 데 있다고 말할 수 있다.

(1936~1943)

미국 망명

망명객

지금까지 프롬의 망명이 그의 삶과 사상에 미친 영향은 그리 중시되지 않았다. 그러나 누구나 쉽게 생각할 수 있듯이 망명은 그가 이룬 학문적 입지를 뒤흔드는 것이었고, 독일에서 형성한 여러 인간관계의 단절을 뜻했으므로 엄청난 충격이었으리라. 특히 그는 부모를 두고 미국으로 떠났고, 그의 아버지는 1933년 12월에 사망했다. 반면 어머니는 1941년 프롬과 함께 영국을 거쳐 뉴욕으로 가서 1959년까지 살았다. 1938년부터 시작된 유태인 박해사건에서 어머니를 구출하기 위해 사회연구소에 자금 대출을 요청했다가 거부당한 일은 프롬으로 하여금 그 연구소를 떠나게 만든 요인이 되었다.

또한 나치로부터의 추방과 2차 세계대전 그리고 홀로코스트를 그가 직접 체험하지 않았다면 프롬의 보편적인 휴머니즘이라고 하는 사상도 생겨나지 않았으리라. 물론 유태인이라는 이유로 차별대우를 받았던 어린 시절부터 이미 프롬에게 휴머니즘의 싹이 자랐지만, 국수주의와 인종주의는 '근친상간'과 '우상숭배'가 당시 사회적 형태로 표출된 것이라고 보고 이를 '집단적 나르시시즘'과 '죽음애호증적 몰락증후군'으로 공격한 것은 나치를 경험한 데서 비롯됐다고 보아야 할 것이다.[62]

망명객은 누구나 새로운 사회에 적응하기가 쉽지 않다. 많은 독일인 이주 지식인들이 미국을 비롯한 새로운 사회에 적응하기 어려워 고통을 당했다. 그러나 프롬은 아무런 문제없이 적응했고, 특히 영어 구사에 능통했다. 이는 그의 언어 구사력이 탁월한 탓이기도 했지만, 철학적 지향이 강한 사회연구소의 다른 동료들과 달리 그는 관념을 정확하게 표현하는 수단으로 독일어에만 집착하지 않았기 때문이기도 했다.

반면 호르크하이머나 아도르노는 독일어로 활동하지 못해 낙담했고 사상 표현에서 부자유를 느꼈다. 철학이란 간단하게 다른 언어로 번역되기 어렵다. 아도르노는 미국으로 이주한 독일인들이 독일어를 버리는 것을 신랄하게 비판하면서 "그것은 언어가 그들에게 진실의 표현이 아니고, 현실이 그들을 한층 생존의 고투로 몰아넣고 있기 때문"이라고 말했다. 그러나 프롬에게는 영어가 진실을 표현하는 데 전혀 장애가 되지 않았다.

프롬은 1940년 미국 시민권을 획득했다. 1934년 이후 미국에서 정신분석의로 성공한 그에게 시민권 획득은 그다지 어려운 일이 아니었다. 프롬은 이어 1941년에 버몬트주의 베닝턴 대학 교수가 되어 1950년 퇴직까지 정신분석을 강의했고, 다른 곳에서도 많은 강의를 하면서 언제나 바쁘게 지냈다.

그러나 그런 그에게도 미국에서의 삶은 근본적으로 낯선 것이었다. 민주주의에 역행하는 사회적 타협주의, 시장지향성, 그리고 사이버네틱 인간에 대한 그의 비판은 미국 사회에 대한 관찰에서 비롯된 것들이었다. 여기서 우리는 당시의 미국 정신분석학의 상황을 잠시 들여다보자.

20세기 초엽 미국의 정신분석학

프롬 등이 유럽에서 미국으로 건너오기 전 미국의 정신분석학은 그야말로 초라한 유럽의 식민지였다. 미국의 정신분석가들은 훈련을 받기 위해 프로이트가 있는 빈이나 베를린 또는 부다페스트에까지 가야 했다. 프로이트는 미국 학자들의 조직에도 개입했다. 심지어 학회의 연장자를 제치고 신참을 미국 학회의 회장에 앉히기도 했다. 그 결과 이제 막 성장하던 미국 정신분석협회는 불화에 휘말렸다. 이 사건은 의사가 아닌 무자격 분석가를 훈련해야 한다고 주장한 프로이트에 대한 반감을 초래했다. 1차 세계대전이 요구한 병역으로 인해 정신분석가의 층은 더욱 얇아졌다.

유럽, 주로 독일에서 다수의 망명자가 미국에 몰려옴에 따라 사정은 역전되었다. 곧 뉴욕은 포화상태가 됐고 볼티모어, 보스턴, 시카고, 디트로이트, 로스앤젤레스, 샌프란시스코, 필라델피아에 새로운 협회가 조직되어 망명객을 받아들였다. 그러나 모든 망명객들이 다 환영을 받은 것은 아니었다. 미국은 특히 무자격 분석가를 배척했다. 예컨대 프로이트의 가장 뛰어난 제자이자 프롬의 스승이기도 했던 라이크는 국제적인 명성에도 불구하고 미국 정신분석협회 입회를 거부당했다. 그래서 수년간 무명으로 지내다가 1948년 스스로 미국 정신분석심리협회를 설립했다. 유럽에서 명성이 자자했던 정신분석가 페니헬은 의사 자격을 갱신하기 위해 엄청난 과로를 하다가 죽었다. 겨우 성공한 경우에도 문화충격으로 인해 편협한 태도를 강요당했다. 그 기본적인 이유는 유럽의 정신분석이 연구 지향인 반면 미국은 진료 중심이었다는 점에 있었다. 그 결과 유럽 출신 정신분석가들은 교조적인 프로이트주의자가 되도록 강요되었다.

프롬은 33세에 미국으로 건너갔다. 그 역시 무자격이었다. 독일에 있을 때 알게 된 연상의 연인 호나이 등의 도움과 프랑크푸르트 사회연구소의 지위가 없었다면 크게 고생했을 것임에 틀림없다. 그러한 도움이나 지위는 곧 없어졌다. 그럼에도 불구하고 그가 미국에 무사히 정착한 것은 자신의 성향과 노력 덕분이었다. 그는 연구가 아니라 환자를 치료하는 정신분석을 지향함으로써 그보다 나이 많은 망명객이나 동년배의 정통파에 비해 미국 학생들과 훨씬 친숙해질 수 있었다. 또한 1941년에 쓴 《자유로부터의 도피》의 성공도 그가 미국 사회에 쉽게 적응할 수 있는 계기가 되었다.

동료들

당시 프롬이 교류한 정신분석가 중에서 가장 중요한 인물은 호나이였다. 프롬은 베를린에서 정신분석을 연구할 무렵부터 그녀와 알고 지냈다. 당시 그녀는 이미 프로이트의 가부장적 인간 개념에 대해 비판적이었다. 1932년 미국으로 이주한 그녀는 시카고에서 살다가

1934년 프롬이 뉴욕으로 이주하자 그를 따라 뉴욕으로 거처를 옮겼다. 호나이는 프롬으로부터 사회학을, 프롬은 호나이로부터 정신분석을 배웠다. 그러나 두 사람의 사랑은 1940년대 초에 끝났다.

또 중요한 사람은 설리번(Harry Stack Sullivan, 1892~1949)이었다. 그는 1940년대부터 프로이트를 비판한 프롬 및 호나이와 함께 정신분석의 사회화를 주장했다. 프롬과 호나이가 유럽에서 교육을 받고 미국으로 이주한 데 비해 설리번은 미국 태생으로 미국 철학, 특히 사회과학의 영향을 받았다. 그래서 그의 이론은 프롬이나 호나이보다 임상실천에 뿌리박은 것이었고, 그 결과 분열병자의 치료에 성공하지 못한 프로이트에 비해 인간은 모두 공통의 인간성을 갖는다는 전제에 서서 대화를 통한 집단치료를 벌여 크게 성공했다.

프롬이 1929년부터 1932년 사이에 발전시킨 사회심리학은 설리번의 이론 및 임상실천과 일치하는 것이었고, 따라서 두 사람의 교류는 당연한 것이었다고 할 수 있으리라. 1941년에 출간된《자유로부터의 도피》에서 프롬이 자신의 이론은 설리번의 인간관계 심리학과 일치한다고 설명한 것도 당연했다.

이밖에도 프롬은 정치학자 라스웰(Harold Dwight Lasswell, 1902~), 인류학자 미드(Margaret Mead, 1901~1978), 베네딕트(Ruth Benedict, 1887~1948) 등과도 친하게 지냈다. 라스웰은 정신분석을 정치학에 끌어들인 선구자로 유명하고, 우리나라에도 일찍부터 소개되었다.

미드는 인류학자로서는 가장 대중적인 사람이라고 할 수 있다. 그녀는 '미개인' 연구가 서양인의 자기 사회 이해에 의미가 있음을 강조한 점에서 혁신적이었다. 뿐만 아니라 그녀는 성별역할, 문화변용, 인종관계 등에 중요한 기여를 했다. 학문적으로 '문화와 퍼스낼리티' 또는 '심리학적 인류학'이라고 불리는 그녀의 연구는 프롬과도 밀접하게 연관되었다.

베네딕트는 미드의 학문적 동료이며, 특히 일본을 분석한 저서 《국화와 칼(The Chrysanthemum and the Sword)》(1946)로 우리에게 친숙하다. 그러나 이 책은 단순한 일본 비판이 아니라 문화의 상호이해를 위한 책이라는 점에 주의할 필요가 있다. 물론 그녀는 프롬이나 미드와 마찬가지로 개인의 자유와 평등, 그리고 사회적 협력을 중시하고 인종차별과 빈곤에 반대했다.

성공의 요인

프롬이 미국에서 저술가로서 성공할 수 있었던 이유는 여러 가지였다. 미국은 본래 이주자와 그 자녀들의 나라였기 때문에 당연히 현대 정신의 소외와 고향상실 문제에 관심을 가졌고, 바로 그것을 프롬은 최초로 정신분석 이론의 주제로 삼았다. 그래서 프롬은 1941년의 《자유로부터의 도피》 출판 이전부터 인기를 끌었다. 유럽에서 프롬의 청중은 정신분석, 사회학, 정치학, 그리고 모권이론에 관심을 갖는 특수한 분야의 인텔리들이었다. 그리고 그들은 모두 학자들로서 독일어를 썼다. 반면 미국의 청중은 여러 방면의 사람들로서 모두 영어를 썼다.

프롬은 1930년대 말부터 독일어 대신 영어를 사용했다. 그는 1939년 〈이기주의와 자기애(Selfishness and Self-Love)〉[63]와 〈의지 요법의 사회철학(The Social Philosophy of 'Will Therapy'))[64]을 발표했다. 언어의 변화가 스타일의 변화를 초래하지도 않았다. 그의 영어는 직접적이고 격조 높은 것이어서, 그의 독일어와 스타일과 그리 다르지 않았다. 그는 에머슨, 소로우, 듀이 등 미국의 사상가들을 인용하면서 미국 청중들에게 다가갔다. 유럽에서 온 망명자들의 주류와 달리 그는 그의 사상과 일치하는 미국 인류학자, 사회학자 등을 찾아냈다. 그리고 그가 종교 연구에 사용한 회의주의, 휴머니즘, 그리고 절충주의를 조합하여 미국인이 지닌 뿌리 깊은 무언가에 끊임없이 호소했다. 그 무엇은 유럽에는 존재하지 않는 것으로, 유럽적 감수성과는 다른 것이었다. 프롬은 뒤에 스페인어를 사용하게 된 1957년경에도 같은 변화를 했다.

프롬은 이방인으로서 '존재의 문제를 처리하는 전문가 역할'에 쉽게 다가갔고, 미국 사상에 경의를 표함으로써 그의 청중을 획득했다. 이는 다른 망명객들에게서는 볼 수 없는 요소였다. 프랑크푸르트 사회연구소의 동료들은 반유태주의와 권위주의 심리학에 대한 그들의 공헌이 미국 사회과학에 중대한 영향을 끼쳤음에도 불구하고 대부분의 시간을 난해한 연구로 보냈으나 프롬은 대중에게 가까이 갔다. 정신분석가로 성공한 사람 중 어느 누구도 프롬처럼 다양한 청중을 획득하지는 못했다. 이처럼 낯선 대륙 미국에서 미국인들을 상대로 큰 성공을 거두었지만, 프롬의 사고방식은 어디까지나 본질적으로 유럽의 그것이고 그의 감성은 대체로 유럽 봉건시대의 유산과 연결되어 있었다. 그럼에도 불구하고 그의 성공은 그가 '정신분석의 미국화'에 가담했다고 하는 비판을 불러일으켰다.

인간은 자유를 거부하는가
《자유로부터의 도피》

권위에 귀속되려는 인간의 비합리성

프롬은 1936년부터 1940년 사이에 《자유로부터의 도피》를 집필했다. 최초에는 그런 제목이 아니라 '권위주의적 국가의 인간'이라는 제목으로, 파시즘의 사회심리학에 관한 연구서로 계획된 것이었다. 1941년에 출판된 《자유로부터의 도피》는 근대인이 전통적인 비합리적 규범과 신분적인 구속에서 해방되어 자유를 찾았으나, 도리어 그 자유를 부담스러워하면서 새로운 비합리적인 권위에 의존하게 되는 경향을 비판적으로 분석했다. 여기서 자유란 정치사회적 자유만이 아니라 주체적이고 개인적인 자아의 실현도 뜻하는 것이다. 이러한 《자유로부터의 도피》의 내용을 프롬은 뒤이어 쓴 《건전한 사회》 머리말에서 다음과 같이 요약했다.

나는 《자유로부터의 도피》에서 사람들이 근세에 이르러 획득한 자유로부터 도피하려는 깊은 갈망이 전체주의적 운동에 호응한 사실을 밝히려 하였으며, 또한 중세기적인 속박을 벗어난 근대인이 이성과 사랑에 기초를 둔, 의미 있는 삶을 자유롭게 구축할 수 없게 되자 지도자나 인종이나 국가에 복종함으로써 새로운 안정을 찾으려 한다는 사실을 밝히고자 하였다.[65]

이 책에서 프롬은 두 개의 근대 사회체제, 즉 권위주의적 파시즘 국가와 미국 민주주의 국가를 고찰했다. 전자는 프롬이 '비합리적' 권위라고 부른 압제적 권력, 후자는 독점자본주의의 경제원리에 의한 권력이다. 그 역사적 서술은 프란츠 볼케나우(Franz Bolkenau)의 《봉건적 세계상에서 근대적 세계상으로(Der Übergang vom feudalen zum bürgerlichen Weltbild)》(1934)[66]라는 책에서 힌트를 얻은 것이다. 하지만 역사상 어떤 시점의 개인과 특정한 사회적, 경제적 형태 전체와의 심리적, 사회적 상관관계에 대한 설명은 프롬의 독창적인 의견이다.

이 책은 우리나라에서는 흔히 파시즘과 나치즘을 분석한 책으로 이해되고 있고, 프롬이 그것들 못지않게 중요한 분석의 대상으로 삼은 미국 자본주의는 설명에서 제외되는 경향이 있다.[67] 이것이 한국과 미국의 관계를 고려한 애국주의적인 입장인지는 모르지만, 프롬 사상의 정확한 소개가 아닌 것은 분명하다. 뿐만 아니라 한국에서는 이 책의 근본개념인 '사회적 성격'에 대한 논의도 보기 어렵다.[68] 그러나 이 개념을 이해하지 않고는 《자유로부터의 도피》는 물론 프롬 사상 전체를 제대로 알기 어렵다.

또한 이 책이 연대순으로는 프롬의 최초 저작임에도 불구하고 우리나라에서는 흔히 이 책보다 훨씬 뒤에 집필되고 보다 체계적인 《건전한 사회》 등을 프롬 인간관에 대한 저서로 먼저 설명하고 그런 인간관에 기초하여 《자유로부터의 도피》에 나타나는 자유관을 검토한다는 문제가 있다.[69] 사실 그런 식의 설명에서는 프롬의 인간관과 자유관이 전혀 연결되어 있지도 않다.

사회적 성격에 대하여

이 책의 기본개념인 '사회적 성격'에 대한 논의부터 먼저 살펴보자. 프롬은 《자유로부터의 도피》 머리말에서 이 책은 현대인의 성격 구조와 심리적 요인 및 사회적 요인의 상호작용 문제에 관한[70] 연구의 일부라고 말하면서, 연구의 완성에는 "매우 긴 시간이 걸릴 것"이라고 말했다. 자신의 예언대로 프롬은 그 연구에 평생을 바쳤다.

프롬의 모든 책이 그렇듯이 이 책도 3단계로 구성된다. 1~3장은 성격변화 연구의 역사적 틀, 4~5장은 현대인의 심리구성에 대한 진단적 분석, 6~7장은 파시즘 국가와 민주주의 국가에 사는 사람들의 상이한 행동양식에 대해 각각 설명하고 있다.

그리고 부록으로 '성격과 사회과정'이 붙어있다. 이는 부록이기는 하지만 성격학의 이론적 근거를 설명한 것이어서 독자들은 이 부록부터 먼저 읽을 필요가 있다. 이는 앞에서 설명한 1930년대의 여러 학술논문을 이론적으로 재구성한 것이다. 특히 이 글에서 프롬은 '사회적 성격(social character)'이라고 하는 중요한 기본개념을 처음으로 사용하고 있다.

부록에서 프롬은 먼저 일정한 사회집단에 속하는 모든 구성원들은 공통의 특성인 '사회적 성격'을 공유한다는 가정에서 출발한다. 즉 프로이트를 비롯한 정신분석학자들은 여러 증상의 신경증과 정신질환의 본질을 규명하면서 그것을 개인적인 문제로 처리했으나 프롬은 경제적, 사회적 원인과 연관된다고 가정했다. 이런 가정은 앞에서 본 프롬의 초기 논문이나 노동자 조사를 통해 증명되었다. 프롬에 의하면 사회과정은 사회적 성격과 연관 지어 분석해야 한다. 왜냐하면 사회적 성격은 사회구조의 산물이자 그 유지와 변동의 요인이 되기 때문이다. 따라서 사회적 성격은 어떤 집단이나 사회가 모든 개별 구성원들에게 중요한 형성 작용을 미친다고 보아야 한다.

　　스스로를 사회조건에 적응시킴으로써 개인은 그가 행동해야 하는 대로 행동하도록 요구하는 경향들을 발달시킨다. 만일 사람들 대부분의 기존 성격, 즉 사회적 성격이 사회 속에서 개인이 이행해야 하는 객관적인 과제에 그렇게 적응될 경우, 사람들의 에너지는 그 사회의 작동을 위하여 없어서는 안 될 힘을 만드는 방식으로 형성된다.[71]

　　권위주의적이고 계층적인 사회환경은 권위에 대한 강한 지향성(이것이 사회적 성격의 기초가 된다)을 공유하는 여러 개인들로 구성되고, 반드시 동일한 권위주의적 경향을 갖는 개인들을 낳으며, 그들이 다시 그 우세한 사회적 성격을 재생한다. 마찬가지로 물질적 재화의 축적과 소비(이것이 사회 구성원의 다수파가 공유하는 사회적 성격이 된다)를 기초로 한 사회는 필연적으로 그 성격을 아동의 양육에

서 강화하게 되고, 결과적으로 새로운 세대에게 더욱 강력한 소비지
향성을 낳는다.

이처럼 지배적인 다수파나 계급의 명령에 의해 개인의 성격이
형성되어 가는 과정을 설명하는 프롬의 논의에서는 마르크스와 라이
히의 영향이 분명히 드러난다. 라이히는《파시즘의 대중심리: 정치적
반동의 성경제와 프롤레타리아 성정치를 향하여(Masspsychologie
des Faschismus. zur Sexualökonomie der politischen Reaktion und
zur proletarischen Sexualpolitik)》(1933)[72]에서 각 사회는 대다수의
구성원들에게 그 목적을 달성하기 위해 필요한 행동과 사고의 구조
를 낳는다는 문제를 지적한 바 있다.

그러나 프롬은 라이히와 달리 사회적 성격은 상호보완적 기능을
갖는다고 보았다. 즉 한편으로 그것은 사회 구성원들에 의해, 특히
그들 사이에 우세한 지향에 의해 규정되지만, 이와 동시에 다른 한편
으로는 그 사회 구성원들의 심리 및 이데올로기와 연관되는 사회경
제적 구조를 유지하는 역할도 한다. 그 결과 사회적 성격은 사회질서
를 유지하는 심리적 요인이 된다. 이를 프롬은 시멘트, 즉 일정한 사
회구조가 갖는 다양한 블록들을 연결하는 시멘트에 비유한다. 사회
적 성격을 형성하는 중심 제도는 가족과 교육 시스템이다.

또 프로이트와 달리 프롬은 인간을 '사회적 존재'로 인식하는
데, 이는 마르크스와 같은 견해다.[73] 그러나 프롬은 인간의 본성이 그
내재적이고 자율적인 창조력을 바탕으로 역사의 특정 시대에 우세한
심리적, 이데올로기적, 경제적 조건에 대해 끊임없이 변화를 불러일
으키는 역동적인 것이라고 본다는 점에서 마르크스와 견해를 달리한

다.[74]

　프롬은 의식은 사회적 존재에 의해 규정된다고 하는 마르크스의 생각을 넘어, 프로이트가 말했듯이 무의식에 의해서도 규정된다고 보았다. 그래서 프롬은 마르크스와 프로이트를 결부시켰다고도 한다. 그러나 한편으로 그는 프로이트가 가부장적이라고 비판하며 다음과 같이 말했다.

　인간은 먼저 사회적 존재라고 나는 생각한다. 프로이트와 같이 인간이 자족적이고, 본능적 욕구를 만족하기 위해서만 타인을 필요로 한다고 믿지 않는다. 이런 의미에서 개인심리학은 기본적으로 사회심리학이라고 본다. … 심리학의 중심문제는 개인이 세계와 관계되는 경우 그 방식의 문제이지 개개의 본능적 욕망 불충족의 문제가 아니다.[75]

　프롬은 사회에 특정한 경제구조가 있는 것처럼 그 구성원에 공통되는 독자적인 사회적 성격이 존재한다고 생각하고, 그것이 모든 종류의 변화(가치관과 사고방식을 수반한 의식내용의 변화만이 아니라 생산방식과 사회질서의 변화까지도)를 결정한다고 보았다.

　'새로운 인간'을 생산수단의 소유관계와 같은 경제적 변화에 의해서만 '창조할 수 있다'고 보는 사회주의적 시도의 좌절은 인간을 정보, 지식, 의식형성 등에 의해서만 변화시킬 수 있다고 믿는 의식주의적 시도의 좌절과 마찬가지로 '사회적 성격의 생산력'을 경시한 결과이다.

자유, 자치, 자연과 같은 기본적 가치를 지향하는 의식개혁을 아무리 주장한다 해도 경제체제와 공적, 사적 사회화 형태에 의해 형성된 사회적 성격의 무의식적인 정신적 태도(곧 실제 생활상의 기본적 가치)가 이기주의이고, 예속하거나 예속되는 경향을 지향하며, 경쟁적 사고에 젖어 있는 한 그것은 이데올로기적 언어에 그치기 마련이다.

여기서 사회적 성격을 고려한다면 그러한 기본적 가치에 대한 토론의 이데올로기적 성격을 통찰할 수 있다. 더욱 중요한 점은 사회적 성격의 무의식적인 정신적 태도가 사회경제적 상황의 안정에 기여하고, 따라서 의식적으로는 반대의 것을 믿어도 무의식적으로는 체제의 기본적 가치와 기본적 태도를 실현한다고 하는 통찰이다.

그 결과 인간은 경제적, 사회적으로 요구되고 기대되는 행동을 하게 된다. 최대 이윤과 성장이라고 하는 목표를 설정한 경제체제가 새로운 투자에 의해 그 기능을 증대시키고 신제품을 생산하는 경우, 그 체제는 열심히 소비하는 인간을 필요로 한다. 이러한 관계에 의해 인간의 성격은 형성된다.

자유

《자유로부터의 도피》는 1장의 '자유-자유는 하나의 심리학적 문제인가'라는 물음에서 시작된다. 프롬은 인류 역사를 '자유를 얻기 위한 투쟁'으로 설명하면서, 1차 세계대전이 끝났을 때 자유를 쟁취한 사람들은 그 후에 나타난 권위주의적 체제는 광기나 권모술수에 불과한 것이므로 곧 사라질 것으로 보았다고 한다.[76]

나는 이미 죽은 한 정치학자를 기억한다. 국회의원을 지내기도 한 그는 1970년대부터 나에게 광기의 군사독재는 '위대한' 민중에 의해 곧 사라진다고 20여 년을 두고 매일같이 말했다. 그러나 그런 그의 예상은 완전히 빗나갔다.

프롬에 따르면 그런 식의 논의는 잘못이다. 그에게 민중은 위대한 무엇이 아니라 스스로 자유를 포기한 집단이었다. 또한 파시즘 국가에서만 아니라 모든 현대 국가에서 자유는 위협 당하고 있다.[77] 그 이유를 프롬은 인간의 심리에서 찾는다. 역사적 발전이 인간의 진보에 의해 촉진되는 것과 마찬가지로, 거꾸로 인간 자신도 사회경제적 환경의 변화하는 조건에 의해 형성된다.[78]

여기서 가장 중요한 것이 적응이라는 개념이다.[79] 인간성은 일반적으로 행해지고 있는 생활의 틀에 맞추도록 요구되면 다이내믹하게 적응한다. 물론 여기서 생활의 틀은 일정한 경제적 기반이나 이데올로기와 같은 상부구조의 산물이다. 결과적으로 자유라는 개념은 양날의 실재로 나타난다.[80] 인간은 일단 '인간과 자연의 근원적인 일체성'이 제거되면 '개인'이 된다. 그리고 개인적 자유는 어떤 사회관계에도 다소 맹목적으로 적응하거나(이 경우는 최종적으로 자유의 상실로 귀결된다), 아니면 자발적 행동이나 사랑 또는 생산적 존재임을 지각하는 것을 통해 개인적 자유를 선언하기에 이른다.

이러한 개인의 출현과 세계로부터의 인간의 이탈은 사회경제적, 심리적, 역사적 현상의 연쇄반응으로 설명할 수 있으며,《자유로부터의 도피》2~3장에서는 그런 연쇄반응이 변증법적인 역사과정으로서 설명된다.

프롬의 중세관과 그 문제점

역사적 현상에 대한 설명은 중세부터 시작된다.[81] 프롬은 중세에 대한 두 가지 상반된 견해, 즉 암흑으로 보는 견해와 이상적 사회로 보는 견해를 설명하고, 이 두 가지를 모두 인정해야 한다고 주장한다. 그러나 나는 이러한 프롬의 관점에는 문제가 있다고 생각한다.[82]

먼저 프롬의 설명을 들어보자. 그는 중세에는 인간과 인간, 그리고 인간과 자연 사이의 신비적인 일체감이 광범하게 인정되었다고 말한다. 즉 중세 봉건사회에서는 일련의 포괄적인 결정들이 생활의 모든 측면을 지배하여 '개인적' 자유를 희생시켰으나, 현대인 특유의 의혹과 불안의 요인은 당시에는 인간의 의식 속에 분명하게 나타나지 않았다는 것이다. 모든 인간은 사회관계 속에서 '명백하고 의심 없는 불변의 위치'에 놓여 있었다고 프롬은 본다.[83] 주체에 부과된 여러 제한에도 불구하고 "현실 생활에는 상당히 구체적인 개인주의가 있었다"고 프롬은 단언한다.[84]

이러한 프롬의 중세상은 부르크하르트의 중세사회 묘사[85]와 르네상스 정신에 대한 논의에 근거한 것이다. 그러나 중세사회에는 귀족과 승려 및 농노라고 하는 계층이 분명히 존재했다. 인구의 대부분이 농노였고, 그들은 극소수 지배자들의 부와 번영을 위해 노동을 강요당하여 사회적 소외를 경험했음은 우리가 역사에서 보는 사실이다. 따라서 중세 사람들이 프롬이 말하듯 심리적으로 안정되었다고 보기는 어렵다. 도리어 그들은 지배자가 대중을 억압하기 위해 조작해낸 공포와 미신, 그리고 집단 히스테리에 의해 고통을 받았다고 보는 게 정확할 것이다.

116

여기서 우리는 중세에 대한 논의를 더 이상 전개할 필요가 없다. 프롬은 역사가가 아니며《자유로부터의 도피》는 역사책이 아니기 때문이다. 그가 여전히 어린 시절 아버지의 가르침이나 유대교의 영향을 받고 있었기에 중세를 미화했다고 비판할 수도 있으나, 그가 본 중세는 그 나름의 역사적 진화를 설명하기 위한 하나의 모델로 사용되었다고 하는 점을 이해하는 것으로 충분하다.

그러나 여기서 우리는 우리의 문제를 하나 짚어볼 필요가 있다. 그것은 바로 전근대 사회 또는 자본주의 이전 사회에 대한 향수라는 문제이다. 그것이 우리의 역사를 통해서든, 소위 아시아적 가치를 통해서든, 또는 라다크나 인도와 같은 다른 사회를 통해서든 간에 전근대 사회나 자본주의 이전 사회에 대한 향수에 근거한 미화는 대단히 위험하고 보수적인 결과를 초래한다.

개인의 출현과 자유의 다양성

프롬은 중세의 자유가 파괴된 요인을 두 가지로 본다. 하나는 경제 시스템의 변화와 그것이 개인과 사회에 미친 충격, 또 하나는 종교개혁과 그것이 사회적 성격에 미친 영향이다. 중세에는 도매와 소매가 뚜렷이 분리되지 않았고 돈은 물건을 사고파는 수단에 불과했으나, 근대의 도시화와 자본축적의 결과 돈 자체가 목적이 되었고 수요와 공급에 따른 시장이 발달하여 상인의 명령에 의해 경제생활이 규제되었다고 프롬은 분석한다.

이러한 근대 자본주의에 대한 프롬의 설명은 명백히 마르크스의 영향을 받은 것으로, 역시 마르크스의 영향을 받은 영국의 경제학자

토니(Richard Henry Tawney)의 《종교와 자본주의의 발생(Religion and the Rise of Capitalism)》(1926)[86]을 프롬은 자주 인용한다. 토니에 따라 프롬은 자본주의를 중세적인 일체성을 파괴하는, 역사상 근원적인 변화를 초래한 최초의 명확한 요인으로 인식한다.

> 르네상스 자본주의의 주인공들이 과연 자주 묘사되는 것과 같이 행복하고 안정되었던가를 우리가 의심하는 것은 타당한 일이다. 새로운 자유는 그 주인공들에게 다음 두 가지를 갖다준 것처럼 보인다. 증가하는 힘의 느낌과 동시에 고립, 의심, 회의주의와 그것들로부터 생겨나는 불안이 그것이다.[87]

그러나 프롬은 자본주의의 더욱 본질적인 변화를 초래한 계기를 르네상스가 아니라 종교개혁에 의한 프로테스탄티즘에서 찾는다. 이러한 견해는 이미 막스 베버의 《프로테스탄티즘의 윤리와 자본주의 정신(Die protestantische Ethik und der Geist des Kapitalismus)》(1904~1905)에서 분석된 바 있으나, 프롬의 경우 중요한 것은 그 심리적 변화이다.

> 사람이 중심이었던 폐쇄된 세계 속의 삶은 더 이상 계속될 수 없었다. 따라서 세계는 막막하게 되었으며, 그와 더불어 위협적인 것이 되었다. 폐쇄된 세계 안에 있던 자신의 고정된 장소를 상실함으로써 사람은 자기의 삶의 의미에 대한 해답을 잃게 되었다. 그 결과로 자기 자신과 삶의 목적에 대한 의심이 생기게 되었다.[88]

이에 따라 새로운 형태의 자유가 경제적 변화를 통하여 생겨난다고 프롬은 본다. 즉 인간은 상업세계 이전의 낙원으로부터 추방당해, 금융시장에 의해 규제되는 생존경쟁에 종사하지 않으면 안 되게 되었다는 것이다.[89] 프롬은 의심, 고립, 불안, 무력감이 이러한 변증법적인 사회역사적 과정의 직접적 결과라고 본다. 그러나 우리는 앞에서도 보았듯이 중세에는 과연 그러한 것들이 없었는지를 의심한다.

여하튼 프롬은 개인 내부의 이러한 성격의 변화가 전체적인 사회적 성격의 변화를 반영한다고 본다. 동시에 각각의 인간은 출현 중인 새로운 사회적 성격에 대응하기 위해 개인적인 기초 위에서 그러한 변화를 받아들여야 한다고 본다. 따라서 적응은 필요하다고 프롬은 주장한다.[90]

프롬에 의하면 자연스러운 자유 또는 원시적인 자유로부터 벗어나는 제2단계는 루터와 칼뱅의 프로테스탄티즘이 개인의 의식이나 집합적 의식에 영향을 끼치면서 시작된다. 프롬은 루터가 개인적으로 현대의 '권위주의적(authoritarian)' 성격을 가장 잘 보여준다고 생각했다.[91] 그의 세속 권위에 대한 애증은 프로테스탄티즘의 직업윤리관 형성에 결정적인 역할을 했음은 이미 베버에 의해 상세히 분석된 바 있다.

루터에 이어 칼뱅이 체계화한 겸양과 복종이라는 프로테스탄티즘의 윤리는 초기 자본주의의 새로운 사회적 성격을 초래했다.[92] 프롬 자신도 그 전에 〈이기주의와 자기애(Selfishness and Self-love)〉(1939)[93]라는 논문에서 이 문제를 다룬 바 있는데,《자유로부터의 도피》에서는 신흥 중산계급으로 범위를 확대하여 그것을 고찰하고 있다.

프롬에 따르면 루터가 말한 세속 권위에 대한 복종보다 칼뱅의 예정설에 나타나는 무력감이 새로운 성격 특성의 발달에 더 중대한 영향을 끼쳤다. 또한 프롬은 칼뱅 예정설이 인류의 기본적인 불평등을 강조했다는 점에서는 파시즘과 같은 권위주의적 이데올로기의 선구가 되었다고 본다. 유럽과 미국에서 볼 수 있는 인종차별주의는 바로 그러한 프로테스탄티즘, 특히 산업계를 지배하는 백인층이 선천적으로 우수하다고 보는 신칼뱅주의에서 비롯되었다는 것이다. 한국에서 융흥하고 있는 프로테스탄티즘에도 분명히 그런 요소가 있다.

여하튼 종교개혁이 심어준 복종심과 자기비하는 개인에게 자신은 무력하다는 감정을 낳았다고 프롬은 본다. 이러한 감정은 현대인에게 격심한 자기혐오라는 형태로 내면화되는 동시에 외부를 향해서는 공격적이고 위압적인 사회적 성격으로 나타난다는 것이다. 이러한 환경에서는 타인에 대한 사랑도 자신에 대한 사랑도 있을 수 없다고 프롬은 주장한다.

프롬은 많은 책에서 사랑의 중요성을 강조했다. 그것은 《자유로부터의 도피》에 이어 저술된 《인간 자체: 윤리심리학의 탐구》(1947)에서 시작하여 《사랑의 기술》(1956)에서 정점에 이르는데, 《자유로부터의 도피》에서도 인간이 사랑의 능력을 서서히 상실하는 것이 진화 형태의 하나로 설명된다. 즉 자본주의의 발흥과 함께 새로운 성격구조, 즉 물질적 풍요를 지향하지만 사랑의 능력은 불모화된 성격구조가 출현한다는 것이다. 이 새로운 성격구조는 경제적, 사회적 변화의 결과이자 종교적 교의에 의해 강화되었지만, 거꾸로 보면 더욱 큰 사회적, 경제적 발전의 중요 요인이 되었다고 프롬은 분석한다.[94)]

현대인의 자유, 그 두 가지 측면

《자유로부터의 도피》 4장은 '현대인의 자유의 두 측면'을 설명하기 위해 경제적 관점에서 현대 자본주의를 분석한다. 두 측면 중 하나는 앞에서도 설명한 고립, 고독감, 공포, 무력감으로 나아가는 것이고, 다른 하나는 독립되어 자신에게 의존하고 비판적으로 되는 경향이다.[95)] 인간 존재는 이처럼 속박과 지배라고 하는, 모순처럼 보이는 이중성에 의해 정의된다. 즉 참으로 본질적인 인간 존재는 서서히 축소되어 가는 반면 기술적, 문명적 정교함은 더욱 증대되어 간다고 프롬은 본다.

프롬에 의하면 첫째 측면인 속박은 계속 증대되는 자본의 힘에 의해 경제적으로 더욱 강화된다. 즉 자본이 중세에는 인간의 하인이었으나 현대 사회에서는 인간의 주인이 된다.[96)] 과거에는 노동이 필연적이고 자발적이며 인간 스스로 납득할 수 있는 활동이었으나, 이제 그것은 상품과 부의 축적을 주된 목적으로 하는 강요된 활동으로 변했다고 프롬은 본다. 물론 이러한 설명에 대해서도 우리는 프롬이 중세를 미화하고 있다는 앞에서의 주의를 다시금 환기할 필요가 있다.

여하튼 프롬에 의하면 이러한 현대 사회의 전개는 개인의 감정적 불모화로 이어지고 독점자본의 착실한 증대라는 결과를 낳는다. 현대 자본주의 사회에서 노동과 상품제조의 과정은, 과거에 그것이 개인 노동자의 활동과 직접 관계되었던 것과 달리 더욱 더 개인적인

지성의 개입을 허용하지 않게 되고, 이에 따라 점점 소외되어 간다는 것이다.[97]

프롬에 의하면 독점적인 시장 시스템이 강화됨에 따라 광고산업이 형성된다. 일상생활에 끝없이 침투하는 광고산업의 작용이 미치는 심리적 영향은 개인의 중요성을 더욱 더 감소시킨다. 모든 욕구와 희망이 상업적으로 조작되는 인간은 자신에게도 주위의 사회적 성격에 대해서도 약하고 무의미한 존재가 된다.[98]

프롬은 미국 사회에 대한 관찰에 근거하여, 광고업과 매스미디어는 비판적 사고를 둔화시키는 방법을 취하고, 우리의 민주주의에서는 이것이 다른 어느 명백한 공격보다 더욱 위험하다는 결론을 내린다.[99] 《자유로부터의 도피》 중 이 부분은 종국적으로 정신이 부재하는 상업주의와 윤리적, 정치적 무관심으로 나아가는 여론조작에 대한 전면적 진단을 포함하고 있다.

현대 사회의 이런 측면에 대한 비판은 프랑크푸르트학파의 비판이론에서 시작되었고, 프롬의 그 후 저작에서도 소재가 됐다. 특히 아도르노는 이에 대해 예리하게 분석했고, 마르쿠제는 《일차원적 인간: 고도 산업사회의 이데올로기 연구(One-Dimensional Man: Studies in the Ideology of Advanced Industrial Society)》(1964)[100]에서 자본주의의 집합적 의식을 엄밀하게 분석한 바 있다.

도피의 메커니즘

《자유로부터의 도피》의 5장 '도피의 메커니즘'은 새로운 사회적 성격의 심리적 측면을 분석한다. 책 전체에서 가장 방대한 부분인 5장은 '권위주의'와 '파괴성', 그리고 '자동인형적 순응'이라는 세 절로 나누어진다. 앞의 역사적 분석에 대해서는 의문이 가지만, '사회적 성격'에 대한 이 부분은 프롬의 가장 독창적인 분석을 담고 있어 《자유로부터의 도피》의 핵심이라고 할 수 있다.

먼저 자본주의 사회는 인간의 행복과 자기실현에 대하여 거꾸로 작용하는 것으로 이해된다.[101] 성공을 향하도록 하는 강력한 압력과 불합리한 사회규범에 순응하도록 하는 압력은 모두 신경증적 도피 메커니즘의 형성을 초래한다. 일정한 사회적 성격에 적응을 강요당하는 개인은 더욱 더 감정의 차단벽을 필요로 하게 된다. 따라서 성장을 저지당한 개인은 자동적으로 신경증적인 도피주의로 빠지게 된다.[102]

권위주의, 파괴성, 자동인형적 순응이라는 범주 속에서 프롬은 네 가지 기본적인 형태의 신경증적 도피를 묘사한다.[103] 그것은 일단 시작되면 일반적인 사회적 성격에 직접 영향을 미치는 스스로의 추진력을 갖게 되고, 고뇌하는 개인을 더욱 불구자로 만든다.

첫째로 묘사되는 신경증적 도피는 타인이나 권위에 대한 마조히즘적 의존이다.[104] 둘째는 사디즘적 착취와 타인을 지배하고자 태도이다. 이는 자기 힘의 감각을 재확인하려는 것이다.[105] 셋째는 파괴로의 도피이다. 파괴적 충동은 개인 내부의 '생명애적' 요인을 억압하여 일정하게 사회에 '사체애적' 경향을 낳는다. 파괴성은 '활력적이 되지 못하는 삶의 산물'이다.[106] 넷째는 '자동인형적 순응성'이라는 것으로, 특히 미국 자본주의에 나타나는 기계적 획일성을 가리킨다.[107]

사디즘과 마조히즘

사디즘과 마조히즘은 본래 도착적인 성행위를 표현하는 말이다. 상대방을 경멸하고 상처를 주며 지배하는 방식으로 이루어지는 성행위가 사디즘이고, 그런 식으로 대해지길 바라며 이루어지는 성행위가 마조히즘이다. 프롬은 사디즘과 마조히즘은 성격에서 비롯된다고 봤다. 프롬에 의하면 마조히즘은 강력한 힘에 스스로를 복종시킴으로써, 사디즘은 자신의 힘으로 타인을 복종시킴으로써 고독감과 허무감을 극복하려 한다는 점에서 공통점이 있다.

마조히즘은 열등감, 무력감, 개인의 무의미감에서 전형적으로 나타난다. 그것은 스스로를 낮추고 약하게 한다. 그것은 사물을 지배하려 하지 않고, 다른 사람이나 제도 또는 자연과 같은 자기 자신 이외의 힘에 의존하는 경향을 보이고, 자책과 자기비판에 빠지거나 심지어 자신을 해치며 괴롭히고, 병을 마치 신의 선물인양 기다리는 경향도 있다. 그런데 그것은 사랑이나 충성으로 합리화되기도 한다.[108] 특히 타인을 위해 자신을 완전히 부정하는 태도나 자신의 권리와 주장을 타인에게 넘겨주는 것은 '위대한 사랑'의 본보기로 칭송되어 왔다.[109] 그러나 프롬은 사랑을 '특정한 인간의 본질에 대한 정열적인 긍정과 능동적인 관계' '두 사람의 독립과 전체성에 바탕을 둔 사람간의 결합' '평등과 자유를 그 바탕으로 하는 것'이라고 보고, 마조히즘은 그 반대라고 주장한다.[110]

프롬은 또 슐라이어마허가 종교적 경험을 '절대적 의존의 경험'이라고 한 것은 종교가 마조히즘의 형태로 나타난 것이고, 사람들이 병적인 자기희생으로 신을 찬양하는 행위 역시 마조히즘의 한 형태라고 말한다.[111] 그리고 그 특징은 '개인적 자유로부터 벗어나는 것, 자기 자신을 상실하는 것'으로 본다.[112]

반면 사디즘은 타인을 완전히 지배하려는 것으로서 다음 세 가지로 나타난다. 첫째, 타인을 자신에게 의존하게 하여 그에게 절대적이고 무한한 힘을 행사하고 그를 오직 도구로 삼으려 한다. 둘째, 타인을 지배할 뿐만이 아니라 그를 착취하고 이용하려 한다. 셋째, 타인을 고통스럽게 하거나 그가 괴로워하는 것을 보려 한다.

그런데 이런 사디즘적 태도는 흔히 자선과 관심으로 합리화된다.[113] 위 세 가지 사디즘에 대응하여 각각 다음과 같은 합리화가 행해진다. 첫째, "나는 무엇이 너에게 가장 좋은지를 알기 때문에 너를 지배한다. 그러므로 너는 너의 이익을 위하여 반대하지 말고 나를 따라야만 한다." 둘째는 착취를 은폐하는 합리화이다. "나는 지금껏 너에게 많은 것을 베풀어주었으므로 이제 나는 원하는 것을 너에게서 취할 권리가 있다." 셋째는 더욱 공격적인 사디즘의 합리화이다. "나는 다른 사람들에게서 해를 입어왔으므로 내가 그들을 해치려고 하는 욕망은 복수 이외에 아무것도 아니다. 내가 먼저 그들을 때림으로써 나는 나 자신과 나의 친구들을 상처받는 위험에서 보호하려 한다."[114]

프롬은 사디즘, 마조히즘, 그리고 사도마조히즘에 대해 상세히 설명했지만, 여기서 우리가 그것을 되풀이할 필요는 없다. 그러나 한 가지 지적할 필요가 있는 것은 인간은 흔히 사디즘과 마조히즘을 공유하는 사도마조히즘적 성격을 갖는다고 하는 점,[115] 그리고 그 통상적인 경우를 프롬이 '권위주의적 성격'이라고 부른다는 점이다.

권위주의적 성격

프롬은 권위를 두 가지로 구분한다. 즉 합리적인 권위와 비합리적인 권위이다.[116] 가령 사제관계는 권위에 종속된 사람을 돕기 위한 것이나, 주종관계는 착취를 위한 것이다. 그러나 그 차이는 상대적이다. 즉 전자의 경우에는 이상적인 사제관계에서만 돕기가 가능하고, 후자의 경우에도 종에게 이익이 되는 점이 있기 때문이다.[117]

사도마조히즘적 성격은 권위를 존중하여 그것에 복종하려고 하면서도 동시에 자신이 권위가 되고자 하여 타인을 복종시킨다.[118] 그것은 아랫사람에게 군림하는 대신 윗사람에게는 복종하는 태도를 말한다.[119] 이는 바로 관료적 성격이라고 볼 수 있는 것으로, 파시즘 체제에서 일반적으로 나타나는 태도라고 프롬은 지적한다. 그렇다면 우리의 관료사회, 아니 사회 전체도 그러한 성격이 아닌가? 더욱이 권위주의적 성격이 지배하는 우리 사회에는 프롬이 말하듯 인간의 독립, 평등, 통합성, 비판적 사고, 그리고 창조성은 아예 없지 않은가?

권위주의적 성격은 인간의 자유를 제한하는 조건을 선호하며, 운명에 복종하는 것을 선호한다.[120] 군인에게 운명이란 그가 즐거이 복종하는 상관의 의지와 변덕심이고, 상인의 그것은 경제법칙이다. 운명은 철학적으로는 자연법칙이나 인간의 숙명, 종교적으로는 주님의 뜻, 윤리적으로는 의무로 합리화된다.[121] 또한 권위주의적 성격은 과거를 숭상한다. 나아가 삶이란 인간의 자아와 관심과 욕구의 외부에 있는 힘에 의해 결정된다는 확신을 갖는다.[122] 불평 없이 참는 것이 최고의 미덕이며, 고통을 종식시키거나 없애려고 하는 용기는 미덕이 아니다. 운명을 변화시키지 않고 그것에 복종하는 것이 권위주의적 성격의 영웅주의이다. 그것은 극단적인 절망과 신념의 결여에 근거하므로 허무주의와 삶의 부정에 이르게 된다. 권위주의에는 평등이 없고 우월한 사람과 열등한 사람만이 존재한다. 따라서 권위주의적 성격은 결코 연대성을 경험하지 못한다.[123]

　　이러한 성격의 사람은 자신의 행동에 의해서가 아니라 마술적인 조력자를 통해 자신이 삶에서 기대하는 모든 것을 얻으려 한다. 따라서 문제는 어떻게 조력자를 조종하고, 자기가 원하는 것을 그에게 하게 하며, 자기의 책임을 그에게 지우느냐는 것이 되므로 궁극적으로는 그와 충돌이 일어난다.[124]

파괴성과 자동인형적 순응

사디즘과 마조히즘에 이어 프롬이 말하는 파괴성은 대상의 협력을 요구하는 사디즘과 달리 대상의 제거를 목적으로 한다. 파괴성의 합리화는 사랑, 의무, 양심, 애국심 등으로 나타난다.[125] 파괴성이란 죽은 것, 썩은 것, 병든 것, 기계적인 것에 열광하는 성격을 말한다. 나아가 살아 움직이는 것보다 '법과 질서'를, 자발적인 방법보다 관료적 방법을, 살아있는 것보다 인공적인 것을, 독창보다 반복을, 풍부보다 말쑥하고 깔끔한 것을, 사용보다 저장을 중시한다.

　　마지막으로 자동인형적 순응이란 개인이 자기 자신이기를 그치고 문화양식이 그에게 제공하는 사람됨을 완전히 받아들여 다른 모든 사람들과 같이 되며 다른 사람들이 그에게 바라는 대로 되는 것을 뜻한다.[126] 자아가 약화된 인간이 '사이비 현실'을 만들어 내어 부족함을 보상한다고 프롬이 최면술에 빗대 한 설명은[127] 사이비 사고, 사이비 감정, 사이비 욕구, 사이비 행위와도 연관된다. 이는 오늘날의 광고나 미디어를 통한 집단최면으로 나아간다. 여기서 인간은 다수의 생각과 감정이 집단최면의 결과인지 아니면 현실인지 구분할 수 없게 된다. 여기서 진리의 문제나 현실 탐구에 관해 포스트모더니즘이 펼치는 설명은 기만적이거나 철 지난 유행에 불과하게 된다. 프롬은 그 뒤 1970년대에 사이버네틱 인간을 언급했고, 그런 인공인간의 기능과 정신분열 과정 사이의 상관관계를 파악했다.

나치즘의 심리

《자유로부터의 도피》 6장은 '나치즘의 심리'에 대해 설명한다. 종래 나치즘에 대한 설명은 그것을 정치경제적으로 보는 입장과 심리적으로 보는 입장으로 나누어졌다. 첫째 입장은 나치즘을 자본가와 융커들의 후원을 받은 나치 정당에 의한 국가권력의 찬탈로 보고, 둘째 입장은 히틀러와 그 아류를 광인으로 보았다. 이에 대해 프롬은 두 가지 입장을 종합해야 한다고 주장한다.[128]

프롬은 나치즘이 대중을 장악할 수 있게 한 심리적 기반을 두 가지로 구분한다. 첫째는 나치즘의 열광적인 지지자가 아니면서도 나치에게 굴복한 사람들의 심리이고, 둘째는 나치즘을 열광적으로 지지한 사람들의 심리이다. 첫째 심리는 노동자계급과 자유주의적이거나 가톨릭적인 부르주아들의 심리다. 노동자계급은 공산당을 중심으로 한 조직을 가졌음에도 불구하고 피로와 체념으로 인해 나치즘에 굴복했다고 프롬은 본다. 둘째 심리는 하층 중산계급의 심리다. 그들 고유의 강자에 대한 사랑, 약자에 대한 증오, 비열한 적개심, 금욕주의적인 인색함, 외국인 멸시 등이 전후에 더욱 강화되었기 때문에 그들은 나치즘을 강력하게 지지했다는 분석이다.[129]

프롬은 히틀러의 《나의 투쟁》을 인용하는데, 당연히 그것이 히틀러의 신경증적 개성을 분석하는 데 가장 좋은 소재이기 때문이다. 권위주의적 성격의 소유자는 '사디스트적이면서 동시에 마조히스트적인 충동을 갖는 존재'로 정의된다.[130] 파시즘을 지지한 대중심리는 그러한 충동의 직접적인 움직임이 광범하게 나타난 것이었다. 또한 히틀러 정부의 선전상이었던 괴벨스의 소설 《미카엘》(1936)도 분석된다.[131]

히틀러의 성격에 대해 프롬은 대참사를 초래한 대중정치에 대해 강력한 충동을 가졌으나 인류에 대해서는 사디스트적이었고 운명과 숙명을 받아들이는 데서는 마조히스트적이었다고 분석한다.[132] 이러한 분석은 뒤에 《인간 파괴성의 분석》에서 더욱 명확하게 시도됐다. 그러나 프롬의 나치즘 분석에서는 그가 종합할 필요가 있다고 주장한 정치적, 사회적, 경제적 설명이나 역사적 설명이 결코 충분하다고 보기는 어렵다.

자유와 민주주의

《자유로부터의 도피》7장은 '자유와 민주주의'라는 제목의 마지막 장이다. 7장은 두 개의 절로 나누어진다. 프롬은 첫 번째 절 '개체성의 환상'에서 미국 내 상업주의가 일상생활 속에 어떻게 침투하고 있는가를 분석하면서 개인주의 사회라고 하는 미국에서 개인의 감정적인 빈곤이 어떻게 나타나는지를 예리하게 파악한다.[133] 그에 의하면 매스미디어에 의해 확산된 개인주의의 환상은 순응에 대한 끝없는 설득에 불과하다. 모든 상품은 팔림으로써 그 시장가치를 갖는다. 즉 높이 평가받기 위해서는 사회적 및 전문적 기능이 가능한 높은 가격으로 팔려야 한다고 프롬은 본다.

그 결과 자발성은 억압되고, 활기차고 모든 이에게 미소를 짓는 기본 행동이 마치 전기 스위치를 넣고 끌 때처럼 자동적으로 일어난다.[134] 그러나 본래의 감정은 완전히 억압된다. 현대의 심리요법 시행자는 사회적 성격을 보강하는 대리인이 된다. 신경증적 강박으로부터 개인을 자유롭게 하는 참된 치료가 이루어지는 게 아니라, 심리요법가나 정신과의사가 환자를 사회규범에 적응시키고자 전력을 기울인다. 그 결과 그들은 진행되는 신경증적 왜곡을 효과적으로 치료하지 못하고, 오로지 순응을 강요함으로써 그러한 왜곡을 도리어 심화시킨다.[135]

이와 마찬가지로 교육제도는 초등교육에서부터 이미 독립된 사고의 뿌리를 계획적으로 제거한다. 독창적인 사고는 급속히 시장적인 사고로 대치되고 지적 창조성에 대한 이러한 대용품은 전혀 관련이 없는 '지식'의 홍수로 나타난다. 즉 더욱 많은 지식을 습득함으로써 인간은 현실을 알게 된다고 하는 잘못된 미신이 퍼져 있다.[136] 지금 학생과 교사를 사고로부터 완전히 해방시킨 컴퓨터가 지배하는 현실을 본다면 프롬은 아예 아연해지리라.

프롬에 의하면 사실과 허구, 적절한 정보와 의도적인 정신의 타락이 분리될 수 없을 정도로 자유는 곡해되어 있다. 이러한 완전히 상업화된 자유의 형태를 제시한 것은 미디어다. 뉴스는 몇백만 명이 죽었다고 하는 사실을 비누나 포도주 광고와 같은 어조로 전달한다. 그 결과 시청자는 더욱 더 자신의 환경이 지닌 참된 중요성과 각각의 관련성의 중대성을 간과하게 된다. 정치적 결정이라든가 사회발전이라고 하는 더욱 중요한 것은 소비주의와 분리되지 않는다.[137]

동시에 개인의 비전(외부 세계의 인식이라는 의미가 아니라 내면의 균형이라는 의미에서도)은 더욱 단편적으로 되어간다. 자유라는 이름 아래 생활의 전체 구조가 간과되고 있다. 생활은 수많은 작은 쪼가리들로 구성되고, 한 쪼가리는 다른 쪼가리와 분리되며, 전체로는 아무런 의미를 갖지 못한다.[138] 인간의 희망은 인공적으로 자극될 수 있고, 임의로 억압당할 수도 있다. 자연의 창조성이라는 참된 기동력을 결여하므로 독점자본주의 속의 개인은 전혀 마음이 없는, 감정이 없는 자동기계에 불과하게 된다. 그것은 교조화와 순응주의라고 하는 눈에 보이지 않는 실로 조작되는 인형이다.

개인은 자신이라고 스스로 생각하는 일체성을 서서히 상실하고 더욱 강렬하게 순응의 충동에 사로잡힌다. 사회적 성격에 대한 과도한 순응만이 자아 상실, 나아가 죄의식으로 인한 고통을 해결해준다. 그리고 완전한 순응주의에 의해서만 현대인은 집단으로부터 이단자로 낙인찍히지 않는다.[139]

결론에서 프롬은 '현대인에게 자유란 무엇을 뜻하는가' 라는 의문을 제기하고 다음과 같이 답한다. 인간은 과거에 자신의 마음대로 생각하고 행동하는 것을 방해한 제한이나 족쇄로부터 어느 정도 벗어나 새로운 자유, 즉 인간성과 조화된 생활을 창출하여 살아가는 자유로 가득 채워야 할 공간을 갖게 됐다. 그러나 그 공간은 아직까지

메워지고 있지 않다.

만일 자신의 감정, 사고, 희망을 분명히 자각했다면 적어도 이론적으로는 이 새로운 자유를 누릴 수 있어야 했다. 그러나 지극히 자연스럽게 나타나야할 이러한 자각이 '익명'의 권위에 순응하지 않으면 안 된다고 하는 의식으로 치환되었다. 개인적인 자질로 인정되어야 할 힘과 창의는 사라졌다. 그 대신 무력감이 지배한다.

이러한 상황의 구체적인 보기를 찾는다면 음료수 선전을 한번 떠올려보시라. 그것은 소비자의 자유란 어떤 음료수를 선택하느냐에 불과하다는 것을 암시한다. 무력한 대중을 의도적으로 속여 만들어진 힘의 환상을 무엇보다도 잘 보여준다. 그리고 거꾸로 무력감은 개인에게 순응하고 싶다는 희망을 강요한다. 개인적 성격과 사회적 성격은 서로 유해하고 신경증적인 경향을 보강하는 악순환을 형성한다.

문제의 해결

지금까지 보았듯이 프롬의 현실 진단은 매우 어둡다. 그러나 그는 희망을 버리지 않는다. 프롬 나름의 문제 해결은 《자유로부터의 도피》 중 7장의 두 번째 절 '자유와 자발성'에 제시되어 있다. 그는 먼저 상실된 자유는 인간의 자기실현에 의해, 즉 개개인이 참된 자아를 찾는 것에 의해 재구축되어야 한다고 주장한다.[140] 이를 위해 프롬은 우선 개인의 자발성이 회복되어야 한다고 주장한다. 자발적 행동과 감정은 자유의 주된 동인으로, 인간의 자아로부터 상실되고 있으나 완전히 상실된 것은 아니다. 자신과 타인과의 사이에 자발적 관계가 수립되면 개인은 더욱 자연스럽게 제2의 중요한 영역과 관계하게 된다.

그것은 노동이다. '창조'로서의 노동은 인간을 소외의 속박에서 해방시킨다.[141] 개인의 성격에 나타나는 이러한 변화(그것은 이어 사회적 성격도 변화시킨다)는 동시에 더욱 큰 사회경제적 변화를 초래한다.[142] 프롬은 민주주의와 강력한 계획경제를 희망한다. 그것은 조작과 착취라는 불합리한 원리에 선 경제구조가 아니라, 공공의 복지를 제공하도록 주의 깊게 설계된 것이다. 프롬에 의하면 이러한 목적을 실현하기 위해서는 하나의 거대한 장애를 극복해야 한다. 즉 소수이기는 하지만 그들의 결정에 의해 운명이 좌우되는 사람들에게 아무런 책임도 지지 않으면서 거대한 경제력을 휘두르는 사람들의 음흉한 지배를 없애야 한다. 이를 프롬은 민주적 사회주의(democratic socialism)라고 부른다. 즉 민중의 목적에 봉사하는 합리적인 경제체제를 수립하는 일이다.[143] 자유의 실현을 위한 유일한 기준은 개인이 그 자신 및 사회의 생활을 결정함에 적극적으로 참여하느냐, 안 하느냐에 달려있다.[144]

> 개인과 소규모 조직 단위들이 모두 참여하는 자발적인 지배와 협력이 이뤄지려면 상당한 정도의 분권이 필요하다. 위에서부터 내려오는 계획이 아래로부터의 능동적인 참여와 혼합되지 않는 한, 또한 사회적인 삶의 흐름이 아래로부터 위로 끊임없이 흘러가지 않는 한 계획경제는 사람들에 대한 새로운 교묘한 조종을 불러올 것이다.[145]

이상의 두 가지 노력, 즉 내부의 진화와 외부의 사회적 변화에 의해 프롬은 인생의 아름다움과 존엄을 회복하고, '산다는 행위 그 자체' 의 참된 의미를 회복하고자 한다. 이런 점에서 《자유로부터의 도피》는 "만일 내가 나 자신을 위해 존재하지 않는다면 누가 나를 위해 존재할 것인가" 라는 탈무드의 한 구절을 연상시킨다. 즉 프롬은 인간이 자기 탐구와 충족을 구하는 인생을 실현하도록 하는 인간 본래의 가능성에 대해 영원한 희망을 구가한다.[146]

그러나 1941년 이 책이 출판되었을 때 이러한 희망은 비현실적인 것으로 독자들에게 보였을 것이 틀림없다. 프롬은 노동의 소외와 노동의 착취 위에 강하게 뿌리내린 사회질서의 내부에서 개인적 및 집합적 의식의 자발적 변화를 촉구한다. 만일 현대 자본주의가 물질의 대량생산(제조과정의 소외를 낳는 주된 힘)과 노동과 자본의 무조건적인 분리를 중단할 수 있다면 그것은 더 이상 자본주의가 아니게 되고, 그것과 상이한 사회경제 구조가 출현할 것이다. 그러나 현실을 이렇게 변혁하는 것은 거대한 변동 없이는 불가능하다.

나아가 프롬은 개인적 및 사회적 성격의 조직적인 조작을 명확히 설명함에도 불구하고 그 전체성의 힘을 낮게 평가하고 있다. 어떤 개인이나 집단이 실제로 이러한 의식의 변화를 일으킨다고 해도, 나아가 앞에서 말한 자연스러운 인간성을 어느 정도 갖는 개인이 존재한다고 해도 그들은 여전히 소수에 불과하다. 그들의 생활형태는 필연적으로 지배적인 사회적 성격과 충돌하지 않을 수 없다.

개인이 사회에 전면적으로 거역하는 경우에는 언제나 긴장이 생겨난다. 이러한 긴장에 따른 갈등은 보통 신경증이나 개인 또는 개인과 관계된 집단의 고립화를 낳고, 결국은 외부의 규범에 대한 순응을 강요한다. 1960년대부터 1970년대에 걸쳐 미국에서 학생운동과 평화운동이 급속히 나타났다가 쇠퇴한 것은 이러한 가설을 명백히 증명한다. 따라서 프롬의 제안은 현실적이지 못하다. 프롬의 제안은 구제라고 하는 거의 신비적인 비전에 호소하는 요소를 내포하고 있다. 이 점에서 사람들이 프롬을 신비주의자라고 부르는 것이 이해되나, 그렇다고 해서 프롬에 대한 이런 관점이 올바르다는 말은 아니다.

평가와 영향

《자유로부터의 도피》는 출간되자마자 대중의 인기를 끌었음은 물론 과거의 프랑크푸르트학파 동료들로부터도 환영을 받았다. 그러나 프로테스탄티즘의 입장에 선 사람들은 이 책이 인간의 고통을 너무나 안이하게 보았고 보편적 인간이라는 개념 속에 인간의 개성을 상실시켰다고 비판했다. 또한 프롬의 휴머니즘적 자기해방이란 인간을 더욱 심각한 노예상태, 즉 사회에 대한 예속으로 이끄는 것이라는 비판도 제기되었다. 그런 보수파에게는 프롬이 말한 '사회적'이란 사회주의를 뜻했고 '변화'란 저주되어야 할 것이었다. 정신분석학자들도 그들과 마찬가지였다.

　　여하튼 《자유로부터의 도피》는 프롬의 이후 저술 작업에 기본이 되었다. 그 이후의 저술들은 세 가지 주제로 분류된다. 첫째는 인간의 영혼과 잠재의식을 주제로 한 정신분석 연구이다. 여기에는 1947년부터 40여 년 동안 쏟아져 나온 《인간 자체: 윤리심리학의 탐구》 《정신분석과 종교》 《지그문트 프로이트의 사명》 《선과 정신분석》 《마르크스의 인간관》 《인간의 마음》 《당신도 신이 되리라》 《파괴란 무엇인가》 《프로이트를 넘어》가 포함된다.

둘째는 정치적, 사회적 생활에 대한 연구이다. 이에 속하는《건전한 사회》《인간은 우월한가?》《희망의 혁명》은 프롬이 1950~1960년대 미국 정치에 직접 참여한 경험을 반영한다.

셋째는 삶의 실천에 대한 대중적 서적들이다. 《사랑의 기술》《의혹과 행동》《소유냐 존재냐》《존재의 기술》이 그 보기이다. 1956년부터 집필된 이러한 책들은 대부분 세계적인 베스트셀러가 되어 프롬을 유명하게 만들었다.

정신분석에의 종사

몇몇 전문가들의 비판에도 불구하고 프롬은 독점자본주의와 그 사회 병리에 대한 비판에 동조하는 많은 사람들에 의해 정신적 지도자로 추앙되었다. 그래서 그는 의학 교육을 받지 못했음에도 불구하고 정신분석 이론과 실천의 전문가로 인정받았다. 그는 1945년부터 1947년까지 미시간대학에서 가르쳤고, 1948년에는 뉴욕대학의 정신분석 조교수로 임명되었다.

여기에는 약간의 에피소드가 있다. 1941년에 정신분석촉진협회(AAP)와 뉴욕 의과대학이 공동으로 뉴욕에 미국 정신분석연구소를 설립했다. 프롬은 의사가 아니라는 이유로 명예회원으로만 추대되자 자신을 정신분석가로 인정하기를 요구했다. 1943년 학생들이 프롬에게 실기 세미나 강의를 요청하자 교수회는 그렇게 하는 것은 의사가 아닌 사람에 의한 정신분석을 인정하는 것이라면서 거부하고, 프롬에게 이론 강의만 담당하게 한다는 타협안을 제시했다. 프롬이 이 타협안을 거부하고 살기 세미나를 맡기지 않으면 사임하겠다고 하자

교수회는 명예회원으로서의 특권조차 취소했고, 결국 프롬은 사퇴했다.

프롬은 설리번이 1936년에 창설한 워싱턴 정신의학교의 뉴욕 분교가 1943년 창설될 때 이 분교에 참여했다. 이곳은 1946년 '윌리엄 아란슨 화이트 정신의학·정신분석·심리학연구소'로 개칭되었다. 그 목적은 정신병의사와 심리학자에게 정신분석의 이론과 실천의 훈련을 제공하고 교사, 목사, 사회복지활동가, 간호사, 의사에게 정신분석의 개념을 가르쳐서 각 직업군의 능력을 증진시키는 것이었다. 프롬은 1946년부터 1950년까지 이 연구소의 교육부장과 주임교수를 역임했다.

인간 자체에 천착하다
《인간 자체: 윤리심리학의 탐구》

두 번째 결혼과 인간 내면의 탐구

앞에서 우리는 프롬이 두 사람의 연상 정신분석학자들과 사랑했음을 보았다. 첫 아내였던 라이히만과 프롬은 별거 중일 때는 물론 이혼 후에도 서로 우정을 유지했다. 그러나 그 뒤 연인이었던 호나이와는 헤어진 뒤 냉담했다. 이러한 경험은 프롬으로 하여금 더 이상 연상이나 정신분석자와 사랑하지 않게 한 요인이 되었을지도 모른다.

1940년 미국 시민권을 얻은 프롬은 1944년 7월 헤니 굴란트 (Henny Gurland, 1902~1952)와 재혼했다. 그녀는 독일 만하임에서 태어난 유태인으로 좌익 정치활동을 했다. 그녀는 남편 및 아들과 함께 독일을 떠나 프랑스로 이주했는데, 1940년 남편이 파리를 점령한 독일군에 의해 투옥되자 아들과 함께 포르투갈을 거쳐 미국으로 탈출했다. 함께 탈출한 일행 중에는 벤야민도 있었다. 그들이 스페인 국경의 포르부(Port-Bou)에 닿았을 때 스페인 당국은 그들이 무국적

프롬과 그의 두 번째 아내 헤니 굴란트

이라는 이유로 입국을 거부했다. 그때 벤야민은 자살했다. 굴란트는 아들과 함께 리스본으로 가서 미국으로 탈출했으나 도중에 척추를 다쳤다. 이때의 부상은 그녀를 1952년에 죽게 하는 원인이 되었다. 그녀는 신앙심이 깊었고, 프롬이 윤리적, 신비적 사상을 형성하고 불교의 선에 관심을 갖게 하는 데 큰 영향을 미쳤다.

1948년 프롬은 〈뉴욕타임스〉에 〈이스라엘과 팔레스타인의 협력을 위하여(For a Cooperation of Israel and Palestine)〉라는 선언문을 발표했다. 나치 시대에 독일 유태인 대표자회의 의장을 지낸 레오 베크(Leo Baeck, 1873~1956)와 아인슈타인의 서명을 얻어 발표한 이 선언문은 이스라엘 내 팔레스타인인의 거주권 보장, 유태인과 아랍인 사이의 평화와 화해 촉구 등의 내용을 담고 있었다. 그러나 1944년부터 1950년 사이에는 프롬이 그밖에 이렇다할 정치참여를 한 것은 없다.

프롬의 종교관

앞에서도 살펴보았듯이 종교에 대한 프롬의 관심은 어린 시절, 특히 10~20대의 탈무드 연구로부터 비롯되었다. 그는 1926년 정통 유대교를 벗어나 잠시 불교에 심취했다. 그러나 프롬이 철학과 종교에 완전히 열중한 시기는 굴란트와 함께 지낸 8년간이 전부였다고 할 수 있다. 그리고 이 때의 연구는 그의 사상을 결정짓는 요소가 되었다.

이 시기의 프롬에게는 아리스토텔레스, 마이스터 에크하르트, 그리고 스피노자가 가장 중요한 영향을 끼쳤다. 세 사람은 서로 이질적이었으나 프롬의 윤리학에 의해 종합되었다.

아리스토텔레스는 《니코마코스 윤리학》을 통해 역사상 최초로 신학적이지 않은 윤리 개념을 제공했다는 점에서 프롬에 의해 주목되었다. 프롬의 윤리규범에서 절대적인 개념인 '생산성'은 아리스토텔레스가 말하는 '영혼의 활동'에 기초를 둔 것이었다. 아리스토텔레스에 의하면 행복이란 개인과 전체 세계 사이의 능동적인 정신적 만남을 통해서만 달성된다. 모든 숭고하고 장엄한 경험은 관계성의 결과이고, 이에 반해 타성은 정신적, 지적 성장에 유해하다. 덕(德)은 최종적으로 활동으로 정의된다. 아리스토텔레스의 개념에는 육체적, 지적, 정동적(情動的) 활동 사이에 확실한 경계선이 없다. 이러한 아리스토텔레스의 윤리학을 프롬은 자신의 윤리학 이론의 공통분모로 삼았다. 즉 인간성은 특히 그 윤리적 구조에서 다이내믹한 실재로 파악되고 끝없는 정신의 활성화를 통해서만 영혼은 완성된다는 것이었다. 이처럼 아리스토텔레스의 윤리학을 기초로 삼아 프롬은 자신의 성격학을 재구성하고 휴머니즘적인 윤리 개념을 수립했다.

튀링겐 도미니카 수도회의 작센 지방 관구장이었던 에크하르트는 아리스토텔레스와 반대로 유신론자였다. 관념론적인 신비주의자인 그는 신 또는 창조의 시작과 끝이 최종적으로는 인간의 지식이 닿을 수 없는 곳에 있다고 가정했다. 그에 의하면 세계는 신의 의지의 실현이고, 끝없이 신성한 신의 의지가 자기계시하는 원천이며, 반대로 인간은 사변, 직관, 내성이라고 하는 방법에 의해 신을 향해 나아간다. 이처럼 그의 정통에서 벗어난 인간과 신의 상호작용에 대한 정의는 당시의 가톨릭 주류와 갈등을 불러일으켰고, 그는 재판에서 유죄 판결을 받고 죽었다. 그러나 그의 신비주의는 중세 주류의 그것과 크게 다른 것이 아니었고, 그의 사상은 독일 신비주의 학파의 선구가 되어 계몽의 시대 이전의 유럽에서 강력한 영향력을 펼쳤다. 여하튼 이러한 에크하르트의 신비주의는 위에서 본 아리스토텔레스의 윤리학과는 사뭇 다르다. 그런데 그 둘이 어떻게 프롬 속에서 서로 배제되지 않고 인간의 자아에 대한 전체 개념의 형성으로 나아갈 수 있었는가?

한편 스피노자는 범신론자로서 절대의 진리는 자기계시라고 주장했다. 그에 의하면 인간 자아의 참된 완성은 자연과 일체가 된 상태에서 도달되는데, 여기서 자연이 바로 신이다. 즉 인간의 자유는 지성, 따라서 윤리적인 힘의 끝없는 발전에 의해 획득되고, 나아가 그것은 사람으로 하여금 참으로 신을 사랑하게 한다는 것이다. 따라서 그는 인간의 행복은 끝없이 완성을 추구하는 진보의 결과이고, 반대로 불행은 인간의 영혼이 미완성된 상태에 있음을 보여준다고 한다. 즉 인간의 모든 가능성을 완전히 실현하는 것이야말로 인생의 최종 목적이라고 스피노자는 주장한다.

이러한 스피노자의 범신론에 의해 아리스토텔레스의 무신론적인 활동주의와 에크하르트의 유신론적 묵상이 어떻게 융화될 수 있는가? 그러면 지금부터 그 이질적인 학파 사상의 복잡한 상호관계를 프롬이 어떻게 융합하는지를 살펴보자.

《인간 자체: 윤리심리학의 탐구》

위에서 설명한 것처럼 《자유로부터의 도피》 이후 프롬은 인간 내면의 탐구에 집중했다. 즉 선과 악, 창조와 파괴에 대한 인간성의 내면적 잠재력에 대한 윤리적, 종교적 탐구였다. 그 첫 저작인 1947년의 《인간 자체: 윤리심리학의 탐구》는 이극찬이 《인간상실과 인간회복》(1975), 송낙헌이 《프롬 인생론》(1981), 박갑성과 최현철 《자기를 찾는 인간》(1989)으로 각각 번역한 바 있다.

이 책은 프롬의 '중추적 저작'[147]이라고 평가될 정도로, 그 후 프롬의 저작에 광범한 영향을 미쳤다. 특히 1956년의 《사랑의 기술》은 이 책을 더욱 발전시킨 것이라고 할 수 있다. 동시에 이 책은 《자유로부터의 도피》에서 설명된 성격학을 더욱 발전시킨 것이기도 하다. 그래서 《자유로부터의 도피》의 속편이라고도 불린다.[148]

그러나 이 책을 위시하여 프롬의 인간 내면에 대한 일련의 탐구는 그의 사상의 새로운 변화를 뜻하는 것이기도 했다. 그가 1941년 《자유로부터의 도피》에서 설명한 파시즘은 2차 세계대전에서 패배했다. 그러나 파시즘에 대한 승리가 미국 사회 내부의 사회경제적 조건을 개선하는 것으로 이어지지도 않았고, 평화와 군축을 향한 국제적인 움직임을 초래하지도 못했다. 도리어 냉전이 시작되었고, 인류에 대한 핵 위협이 더욱 증대되었다. 뢰벤탈이 말했듯이 그것은 "새로운 정치철학이나 도덕에 의해 사악한 사회에 대해 승리한 것이 아니라 미국의 강력한 군사기술의 승리에 불과했다." 프롬의 저술에서도 직접적인 사회비판은 사라지고, 사고의 신화적 근원으로 되돌아갔다.

《인간 자체: 윤리심리학의 탐구》는 총 5장으로 구성되어 있다. 프롬은 먼저 1장에서 '문제'를 간단히 설명한 뒤 2장에서는 '휴머니즘적 윤리'[149]의 정의와 역사적 요인, 윤리와 정신분석의 관계를 설명한다. 이어 3장에서는 '인간의 본성과 성격', 4장에서는 '휴머니즘적 윤리의 여러 문제'에 대해 설명하고, 마지막으로 5장에서 '오늘의 도덕문제'라는 결론이 제시된다.

그런데 이 책은 읽기가 녹록하지 않다. 부적절한 용어가 반복되고 전체 구성도 산만하기 때문이다. 하여 나는 이 책이 미국 독자들에게 그렇게도 환영받은 이유를 알 수 없다. 내가 지금 펴보고 있는 송낙헌의 번역서도 첫 출판 이후 5년 동안 5판을 낸 것으로 되어 있다. 미국에서야 그 앞에 베스트셀러가 된 《자유로부터의 도피》 탓이라고 이해할 수 있지만 한국에서도 그렇게 많이 팔린 이유는 무엇일까? 게다가 세 종류나 번역된 것은 무슨 이유에서일까?

휴머니즘적 윤리학

《인간 자체: 윤리심리학의 탐구》의 1장 '문제'에서 프롬은 자신의 윤리학 체계에 중심 개념이 되는 '성숙되고 융화된 성격 구조'인 '생산적 성격'이 덕의 원천이며 근거라고 말한다. 또 악은 자신의 자아에 대한 무관심이며 자신을 해치는 행위라고 주장한다. 이에 따르면 자기 포기나 이기주의가 아니라 자기에 대한 사랑, 즉 개인의 부정이 아니라 진정으로 인간적인 자기 긍정이 휴머니즘적 윤리학의 최고 가치이다.[150]

이어 2장 '휴머니즘적 윤리: 삶의 기술에 관한 응용과학'에서 프롬은 불합리한 권위에서 비롯되는 권위주의적 윤리학 개념과 반대로 휴머니즘적 윤리학은 본질적으로 비권위주의적이라고 주장한다.

형식적으로 휴머니즘적 윤리학은 인간 자신만이 덕이나 죄의 기준을 결정할 수 있다고 하는 원칙에 근거하며, 인간을 초월하는 권위에 그 결정을 위임할 수 없다. 실제적으로 휴머니즘적 윤리학은 '좋은' 것은 인간에게 좋고, '나쁜' 것은 인간에게 유해하다는 원리에 따른다. 즉 유일한 윤리적 기초는 인간의 행복이다.[151]

프롬은 순종이 주요한 덕이며 불순종은 커다란 죄악으로 규정하는[152] 권위주의적 윤리학이 사디즘이나 마조히즘처럼 인간이 근본적으로 처한 상황에서 비롯되는 고독감과 무력감에서 손쉽게 벗어나고자 만든 것이라고 본다. 예컨대 기독교의 영혼불멸 사상은 인간의 죽음을 부정한다. 또 인간은 자신이 사는 시대를 유토피아라고 함으로써 무력감에서 벗어나고자 하며, 사회적으로 부여된 의무의 이행에서 삶의 의미를 구하려는 사람들은 권위에서 행복을 찾으려고 한다. 프롬은 그런 초월적 권위를 부정하는 것에서부터 그의 휴머니즘적 윤리학을 시작한다.

프롬은 휴머니즘적 윤리학이 쾌락주의와 같은 주관주의 또는 상대주의로 전락할 수 있다고 경계하면서, 쾌락은 가치의 기준이 될 수 없다고 말한다. 왜냐하면 자유가 아니라 굴종을 좋아하고, 사랑의 감정에서가 아니라 미움의 감정에서, 생산적인 일에서가 아니라 착취에서 쾌락을 맛보려는 사람들이 있기 때문이다.[153]

그러나 프롬은 쾌락주의가 권위주의적 윤리학에 비하면 장점을 갖는다고 본다. 그것은 쾌락과 행복이라는 인간 자신의 체험을 가치의 유일한 기준으로 삼기 때문에 인간에게 최선이라고 일컬어지는 것들에 대해 스스로 생각해볼 기회조차 갖지 않고 권위에 의해 결정받으려는 모든 기도를 거부하기 때문이다. 따라서 일부 진보주의가 쾌락주의 윤리를 주장하기도 했던 것이나, 문제는 그것이 객관적으로 타당한 윤리적 판단을 위한 기초가 될 수 없다는 점에 있다.[154]

프롬은 휴머니즘적 윤리에서 '선' 이란 인간에게 이로운 것이고 '악' 이란 인간에게 유해한 것인데, 그것을 알기 위해서는 인간의 본성을 먼저 알아야 한다고 주장한다. 즉 휴머니즘적 윤리는 이론적인 '인간학' 에 기초를 둔 '삶의 기술' 인 응용과학이라는 것이다.[155] 여기서 '삶의 기술' 이라고 하는 개념은 뒤에 '사랑의 기술' 과 더불어 프롬이 계속 주장한 중요한 개념임을 주목해야 한다.

프롬이 말하는 휴머니즘적 윤리학에는 아리스토텔레스의 윤리적 활동주의로부터 스피노자에 이르는 오랜 전통이 흡수돼 있다.[156] 스피노자는 인간의 본질이 실현되면 필연적으로 윤리적 완성이 이루어진다고 보았고 마르크스, 스펜스, 듀이도 같은 견해, 즉 인간에게 유익한 것은 선이고 유해한 것은 비윤리적이라고 보았다. 따라서 윤리학에 대한 휴머니즘적 접근은 '인간성에 대한 지식' 과 '그 건설적 발전과 일치하는 요소에 대한 이해' 에 근거해야 한다고 프롬은 주장한다.

프롬은 정신분석에 대해 '자연주의적' 이고 본질적으로는 권위주의적인 프로이트에 대한 강력한 비판이야말로 최종적으로 윤리학과 정신분석이 비권위주의적이고 휴머니즘적인 동기를 갖게 한다고 주장한다.[157] 프로이트의 초자아 이론은 그의 저작에 나타나는 윤리적 상대주의의 결과이다. 그의 초자아 또는 인간의 양심은 내면화된 권위로 보아야 한다. 휴머니즘적 윤리는 프로이트의 '남근기 성격'을 '생산적인 성격'으로 대체한다. 초기 논문에서 보듯이 프롬은 다이내믹한 성격 정의를 고집한다. 성격은 프로이트가 정의하듯 본능의 산물이 아니며 사회적, 문화적 경험에 근거하여 형성된다는 것이다.

비생산적 성격과 생산적 성격

3장 '인간의 본성과 성격'에서 프롬은 공리주의적 원칙에 따른 여러 윤리적 태도(자본주의 사회에서 개인을 물질적으로 풍부하게 하는 것이든, 전체주의 체제에서 집단조직의 '더욱 큰 이익'을 우선시하는 것이든 간에)를 분류한 뒤 그의 성격특성에 대한 정의를 반복한다.[158] 여기서 더해진 새로운 관점은 프로이트 리비도 이론의 수정이다. 즉 프로이트가 말한 리비도의 개체발생적 정의는 프롬에 의해 사회심리학적인 용어인 성격태도로 치환된다. 프롬에 의하면 다이내믹한 통일체로서의 성격은 일정한 사회적 맥락 속의 개인의 경험(동화)과, 외부 세계에 대한 개인의 관계성(사회화)을 반영한다.

여기서 프롬이 말하는 비생산적 성격과 생산적 성격이 명확하게 구분된다. 생산적 성격은 생명친화적인 성격이고, 비생산적 성격은 파괴적인 성격이다. 프롬은 비생산적 성격을 다음 네 가지로 구분하는데, 구체적으로 개개인은 그 중 둘 이상을 갖는다고 본다.

첫째, 수용적 성격이다. 이는 수동과 복종의 경향을 보여주는 것으로, 어떤 종류의 권위에도 복종하고 교만한 상대에게 분명히 의존한다. 이런 성격의 소유자들은 독립된 행동을 취하는 대신 언제나 생

활개선을 약속하는 장치에 자신의 희망을 위탁한다.[159) 프롬은 후에
《지그문트 프로이트의 사명》에서 프로이트를 이런 성격의 소유자로
보았다.

둘째, 착취적 성격이다. 이는 '모든 좋은 것의 근원은 외부에 있
고, 얻고자 하는 것은 무엇이든 외부에서 구하며, 자신은 아무 것도
낳을 수 없다' 고 하는 태도다. 이러한 태도의 소유자는 물질적 부에
대해 강한 충동을 가지며, 특정한 목적을 위해 일하기보다는 힘이나
기술로 타인으로부터 이익을 뺏는다. 그리고 인간은 그 잠재적 이용
가치에 의해 평가되고 목적을 위한 대상이나 수단으로 간주된다.[160)

셋째, 저장적 성격이다. 이는 소유를 최종적인 동기로 보는 것으
로, 생명이나 생물체를 전혀 고려하지 않는다. 이런 성격에게는 최상
가치가 질서와 안전이며, 이런 가치 의식은 보수주의에서 전형적으
로 나타난다. 그들이 법과 질서에 열중하는 것은 뿌리 깊은 불안감과
새로운 사고에 대처할 수 없는 본원적인 무력감 때문이다. 그들은 자
신의 존재방식을 변화시켜야 하거나 거대한 사회변화가 생기면 자기
방위에서 무기력에 빠진다. 그것은 수용적 태도와 유사하나 수용적
태도가 갖는 따뜻한 감정을 갖지 않는다는 점에서 다르다.[161) 프롬은
뒤에 이런 성격을 '죽음애적 성격' 이라고 부른다.

넷째, 시장적 성격이다. 미국에서 전형적으로 나타나는 이 성격
은 시장의 사명에 복종하는 것이다. 어떤 전문적 기술도, 어떤 감정
도 최종적으로는 팔기 위해서이다. 개성은 시장을 향한 상품이고, 매
스미디어는 바람직하다고 간주되는 개성들의 형태를 홍수처럼 만들
어낸다. '평등' 이라는 위장 하에 개인의 특성과 감정이 없어진다. 평

등은 교환가능성과 같은 것으로 취급되고, 개성은 완전히 부정된다. 따라서 자기 가능성은 계발되지 않고 그 성장이 방해되어 관계성과 개인적 특성이 현저히 결여된다. 이러한 성격은 카멜레온처럼 시장의 요구에 따라 변한다.[162)]

이상의 네 가지 성격은 《자유로부터의 도피》에서 각각 마조히즘적 성격, 사디즘적 성격, 파괴성, 기계적 순응이라고 분류된 것에 대응된다. 프로이트의 용어와 비교하면 수용적 태도는 남근기형, 저장적 태도는 구순기형과 항문기형에 해당된다. 《자유로부터의 도피》에서 프롬은 마조히즘적 성격과 사디즘적 성격 또는 그 혼합이 파시즘 이전과 파시즘 체제 하에서 지배적이었고, 파시즘 체제에서는 파괴적 성격도 나타난다고 분석했다. 이에 대해 《인간 자체: 윤리심리학의 탐구》에서 말하는 네 가지 성격은 미국 사회를 관찰한 결과로 새로이 제시된 것이다.

수용적 태도가 소비자의 지배적인 심리임을 부정할 사람은 없다. 수용적 태도의 소유자들은 획일적인 자동인형으로서 인간을 소유에 의해 평가한다. 소비자의 삶은 광고와 시장의 선전에 순종하는 것이고, 매스미디어와 텔레비전이 보여주는 유명인이나 부유하고 화려한 특권계급을 이상으로 삼는다. 지금은 이런 현상을 완벽하게 복제한 비디오게임이나 비디오스크린에 의한 오락도 등장하고 있다.

저장적, 착취적 성격에 대한 프롬의 설명은 정치적, 경제적 권력구조에도 동일하게 적용될 수 있다. 이는 자본주의 사회에만 적용되는 것이 아니라 사회주의나 공산주의의 정치기구에도 그대로 적용된다. 일반적으로 현상유지를 목표로 하는 관료적 권력구조는 바로 저

마르쿠제(왼쪽)와 프롬(오른쪽)

장적, 착취적 성격으로 설명될 수 있다. 특히 군산복합체 구성원들의 심리도 이에 해당된다. 모든 권력을 쥐고 있는 회장으로부터 공격적인 세일즈맨에 이르는 상업적 계층구조 속의 모든 구성원들에게서 이러한 부정적 특성(공격성, 자기중심성, 무모성, 소유욕 등)이 나타난다. 초강대국의 군사적, 정치적 지도자들은 최근 더욱 더 힘의 균형을 유지한다는 개념에 사로잡혀 있다. 그 극단이 국제적인 군사경쟁과, 지구를 7번이나 파괴할 힘을 가진 핵병기의 저장이다. 마르쿠제는 '일차원적 인간' 이라는 진단으로 프롬과 같은 결론에 이르렀다.

지금까지 설명한 비생산적 태도와 대립되는 '생산적 태도' 는 프롬이 펼친 휴머니즘 윤리학의 응축이다. 그것은 《자유로부터의 도피》에서 전개된 자발성의 개념을 연장한 것이다. 모든 인간은 생산성의 능력을 갖는다고 프롬은 말한다. 그 불가결한 전제조건은 사랑이다. 생산적 사랑은 배려, 책임, 존경, 지식을 포함한다. 사랑은 사랑한다는 자각적이고 지적인 결정에 근거해야 하며, 마지막으로는 인간의 내면에 생산적이고 다이내믹한 힘을 활성화한다.[163]

이렇게 초점을 맞추면 아리스토텔레스의 윤리학, 신비주의에서 예시되는 신에 대한 영적인 사랑, 스피노자 윤리학에 나타나는 사랑 및 자연에 대한 합리적인 접근 등과 프롬의 윤리학 체계의 관계가 분명해진다. 또한 전체성을 중심에 두는 부버의 윤리학 체계와의 유사성도 분명히 드러난다. 물론 유신론인 부버와는 달리 프롬은 무신론이라는 차이가 있다.

자기와 타자의 자발적인 관계에 근거한 생산적 사고는 개인을 사회과정에 능동적으로 참가시킨다. 주관적 통찰도 객관적 통찰도 모두 그러한 과정의 결과이다. 여기서 특징적인 점은 프롬이 부처가 생로병사의 현실을 직시하여 불교의 '사체(四諦)'를 발견한 이야기로부터 관계성에 대한 논의를 시작하여,[164] 현실의 전체를 보아야 한다고 주장한 베르트하이머(Max Wertheimer)와 사심이 없는 것을 과학적 탐구의 조건으로 본 만하임(Karl Mannheim)을 인용하는 것으로 논의를 마무리하고 있다는 점이다.[165] 이어 프롬은 동화와 사회화라는 측면으로 되돌아간다.[166] 동화란 성격의 태도가 사물의 방향에 관련되는 것을 말하고, 사회화란 대인관계의 영역에 관련된다.

휴머니즘적 윤리의 여러 문제

4장 '휴머니즘적 윤리의 여러 문제'에서 프롬은 윤리학의 휴머니즘적 개념의 창조는 세 가지 요소로써 가능하다고 본다. 첫째, 개인은 문화에 의해 형성된 목적에 대해 주관적으로 불만을 나타냄으로써 근원적인 방향을 바꾸어야 한다. 둘째, 나아가 이런 변화를 위한 사회경제적 기반이 존재해야 한다. 셋째, 개혁을 위한 구체적인 수단을 이성적으로 통찰하여 갖추어야 한다. 특히 셋째 조건은 인간 의식의 재구성에 의해 가능하다고 프롬은 말한다.[167]

프롬에 의하면 권위주의적 종교와 계층구조적 사회화가 개인에게 외적 권위를 내면화시켜 왔다. 특히 칼뱅과 프로테스탄티즘에 그 책임이 있음은 《자유로부터의 도피》에서 이미 살펴보았다. 일반적으로 가부장 사회와 극단적인 형태의 친권(여기서 프롬은 소포클레스의 《안티고네》[168]와 카프카의 작품들[169]에 대해 설명한다)이 인간의 자아를 그 잠재적인 자율성과 단절시켜 타율성이 인간 존재의 고유한 부분으로 되었다. 이러한 상황을 극복하기 위해서는 당연히 휴머니즘적인 양심이 먼저 자아를 향하여 나아가야 한다.[170]

인간이 자신을 부정하는 것은 예컨대 부모를 실망시키는 것보다 강한 죄악감을 초래한다.[171] 행복이란 휴머니즘 윤리학에서는 인간이 자신에 따라 사는 것을 말한다. 즉 행복은 휴머니즘적 윤리학의 의미에서 덕의 높이를 나타내는 기준이지만, 이것이 인생에 대한 쾌락주의적 접근을 옹호하는 것으로 오해되어서는 안 된다. 신념이 그 본래의 의미에서, 그리고 비권위주의적인 의미에서 재생되어야 하는 것과 같이 삶과 노동은 생산성을 향해야 한다. 이것이 행복의 전제조건이다.

아리스토텔레스와 스피노자에 더하여 칸트의 정언명령이 이 논증의 배경에 숨어 있다. 간단히 말하면 프롬의 윤리는 자아에 따라 사는 모든 인간은 여러 개인들로 구성되는 공동체에 자동적으로 조화된다고 하는 가정을 바탕에 깔고 있다. 프롬에 의하면 인간 활성화의 이러한 느린 과정의 궁극에는 참된 인간적 존재들의 공동체가 나타날 것이라고 한다.

오늘의 도덕문제

5장 '오늘의 도덕문제'라는 결론은, 우리는 물건이 되었고 우리의 이웃도 물건이 되고 있다고 하는 우울한 것이다.[172] 이처럼 인간이 놓여있는 윤리적 상태의 비참함으로부터 무력감이 나온다. 이는 앞에서 본 10년 전의 논문 〈무력의 감정〉에서 프롬이 진단한 결과이기도

하다.

　이러한 윤리적 불안으로부터 벗어나는 길에 대한 프롬의 결론은 인생의 길을 진지하게 생각하고 자신을 위해 사는 용기를 가져야 한다는 매우 추상적인 입론이다.[173] 그러나 프롬이 앞에서 말한 것을 진지하게 생각한다면 이런 결론은 그가 말한 정신적 변화만이 아니라 사회적 혁명, 즉 그 정치적, 경제적 변화와도 연결짓지 않을 수 없다.

　프롬의 말처럼 인간의 권위는 경제 시스템이 그러하듯이 나쁜 방향으로 나아가는 연쇄반응의 일환이다. 따라서 불합리한 권위에 능동적으로 저항하기 위해서는 의식과 윤리적 태도가 반권위주의적이어야 한다. 현실의 혁명적 변혁은 잘못된 권위에 능동적으로 계속 항의하는 등 일반적 태도를 수정해야 비로소 가능하게 된다. 그러나 프롬은 이러한 결론으로 나아가지 못하고 도리어 그것을 회피하고 있으며, 이는 문제점으로 지적될 수 있다.

정신분석은 종교를 위협하는가
《정신분석과 종교》

휴머니즘과 종교

《정신분석과 종교》는 앞에서 본 1947년의 《인간 자체: 윤리심리학의 탐구》에 이어 1950년에 간행되었다. 프롬은 이 책이 윤리에 초점을 둔 《인간 자체: 윤리심리학의 탐구》의 연장선상에서 종교에 초점을 둔 책이라고 말했다.[174] 그것은 1949년 말부터 1950년 초에 걸쳐 진행된 예일 대학의 틸리히 기념강연 원고를 정리한 것이었다. 강의록임에도 불구하고 앞에서 본 《자유로부터의 도피》나 《인간 자체: 윤리심리학의 탐구》와 같은 형식과 구조를 취하고 있다. 여기서 우리는 그가 철저한 삼단논법의 논문투로 강의를 했음을 상상할 수 있다.

　종교에 대해 프롬은 앞에서 본 유태법에 대한 박사학위 논문과 〈기독교 교의의 발전〉을 썼고, 1940년대에는 종교를 주제로 한 논문은 단 한 편 썼을 뿐이다. 그것은 1942년에 쓴 〈성격 특성으로서의 신앙(Faith as a Character Trait)〉이다.[175] 이 논문은 앞에서 본 《인간 자

체: 윤리심리학의 탐구》의 마지막 부분에 포함되었다.

《정신분석과 종교》는 1966년에 《너희도 신처럼 되리라》에서 자신의 종교관을 집약적으로 드러내기 이전 그의 종교관을 보여주는 유일한 책이다. 《너희도 신처럼 되리라》가 이 책을 근거로 했음을 물론이다.

프롬은 《정신분석과 종교》의 2판에서 "중요한 것은 믿는 사람과 믿지 않는 사람 사이의 차이가 아니라, 사랑하는 사람과 사랑하지 않는 사람 사이의 차이"라는 말을 실었다. 여러 번 언급했듯이 프롬은 프로이트와 마르크스를 결합하고자 했는데, 이 두 사람은 종교를 억압의 수단으로 고발한 점에서 공통점이 있었다. 그들과 마찬가지로 1920년대 중반부터는 무신론자였던 프롬이 종교에 대한 책을 썼다는 것은 아무래도 모순인 것처럼 보인다.

이는 프로이트와 대립하는 정신분석가인 융의 입장을 프롬이 어느 정도 수용한 탓으로 이해된다.[176] 프롬은 인간의 무의식은 직접 종교적 경험과 관련된다고 본 융의 생각에 공감한다. 그러나 프롬은 종교적 경험이란 '더욱 높은 힘', 즉 신이나 무의식에 자기를 위탁함에 의해 생긴다는 것을 전제한 융의 설명에는 공감하지 않는다.

《정신분석과 종교》는 《인간 자체: 윤리심리학의 탐구》에 제시된 윤리학의 휴머니즘적 개념에 입각하여 종교를 분석한다. 또한 《인간 자체: 윤리심리학의 탐구》와 마찬가지로 이 책은 모두 5개의 장으로 구성되고, 1장은 《인간 자체: 윤리심리학의 탐구》에서처럼 '문제'로 출발한다. 이어 2장은 '프로이트와 융', 3장은 '몇 가지 종교체험의 분석', 4장은 '영혼의 의사인 정신분석학자', 5장은 '정신분석학은 종교를 위협하나?' 이다.

문제

먼저 1장 '문제'를 살펴보자. 다음은 첫 쪽의 중간쯤에 나오는 글이
다.

> 우리 인간들의 생활은 서로 사랑하며 행복하고 만족스러운 것이 못되
> 고, 정신이 혼란하고 거칠어져서 거의 광란상태에 가까운 생활이다.
> 그것도 중세기의 그것처럼 히스테리컬한 광란 상태가 아니라, 내적
> 실재와는 단절되고 사유는 아무런 힘도 가지지 못하여 마치 정신분열
> 증(Schizophrenia)과 비슷한 광란상태이다. … 우리가 아침저녁으로
> 읽는 신문기사의 내용을 생각해 보자. 뉴욕 지방에 비가 적게 오자 여
> 러 교회에서는 비를 내리게 해달라고 기도를 드린다고 야단인가 하
> 면, 조우(造雨) 기술자들은 화학적 방법에 의해서 비를 내리게 한다고
> 또 야단들이다. … 교회에서는 어린이들에게 정직하고 성실하며 각자
> 의 영혼을 위주로 하는 생활을 하라고 가르치고 있는데, 그 어린이들
> 이 실지로 생활해 가면서 보고 듣고 하는 것은, 그런 가르침을 그대로
> 따라가다가는 비현실적인 몽상가밖엔 되지 못할 것이라는 생각을 일
> 으킬 뿐이다.[177)]

이런 진단을 과격하다고 비판할 것인가? 나 역시 우리 현실에 대
해 똑같은 진단을 하고 있는데, 내가 우리 현실을 위와 같이 표현한다
면 우리나라 학자들은 과격한 표현이라고 매도할 것임에 틀림없다.

여하튼 이러한 현실에 대한 해결 방법으로 사람들은 종교를 찾는다. 프롬에 의하면 이는 승려나 목사들만이 영혼에 관한 전문가요, 또 사랑, 진리, 정의 등의 대변자인 것처럼 보이기 때문이다.[178]

그런데 영혼 문제에 관여하는 또 다른 전문가로 정신분석학자들이 있다고 프롬은 말한다. 그러나 종교인과 정신분석학자들은 서로 대립하기도 하고 동일하다고 주장하기도 한다. 프롬은 그 어떤 견해도 옳지 않고 그 어느 하나를 택하는 것은 편의주의라고 비판한다.[179]

프로이트와 융

2장 '프로이트와 융'에서 프롬은 두 사람의 종교관을 설명한다. 먼저 프로이트는 《환상의 미래》에서 인간이 자기 외부에 있는 자연과 자기 내부에 있는 본능에 대해 무력하기 때문에 환상인 종교가 나타났고, 그것이 비판적 사고를 금지하여 지성과 도덕을 빈곤하게 만들었다고 보았다.[180] 프로이트에 의하면 환상은 어렸을 때의 개인적 경험에서, 즉 아버지를 비할 바 없는 지혜와 힘의 소유자로 생각하고 그의 명령에 따르며, 그가 금하는 것을 위반하지 않으면 그의 사랑과 보호를 받을 수 있었던 경험에서 전능한 신에 대한 상상이 비롯된다고 보았다. 따라서 프로이트에 의하면 종교란 유아시절의 경험을 반복하는, 유아기로의 퇴행 현상이다.[181]

프롬에 의하면 프로이트는 종교가 환상임을 폭로하는 데 그치지 않고, 역사상 종교와 결부된 나쁜 제도들을 신성화하고 환상을 믿도록 하며 비판적 사고를 금지하여 지성을 빈곤하게 만들었고, 도덕적 기반을 위험하게 한다고 비판했다.[182] 이와 같이 프로이트는 마르크스처럼 종교를 억압의 수단으로 고발했는데, 이는 프로이트가 인간애, 진리, 자유를 신봉했기 때문이라고 프롬은 주장한다.[183] 그런데 이는 바로 고등종교의 가르침이기도 하다.[184]

한편 프롬은 융의 종교관이 프로이트와 반대인 현상학적 입장이라고 말한다. 현상학적 입장이라 함은 발생한 사건의 본질을 서술할 뿐 그 진리 여부는 문제 삼지 않는 것이다. 프롬은 진리는 판단과 관련되고 현상 서술과 관련되지 않는다는 이유로, 그리고 융의 입장은 상대주의에 빠진다는 이유로 그를 비판한다. 뿐만 아니라 융의 입장은 진리를 인간의 중요한 덕으로 보는 고등종교와도 대립된다고 프롬은 본다.[185] 융은 종교적 체험을 '높은 힘에 대한 복종'으로 보고, 무의식의 관념이 종교적 관념이라고 본다.[186]

이처럼 프로이트와 융을 비교한 뒤 프롬은 프로이트가 종교의 이상과 규범이 아니라 그 유신론과 초자연적 측면을 비판했고, 이는 인류의 정신적 능력이 성숙한 현재는 불필요하다고 보았다고 주장한다. 이에 비해 융은 인간의 무의식은 직접 종교적 경험에 관련된다고 보았다고 한다.[187]

몇 가지 종교체험의 분석

3장 '몇 가지 종교체험의 분석'에서 프롬은 앞의 《인간 자체: 윤리심리학의 탐구》에서 설명한 두 가지의 윤리적 성격과 마찬가지로 상반되는 두 가지의 종교적 경험을 설명한다.[188] 그 하나인 권위주의적 종교의 기초는 권위나 인간 존재를 훨씬 뛰어넘는 것을 인식하고 그것에 복종하는 데 있다. 프롬은《자유로부터의 도피》에서 설명한 칼뱅주의를 다시 거론하며 권위주의적 신학은 독재주의적 정치권력과 같은 성격의 태도를 초래한다고 설명한다. 즉 독재자 원리의 형이상학적 변형이라는 것이다.[189]

이와 반대로 휴머니즘적 종교는 유태 크리스트교 전통과 이사야서, 예수, 소크라테스, 스피노자에 공통으로 나타나는 것이자, 1789년 프랑스혁명 때 로베스피에르나 생쥐스트에 의해 확립된 이성 숭배에서도 나타난다고 프롬은 설명한다. 그러나 그는 가장 위대한 휴머니즘적 비권위주의적 종교는 불교라고 본다. 특히 대승불교 중 선종은 인간적인 자기만을 지향한다는 점에서 가장 우월하다고 프롬은 본다. 대승불교에서는 자기에게 생긴 것 이외의 어떤 지식도 선에 이르는 근거가 확실하지 않고, 인생은 그 자체가 덕이고 그 독자의 목적이지 목적을 위한 수단이 아니라는 것이다.[190]

여기서 프롬은 처음으로 일본의 불교학자인 스즈키 다이세쓰(鈴木大拙)의 말을 인용한다.[191] 그는 당시 미국에서 선(禪)의 1인자로 꼽혔고《선에 의한 삶(Living by Zen)》(1950)《선종의 방법(Manual of Zen Buddhism)》(1950)《선의 연구(Studies in Zen)》(1955)[192]라는 저서들을 통해 미국 지식층에 광범한 영향을 주면서 숭배를 받았다. 그는 컬럼비아대학에서 가르쳤고, 프롬의 오랜 친구였던 호나이의 스승이기도 했다. 프롬도 1957년 그를 멕시코의 퀘르나바카에 초대하여《선과 정신분석》을 함께 썼다.

종교의 정신분석

4장 '영혼의 의사인 정신분석학자'에서 프롬은 '사상체계의 배후에 있는 인간적 실재'를 이해하는 방법으로 종교에 대한 정신분석적 접근을 시도한다. 그에 의하면 인간적 실재인 자아의 핵은 개인이 외부의 룰이나 관습과 단지 동화되는 경우에는 명확히 파악될 수 없다. 결과적으로 휴머니즘적 심리요법의 목적도 휴머니즘적 종교의 신조도 권위에 대한 순종을 요구하는 것이어서는 안 된다고 프롬은 본다. 즉 종교도 심리분석도 비권위주의적인 것이어야 한다는 것이다.[193]

나아가 프롬에 의하면 휴머니즘적 종교든 휴머니즘적 심리요법이든 사랑하는 능력을 개인적으로 획득하거나 재획득하도록 하는 것을 최종 목표로 삼는다. 여기서 다시금 《인간 자체: 윤리심리학의 탐구》의 휴머니즘적 윤리기준 설정에서부터 이교의 종교개념에 대한 탐구에 이르는 프롬 사상의 연속성이 나타나고, 이는 다시 6년 뒤의 《사랑의 기술》로 연결된다는 것을 알 수 있다.

그러나 여기서도 권위에 대한 거부라고 하는 중요한 문제가 회피된다. 프롬은 불합리한 권위가 불합리한 것으로 인식된다면 그것은 더 이상 의식형성에 중요한 존재가 아니게 된다고 암시하는 것으로 이 문제를 교묘히 회피한다. 이에 대해서는, 심리적인 기능에 대한 잠재적으로 유해한 영향은 그것이 유해한 것으로 판별된 뒤에도 그리 간단히 없어지지 않는다는 반론이 제기되어야 한다.

불합리한 권위는 유해한 힘으로 고려되어야 한다. 인간적이고자 하는 용기는 고립하여 존재하는 용기가 아니다. 인간적이고자 하는 용기가 효력을 발휘하기 위해서는 비인간적이라고 생각되는 제도나 이데올로기에 대해 거부하고, 만약 필요하다면 반항조차 불사하는 항의의 자세와 손을 잡아야 한다.

휴머니즘적 종교의 가장 중요한 요소는 틸리히(Paul Tillich)가 말하는 '궁극의 관심'이다. 프롬은 이를 개인의 자기실현을 통해 얻을 수 있는 '경이의 체험'이라고 부른다. 경이의 체험은 정신요법에서 '가장 의미 있는 치료 요소'로 간주된다. 그것은 동시에 '자기만의 일체감이나 동료와의 일체감만이 아니라 인생 그 자체, 나아가 그것을 벗어난 우주와의 일체감'이라는 종교적 감정이 된다.

이것은 선에서 말하는 깨달음(해탈과, 그것에 근거하여 자신을 아는 것)의 상태와 마찬가지로 신비와 일체화되는 감정(신비적 몰두의 궁극적 상태)이다. 《당신도 신이 되리라》에서 프롬은 이 현상을 '불가해한 경험(X Experience)'이라고 불렀다. 따라서 비권위주의적이고 휴머니즘적인 종교와 정신분석의 목적은 인간의 굴레, 즉 '조직화된 자기' 또는 자아를 파괴하고자 주체에 힘을 쏟는 것이 된다. 여기서 무의식과의 접촉이 확립되고, 이어 개별성이 제거된다. 개성이 상실되면 이어 종교적 체험이 시작되고 모든 것, 즉 우주와의 일체감을 느끼기 시작한다.

마지막 5장 '정신분석학은 종교를 위협하나?'에서 프롬은 신 없는 종교, 형이상학 또는 초월적 실재가 없는 인간 중심의 종교를 모색한다. 이는 서구의 전통에서는 종교적 무신론을 말한다. 그러나 프롬의 결론은 그것과 다른 새로운 종교를 모색하는 것도 아니다. 《정신분석과 종교》의 마지막 문장을 음미해보자.

지금은 신에 관해서 논쟁할 시기가 아니라 일치단결해서 우상숭배의 현대적 형태를 폭로해야할 시기가 아닐까? … 권위주의적 국가에서 국가나 권력을 신격화하는 것이 우리의 정신적 재산을 위협하고 있다. … 신에 관해서 어떤 긍정적인 주장을 내세우지 말고 우상숭배를 반대한다는 부정의 기반 위에 설 때 공동 신앙을 찾아내기가 더욱 쉬워질 것이다. 그렇게 할 때 우리는 좀 더 겸손해지고 인간을 사랑할 수 있게 될 것이 분명하다.[194]

꿈과 신화의 세계로
《잊어버린 언어》

미국에 대한 실망

1951년의 《잊어버린 언어: 꿈, 동화, 신화 이해 입문(The Forgotten Language: An Introduction to the Understanding of Dreams, Fairy Tales and Myths)》은 화이트 연구소의 대학원 세미나와 베닝턴 대학 강의에 바탕을 둔 책이다.[195] 그러나 강의록라면 이론서보다는 더욱 쉽고 재미있을 것이라고 기대한 독자들은 실망하기 쉽다. 시시한 강의라고 해도 너무 했다는 느낌이 들 정도이다. 구성도 허술하고 설득력도 약하다. 반복되는 이야기가 많고, 내용의 4분의 1은 다른 책에서 가져왔거나 꿈과 신화를 그대로 전재한 것들이다. 각주도 조잡하고 잘못된 부분도 많다. 이처럼 그 내용에 문제가 많은 책이지만 그동안 프롬이 다루지 않은 주제들, 즉 꿈과 신화의 관련성 그리고 그것들이 인간에게 갖는 의미를 분석했다는 점에서 주목할 필요가 있다.

2차 세계대전 이후 프롬은 사회, 특히 미국 사회에 대해 큰 실망을 느꼈다. 이는 그가 직접적인 사회비판을 일시적으로 중단하고 꿈, 동화, 신화의 세계에 발을 들여놓는 데 직접적인 계기가 되었다. 꿈과 신화의 세계에 대한 프롬의 고찰은 앞에서 살펴본 휴머니즘적 윤리학이나 무신론적인 신비주의와도 관련성이 있다.

프롬은 꿈과 신화를 내면으로의 여행길을 들여다볼 수 있는 관측소로 본다. 즉 도달할 수 없고 파악될 수 없는 인간성의 본질에 더욱 가까이 가는 장소로 본다. 그리고 그것은 인류가 지금까지 발전시켜온 유일한 보편적 언어인 상징언어로 표현된 것이라고 본다.[196] 이는 융이나 랭거(Susanne Langer, 1895~1985)도 수긍한 가설이었다. 이 책의 앞부분에서 인용한 유대교 탈무드의 구절처럼, 이해할 수 없는 꿈은 펼쳐지지 않은 편지와 같은 것이다.[197]

이 책은 모두 7개의 장으로 나누어진다. 1장은 '서론'이고, 2장은, '상징언어의 성격', 3장은 '꿈의 성격', 4장은 '프로이트와 융', 5장은 '꿈의 해석의 역사', 6장은 '꿈의 해석기술', 7장은 '신화, 동화, 의식 및 소설에 나타난 상징언어'이다. 번역본에는 특별부록으로 '자유와 민주주의'가 있으나 이는 《자유로부터의 도피》의 마지막 장이다.

상징언어의 성격

1장 '서론'을 지나 2장 '상징언어의 성격'에서 프롬은 꿈을 상징의 덩어리로 본다. 상징은 세 가지이다. 즉 관례적인 것, 우연적인 것, 그리고 보편적인 것이다.[198]

첫째, 일상 언어는 상호 관련되는 관례적 상징의 시스템이다. 언어는 문화적, 역사적 요인이나 동향에 의해 영향을 받고 변용된다. 언어와 관례적 상징은 문명화 과정의 산물이고 사회화의 수단으로, 이는 프롬의 일관된 연구 영역이다.[199]

둘째, 우연적 상징은 주로 사적인 의미를 가지므로 꿈 이론과 특수한 관계에 놓여진다. 이는 모든 사람의 생활에서 나타날 수 있는 것이며, 일정한 장소, 언어, 동작, 행동, 사물이 그 개인의 경험과 분리될 수 없을 정도로 연결된다는 점에서 특별한 상징적 의미를 갖는다. 어떤 개인의 꿈의 세계를 이해하기 위해서 전문가는 인간의 우연적 상징의 근원과 같은, 환자의 성장 이력을 숙지해야 한다. 프롬이 이러한 사적인 언어를 강조하는 것은, 프로이트가 보다 객관적으로 개인적 사정을 고려하지 않고 꿈을 분석한 태도와 구별되는 점이다.[200]

셋째, 보편적 상징은 전 인류의 경험에 뿌리박은 것이다. 이는 불, 물, 자연계 등의 끝없이 변하는 상징성을 말한다. 기분이나 감정을 표현하는 얼굴도 보편적인 상징이다. 그리고 꿈이 갖는 의미가 완전히 이해되는 것은 오직 이러한 보편적 상징의 이해를 통해서만 가능하다.[201]

꿈의 성격

3장에서 꿈의 성격을 정의하면서 프롬은 프로이트처럼 그것을 불합리한 작용으로 보지 않았고, 융과도 달리 개인적인 성질을 강조한다.[202] 즉 꿈은 모든 종류의 신화적 활동이 갖는 풍부한 함축성과 같이 의미 깊은 표현이다. 프롬은 꿈이 깨어있을 때보다 합리성이 떨어진다고 볼 수 없다고 말한다. 도리어 꿈의 세계(무의식)는 낮의 지각(의식)보다도 지성적이고 논리적이라고 주장한다. 즉 무의식과 의식은 같은 정신 속에 있는 두 가지 상이한 존재 방식이라는 것이다. 꿈의 해석에 대한 이러한 주장은 프롬 특유의 입장이라고 할 수 있다. 프롬은 여기서 다음과 같은 결론을 내린다.

> 수면 상태는 불명료한 기능을 갖는다. 그 상태에서는 문화와의 접촉이 없으므로 최악의 상태도 최선의 상태도 함께 나타난다. 따라서 우리는 꿈을 꿀 때 지성적이지도 현명하지도 자존심을 갖지도 않으나, 일어나 생활하고 있을 때보다도 더욱 훌륭한 상태에서 더욱 현명하게 될 수 있다.[203]

여기서 두 가지 의미를 이해할 필요가 있다. 하나는 문화적, 사회적으로 왜곡된 비생산적 성격을 지닌 개인은 잠든 사이에 꿈을 꿀 때 잠재의식에 의해 지극히 망가지기 쉽다는 점이다. 따라서 꿈을 보고 있는 자기에 대한 직접적인 접근이 개시될 수 있다. 왜냐하면 깨어 있는 동안에는 잠재의식으로 통하는 문이 언제나 닫혀 있기 때문이다. 이 명제는 꿈의 해석에 대한 전통적 교의에 근거하는 것이다. 이런 점에서는 프롬의 꿈 이론도 비교적 정통적인 입장을 취한다고 볼 수 있다.

다른 하나의 측면은 꿈의 세계에서 개인은 의식적인 사고과정에서보다 더욱 통찰력이 있다는 것으로, 이런 프롬의 생각은 전통적인 견해와 근본적으로 다르다. 여기서 그의 저술에서는 처음으로 나타나고 뒤의 저작에서 자주 사용되는 문화적 상대주의가 분명히 나타난다. 프롬 사고의 새로운, 그러나 간과되고 있는 이와 같은 '층' 이 전체로서의 문화 - 문명화 과정에 대한 신랄한 비관론으로 이어진다.

설령 인간이 실제로 수면 상태에서 더욱 깊고 훌륭한 통찰(이 말의 지적 의미와 윤리적 의미 모두에 주목하라)에 이른다고 해도, 꿈이란 현실보다 열등하고 왜곡된 것으로 보아야 한다. 이러한 문화에 대한 비관론은 그의 꿈 이론에서 직접 유래하는 것이나, 인간은 더욱 훌륭한 미래를 획득할 가능성이 있다고 하는 다른 의미에서 특징적인 그의 신념과는 분명 모순된다. 결국 그의 사고에 나타나는 이 모순은 해결되지 못하는 문제점으로 남는다.

꿈의 해석 기술

4장 '프로이트와 융', 5장 '꿈의 해석의 역사', 6장 '꿈의 해석 기술'에서 프롬은 위에서 말한 자신의 이론을 증명하는 학설과 꿈의 자료들을 동원하고 있다. 그러나 이 부분에 대한 프롬의 설명은 지금 우리가 참고할 필요가 거의 없을 정도로 문제가 많으므로 간단히 언급한다.

대부분의 경우 일정한 꿈의 경험은 그러한 꿈에 대해 정신분석을 받는 환자 개인의 상황을 잘 알고 있는 정신분석가에게만 의미가 있다. 따라서 프롬은 미리 결정된 형태나 모델로 꿈을 분석하는 것은 불가능하다고 보고 우연적인(사적인) 상징도, 보편적인(개인을 초월한) 상징도 개인의 꿈을 만들어내는 복잡한 연관 작용과 관련되는 것으로 이해한다. 여기서 우리는 프롬의 꿈의 이론이 그의 성격학에 긴

밀하게 연결되어 있음을 알 수 있다. 다시 말해 생물학적이고 인간성에 뿌리박은 개체발생적인 요소와, 개인을 초월한 사회발생적인 요소의 이중성, 그리고 그 결과인 성격의 양극분화가 프롬의 꿈의 이론에 내재돼 있는 것이다.

꿈의 분석 과정에서 환자에게 언제나 발생하는 무의식의 스트레스와 불안의 징후를 제거하기 위해서는 인내와 경험이 필요하다. 1965년 프롬은 꿈의 해석을 "정신분석 요법 가운데 가장 중요한 도구"라면서, 이 도구는 정확하고 과학적인 사실의 관찰과 같은 가치를 갖는다고 말했다.[204] 그러나 이러한 그의 주장은 현대의 많은 분석가나 정신의학자들에게는 의문시된다. 또한 프롬이 꿈의 분석 과정에서 자주 사용한 자유연상법도 대체로 자기 멋대로 행한 것이라는 비판이 가능하다.

자유연상법은 프롬이 독일에서 공부한 것이고 미국에서 설리번이 개발한 것이기도 했다. 그는 분석 과정에 대한 분석가의 적극적인 참여를 주장했다. 이는 프로이트가 말하는 '환자와 격리된 입장' 과는 정반대이다. 프롬은 분석가가 효과적으로 치료하기 위해서는 환자의 공포나 망상을 내면화하고 그들의 경험을 자신의 것으로 경험해야 한다고 주장했다. 프로이트주의자가 말하는 감정이전, 즉 분석가와 환자 사이의 복잡한 상호작용 과정은, 그 속에서 환자는 부모를 향한 자기감정을 분석가에게 이전하고 그 메커니즘을 통하여 분석가에게 의존하게 된다는 일방통행이었다. 반면 프롬은 이 과정을 다이내믹한 상호이전으로 바꾸어야 한다고 주장했다. 이러한 상호이전 과정을 통해 분석가도 자신을 스스로 치료한다고 프롬은 보았다. 따라서 프롬은 충격요법이나 집단요법에 대해서는 그것들이 일반적 의미의 치료가 아니라 부자들을 위한 치료 방법이라는 이유로 반대했다.

신화, 동화, 의식, 소설에 나타난 상징언어

《잊어버린 언어》의 마지막 장인 7장에서 프롬은 오이디푸스 신화와 창세 신화, 《빨강 모자》와 같은 동화나 안식일의 의식, 그리고 카프카의 소설 《소송》을 재해석한다. 프롬은 이미 그 전에 오이디푸스 신화를 재평가한 적이 있었다.[205] 《잊어버린 언어》에서 그는 소포클레스의 3부작의 주제에 대해 프로이트가 말하는 근친상간적인 어머니에 대한 집착이 아니라 도리어 아버지와 아들 사이의 갈등이라고 보고, 그 작품들을 가부장 사회에 고유한 긴장의 직접적인 표현으로 재검토한다.[206] 여기서 프롬은 그가 초기에 연구한 바호펜의 가모장제로 되돌아간다. 프롬은 고대 그리스의 비극시인 아스킬로스의 작품 《오레스테이아》에 대한 바호펜의 해석을 '낡은 결혼질서와 새로운 가부장적 세계상 사이의 투쟁'으로 받아들이고, 모든 오이디푸스 콤플렉스를 근본적으로 수정하는 시금석으로 삼는다.[207]

《빨강 모자》나 카프카의 작품에 대한 프롬의 분석은 오이디푸스에 대한 검토만큼 명료하지 못하다. 프롬은 '빨강 모자'를 성적으로 성숙하고 있는 소녀로 간주한다.[208] 즉 그것은 월경을 상징하고, 그녀가 지나가는 숲은 성적 위험으로 가득 찬 세계를 상징한다고 보는 것이다. 유혹자가 돌연 늑대로 나타나 성교를 상징하는 '잡아먹는' 행동을 통해 여성을 탐욕스럽게 먹는다. 그러나 이어 늑대는 임신부의 역할을 하게 되어 처벌받고 뱃속에 돌이 박혀 죽는다. 돌은 불임의 상징이다. 오이디푸스 신화와 반대로 이 동화에서는 여성이 승리자이다. 이는 프롬의 전 저술 가운데 일반적으로는 성의 성질에 관한 논의에, 특수하게는 여성의 성에 관한 논의에 기여한 드문 공헌 중 하나이다. 《빨강 모자》에 대한 프롬의 해석으로부터 어떤 통찰이 가능하다고 해도, 결국 그는 이 주제를 진지하게 생각하지는 않았다.

카프카의 《소송》에 대한 그의 해석도 마찬가지다.[209] 소송 중에 요제프 K는 지금까지의 그의 삶이 시시한 욕망과 불모성에 사로잡혀 있었음을 알게 된다. 그리고 마지막에 그는 자신이 본래 가져야 했을 사랑에 대한 힘이나 우정, 신앙을 깨닫는다. 문학 비평가들은 수십 년간에 걸쳐 수수께끼 같은 이 소설의 해석을 시도했고, 프롬의 해석도 수수께끼를 완전히 풀어준 것은 아니라고 생각된다.

거대자본국 미국에 대한 사랑과 증오
《건전한 사회》

멕시코, 제2의 고향

1950년 프롬은 건강이 나빠진 아내의 회복을 위해 베닝턴 대학을 사임하고 멕시코로 이사하여 그곳에서 23년을 살았다. 그가 멕시코를 제2의 고향으로 선택한 것은 정신분석에 대한 자신의 견해를 가르칠 수 있기 때문이었다. 그러나 멕시코로의 이사는 우연한 계기로 이루어진 것이었다. 당시 멕시코에서 정신의학에 관한 새로운 지식을 얻고자 하는 사람들이 2년제 전공 코스를 개설하고 1950년 말 프롬을 찾았다. 프롬은 무의식에 관한 세미나를 담당하여 협력하겠다고 약속했다. 몇 년에 걸쳐 정신분석가들을 양성한다는 구상도 있었다.

프롬은 화이트 연구소의 직무를 면제받고 1951년부터 멕시코 국립자치대학교 의과대학의 원외교수인 정신분석 교수로 임명되었고, 이 대학에 정신분석연구소를 세워 1955년 소장으로 취임했다. 1956년에는 자신이 만든 멕시코 정신분석협회의 회장이 되었다. 이 세 직위를 프롬은 1965년에 퇴직할 때까지 유지했고, 퇴직 후에는 명예교수로 위 대학 및 연구소와 계속 관계를 가졌다.

그는 멕시코에만 머무르지는 않고 미국과 멕시코를 오갔다. 4개월은 미국, 8개월은 멕시코에서 보냈다. 1957년부터 1961년까지는 미시간 주립대학, 1962년부터 1970년까지는 뉴욕대학에서 심리학을 강의하기도 했다.

두 번째 아내가 죽은 지 1년 뒤인 1952년에 프롬은 앨라배마 태생으로 외모, 태도, 습관 모두 완전한 미국 여성인 애니스 프리먼(Annis Freeman, 1902~1985)과 결혼했다. 그녀는 첫 남편과 인도에서 살던 중 남편이 급사한 상태였다. 두 사람은 1956년 멕시코의 쿼르나바카로 옮겨 1969년까지 거기서 살다가 1973년 스위스로 이주했다. 쿼르나바카는 이반 일리치가 살았던 곳으로도 유명하다. 프롬은 일리치가 쓴 책의 서문을 쓰기도 했다.

멕시코에서 살았던 1950년부터 1973년까지는 프롬의 일생 중 최대 전성기였다. 이 기간에 그는 16권의 책을 썼고, 수많은 논문과 선집을 냈다. 그는 기존의 연구과제에 그치지 않고 교육학에도 관심을 기울이면서 특히 닐의 자유교육에 심취했고, 1960년에 간행된 닐의 《섬머힐(Summerhill)》에 서문을 쓰기도 했다.

프롬은 일리치와 프레이리의 교육사상에도 지대한 관심을 기울였다. 또한 일찍부터 그 자신이 합리적인 종교라고 평가한 불교의 선에 대해서도 연구했다. 그리고 새로운 사회의 비전을 연구하여 1955년에 《건전한 사회(The Sane Society)》를 출판했다.

세 번째 부인 애니스 프리먼과 프롬

프롬의 정치관

《건전한 사회》의 배경으로서 프롬의 정치관을 잠깐 살펴볼 필요가 있다. 프롬은 이미 열 두어 살 때부터 정치에 강한 관심을 가지고 있었다. 그는 이렇게 말했다. "정치활동에는 기질적으로 맞지 않다는 것을 자각하고 있던 나는 어느 정도의 객관성을 유지하고 있었다. 하지만 그것은 일부 정치학자들이 객관성의 필요조건으로 믿고 있는 무감동성과 같은 것은 아니었다."[210]

정치에 대한 프롬의 최초 논문은 1931년에 쓴 〈정치와 정신분석(Politiks und Psychoanalyse)〉[211]이다. 그 뒤 프롬은 1942년에 〈가정경제학 저널(The Journal of Home Economics)〉[212]이라는 잡지에 〈우리는 히틀러를 미워해야 하는가?(Should We Hate Hitler?)〉라는 글을 발표했다. 이 글에서 프롬은 증오의 두 가지 유형을 구별했다. 그 중 하나는 불합리하고 압제적이며 야만적인 감정이고, 다른 하나는 반대로 합리적이고 내성적인 감정이다. 이는 그가 《자유로부터의 도피》이래 전개한 불합리한(권위적인) 권위와 합리적 권위의 구별을 상기시킨다.

내성적 형태로서의 비병리적 권위라는 개념은 뒤에 《인간의 마음》에서 '생명에 봉사하는 것이지 죽음에 봉사하는 것이 아닌 것'으로 설명된다. 프롬에 의하면 국가사회주의는 바이마르공화국 시대의 신흥 중산계급이라는 사회적 성격의 산물이다. 즉 사디즘과 파괴성이 그러한 태도의 근원에 존재한다는 것이다.

그는 나치즘은 파괴에 깊이 매료된 니힐리즘 운동이라면서, 명확한 합리적 판단의 기준에 서서 이러한 운동을 혐오해야 한다고 주장한다. 그는 더 나아가 전쟁은 더욱 좋은 미래, 즉 파괴가 근절되고 인간의 행복이 최종 목표인 세계라는 비전에 의해서만 비로소 승리로 이끌어진다고 본다.

파시즘이 사라진 뒤에도 프롬은 파시즘을 자신의 사회학적 연구의 대상으로 삼았다. 그는 1949년에 세워진 독일연방공화국에서도 국가사회주의나 대학살을 낳은 심리적 경향이 유지되었다고 보았다. 1964년에 그는 1년간 서독을 방문한 뒤 "미국이 소련과 유럽의 완충지대로 서독을 재군비시켰고, 서독은 유럽을 다시 지배하고자 한다"고 비판했다. 다른 수많은 나치 망명자나 희생자들과 달리 그는 고향과 화해하지 않았다.

반면 1950~1960년대의 저작에서 우리는 프롬이 미국에 대해 사랑과 증오가 뒤섞인 모순된 감정을 보이고 있음을 볼 수 있다. 특히 사회적 성격의 분석에서 그러했다. 그는 안전, 공포로부터의 자유, 전문적 지식, 그리고 부를 이유로 미국을 사랑했으나, 동시에 가장 발달된 자본주의 경제의 병폐와 부정, 소비주의와 매스미디어에 의한 도덕적, 사회적 붕괴를 이유로 미국을 증오했다. 이런 이중적인 감정은 《건전한 사회》에서도 드러난다.

정치 참여

프롬은 1년 중 절반을 멕시코에서 지내면서도 미국 대학에서 계속 가르쳤고 미국 사회에서도 활발한 활동을 했다. 1950년대에는 그의 친구이자 그로부터 정신분석을 받은 리스먼(David Riesman) 및 풀브라이트(J. William Fullbright)와 함께 냉전 전략에 대해 협의하기도 했다. 1950~1960년대에 프롬은 미국의 평화운동에 적극 참여했다. 특히 1957년 '건전한 핵정책을 위한 국가위원회(National Committee for a Sane Nuclear Policy(SANE))' 의 창립에 참여했다. SANE는 그 후 반 베트남전운동의 중심이 되었다.

《건전한 사회》의 출판은 프롬이 미국 정치에 더욱 적극적으로 참여하는 계기가 되었다. 이 책이 출판되고 매카시즘의 광풍도 사라진 뒤 그는 미국 사회주의 정당인 사회당 - 사회민주연합 통합당(SP-SDF)에 입당하고 어빙 호우, 머리 캠프턴, 업톤 싱클레어 등과 함께 새로운 당강령 〈인간을 되찾기 위해 - 사회주의 선언과 계획(Let Man Prevail - A Socialist Manifesto and Program)〉을 작성했다.[213] 그러나 반대에 부딪혀 탈당했다.

그 후 프롬은 유효한 정치활동이라면 어디에나 참여했고, 특히 평화운동과 긴장완화 및 군비축소에 정열을 기울였다. 그는 군사력에 의한 대항은 평화를 보장할 수 없고, 마침내 문명과 민주주의를 파괴한다고 보았다. 그리고 미국의 외교정책과 함께 구소련의 외교정책도 비판했다. 특히 구소련을 전체주의적 관리국가라고 비판했다. 그는 자본주의 체제와 사회주의 체제가 권력을 각각 자본가와 관료의 손에 둔다는 점에서 같다고 보았다.

1962년에는 세계평화위원회가 모스크바에서 개최한 '평화와 군축에 대한 회의' 에 참석하여 미국 정부의 군비확장뿐 아니라 당시 계획 중이던 소련의 핵실험도 비판했다. 이 위원회에는 슈바이처(Albert Schweitzer), 러셀(Bertrand Russel) 등도 참여했지만, 서방 정치가나 여론은 그것을 공산주의의 선전도구로 보았다. 왜냐하면 이

위원회에서 다수를 차지한 소련 및 동구 회원들이 자국 정부의 군비 확장에 대해서는 침묵했기 때문이다. 모스크바에서 열리는 회의에 참석하기 전에 프롬은 SANE의 지도부가 미국 대표를 파견할 수 없다고 하자 논쟁을 벌이기도 했다.

1940년대 말부터 1960년대까지 프롬의 활동에서 기이한 점은 그가 당시 광풍처럼 몰아닥친 매카시즘의 피해를 전혀 받지 않았다는 것이다. 냉전과 핵군비, 그리고 베트남 전쟁에 대해 그가 공공연히 반대했음에도 불구하고 그와 같이 행동한 사람들에게 당시 보편적으로 가해졌던 박해나 인신공격을 그가 받았다는 기록이 전혀 없다. 또한 프롬이 그러한 박해와 싸웠다는 기록도 보이지 않는다. 그의 친구로서 매카시즘에 대항해 치열하게 투쟁했던 뢰벤탈의 경우와는 너무나 대조적이다.

《건전한 사회》의 성격

《건전한 사회》는 그 제목과 달리 내용은 '불건전한 사회' 또는 '광기의 사회'라는 제목이 걸맞을 정도로 자본주의 사회의 병리적 현상에 대한 진단으로 가득 찬 책이다. 이 책은 프롬의 저작이 모두 그렇듯이 3부로 나눌 수 있다. 책의 형식은 3부가 아닌 9장의 구분을 취하고 있지만, 앞의 1~4장은 서론격인 1부에 해당된다.

먼저 머리말에서 프롬은 《건전한 사회》가 15년 전에 쓴 《자유로부터의 도피》의 연속이라고 한다.[214] 이어 그는 "《건전한 사회》에서 20세기 민주주의의 삶은 여러 가지 면에서 또 하나의 자유로부터의 도피를 하고 있음을 보이고자 했으며, 이러한 특수한 도피에 대한 분

석은 소외 개념에 집중되며, 그런 내용이 이 책의 상당 부분을 구성하고 있다"고 말한다.[215)

또한 프롬은 《건전한 사회》가 심리적 메커니즘을 다룬다는 점에서 권위주의적 성격(사디즘과 마조히즘 등)을 다룬 《자유로부터의 도피》, 그리고 리비도에 대한 프로이트의 도식을 인간 상호간의 성격 진화에 관한 도식으로 대체하여 상이한 성격 방향에 대한 사상을 전개한 《인간 자체: 윤리심리학의 탐구》의 연속이라고 말한다. 즉 《건전한 사회》에서는 프롬이 휴머니즘적 정신분석이라고 부른 것을 더욱 체계적으로 전개한다는 것이다.

1장에서 프롬은 '우리는 건전한가' 라는 물음을 제목으로 삼는다. 프롬에 의하면 자본주의는 문명 진보의 정점을 보여주면서도 현실감이 결여된 가장 값싼 이야기를 가지고 사디즘적인 공상과 함께 사람들의 마음을 채워준다.[216) 이어 프롬은 그의 책에서는 보기 드물게 전쟁, 자살, 살인, 알콜 중독에 관한 통계로 사회의 불건전성을 설명한다. 예컨대 기원전 1500년부터 기원후 1860년까지 약 8000건의 평화조약이 체결되었으나, 그 모두가 3년 이상 지속되지 못했다는 것이다.[217) 정신병에 대한 유용한 통계는 없으나 2차 세계대전에서 징집 불가능자의 17.7퍼센트가 정신질환자였다고 한다.[218) 또한 자살률, 살인율, 알코올 중독은 풍요로운 사회에서 더욱 높다고 그는 지적했다.[219)

규범적 인간주의

2장은 '사회는 병들 수 있는가-정상상태의 병리학' 이다. 프롬은 먼저 사회과학의 상대주의가 아닌 규범적 휴머니즘(normative humanism)을 전제한다. 이는 인간과 사회가 병적인가 건전한가를 평가할 수 있는 객관적인 척도가 존재한다는 입장에 서서 현대인과 현대사회가 병들어 있다는 판단을 내리는 것을 의미한다. 즉 프롬은 건전한 사회와 건전하지 못한 사회가 있음을 전제하고, 건전한 사회란 인간의 욕구와 일치하는 사회라고 규정한다.[220]

이는 사회가 기능하는 한 그 사회는 정상적이고, 개인이 그 사회에 적응하지 못할 때 병리학을 거론하는 상대주의의 입장과 대조된다. 프롬은 상대주의는 사회에 대한 순응만을 정상적인 것으로 간주하고 사회에 대한 비판을 허용하지 않기 때문에 오히려 파괴적이라고 비판한다. 프롬은 인간은 모두 동일한 신체구조와 심리구조를 갖는다고 본다. 인간이 끝없이 자신을 변화시켜 왔다는 것을 부정하지는 않지만, 인간에게는 공통적으로 잠재된 욕구가 있다고 보는 것이다.[221]

인간에게 잠재된 공통의 욕구를 밝히기 위해 프롬은《건전한 사회》의 3장 '인간의 상황 - 휴머니즘적 정신분석에의 열쇠'에서 먼저 동물과 구분되는 인간의 특수한 상황을 분석한다. 자연으로부터 부여받은 능력을 우리는 본능이라고 한다. 그러나 인간은 동물에 비해 이 본능이 많이 결여된, 육체적으로 매우 연약한 존재이다. 따라서 인간은 자신의 삶을 주체적으로 형성해야 한다. 우리는 이를 이성이라고 부른다.

프롬은 동물과 인간의 차이를 분석한 뒤[222] 인간의 본성에서 파생되는 욕구를 분석한다. 그 욕구는 앞에서 살펴본《인간 자체: 윤리심리학의 탐구》에서 설명한 성격학에 따라 다음 다섯 가지로 묘사된다. ① 관계성 대 자기도취 ② 초월 - 창조성 대 파괴성 ③ 의존성 - 형제애 대 근친상간 ④ 동일감 - 개체성 대 대중순응 ⑤ 지향과 애착의 구조에 대한 욕구 - 이성 대 비합리성이다.

첫째, '관계성 대 자기도취'에서 '관계성'이란 인간이 결합을 추구하는 욕구를 의미하는 것으로서, 사랑이 그 전형이다. 이 책에서 프롬이 말하는 사랑은 뒤에 그가 《사랑의 기술》에서 말한 것을 고스란히 담고 있으므로 우리는 그 내용을 뒤에서 본다.[223] 관계성의 실패가 '자기도취(narcissism)'로서 모든 심각한 정신병의 원인이 된다.[224] 자기도취는 앞에서 본 《자유로부터의 도피》에서 설명된 사디즘, 그리고 《인간 자체: 윤리심리학의 탐구》에서 설명된 착취적 성격과 유사하나, 이는 뒤에서 볼 《인간의 마음》에서 더욱 깊이 고찰된다.

둘째, '초월 - 창조성 대 파괴성'에서 '초월 - 창조성'이란 '피조물'로서의 인간의 상황 및 그 상태를 초월하고자 하는 욕구, 즉 '창조자'가 됨으로써 피조물의 역할과 자기 존재의 우연성 및 수동성을 초월하고자 하는 충동으로 설명된다. 반면 '파괴성'은 그런 창조가 불가능한 경우 자신의 삶을 파괴하는 것으로 설명된다.[225] 파괴성 역시 앞의 《자유로부터의 도피》에서 설명된 파괴성이나 《인간 자체: 윤리심리학의 탐구》에서 설명된 저장적 성격과 유사하나, 뒤의 《인간의 마음》과 《인간 파괴성의 분석》에서 더욱 깊이 고찰된다.

셋째, '의존성 - 형제애 대 근친상간'은 긍정적인 '의존성 - 형제애'에 대립하는 부정적인 '근친상간'을 대립시키는 것으로서[226] 역시 앞의 《자유로부터의 도피》에서 설명된 마조히즘이나 《인간 자체:

윤리심리학의 탐구》에서 설명된 수용적 성격과 유사하나, 뒤의《인간의 마음》과《인간 파괴성의 분석》에서 더욱 깊이 고찰된다.

넷째, '동일감 - 개체성 대 대중순응' 도 긍정적인 '동일감 - 개체성' 에 대립하는 부정적인 '대중순응' 을 대립시키는 것으로서[227] 역시 앞의《자유로부터의 도피》에서 설명된 기계적 순응이나《인간 자체: 윤리심리학의 탐구》에서 설명된 시장적 성격과 유사하나, 뒤의《인간의 마음》과《인간 파괴성의 분석》에서 더욱 깊이 고찰된다.

다섯째, '지향과 애착의 구조에 대한 욕구- 이성 대 비합리성' 은 종교를 포함한 인간의 이성적인 '지향과 애착의 구조에 대한 욕구' 로서 비합리성에 대립한다.[228] 이는《자유로부터의 도피》나《인간 자체: 윤리심리학의 탐구》에서 별도의 사회적 성격으로 설명된 것이 아니고, 뒤의《인간의 마음》과《인간 파괴성의 분석》에서도 특별하게 고찰되는 것이 아니다. 따라서 이는 앞에서 보았듯이《건전한 사회》를 쓰기 전의 종교적 탐구가 그 흔적을 남긴 것으로 보인다.

《건전한 사회》 4장 '정신건강과 사회' 에서 프롬은 정신건강은 사랑하는 능력과 창조하는 능력에 의해서, 씨족 및 토지에 대한 근친상간적인 유대를 벗어나는 것에 의해서, 그리고 자기 자신의 힘에 대한 주체 및 대변인으로서의 자아의 경험에 근거한 동일감에 의해서, 즉 객관성과 이성을 발달시킴으로써 특징 지워진다고 설명한다.[229]

자본주의 사회의 인간 상황

이 책의 2부에 속하는 5~8장에서 프롬은 현대 자본주의 사회의 인간 상황에 대해 단계적으로 분석한다. 먼저 5장 '자본주의 사회에서의 사람'에서 프롬은 현대 자본주의 사회의 '사회적 성격'은 구성원 각자의 내부에 일정한 성격태도를 만들어낸다고 설명한다. 이는 전체의 사회경제적 구조의 기능을 보증하기 위해 불가결한 것이다.[230] 따라서 노동, 시간엄수, 질서라는 것이 개인에게 고유한 동인, 즉 인간의 본능적 기능의 일부가 되었다고 한다.

현대인은 전체로서의 자본주의 시스템이 갖는 복잡한 경제적 상호작용을 지적으로 파악할 수 없으므로 무력한 상태에 놓여진다. 그리하여 개인의 자유는 거의 환상적인 것이 된다.[231] 자유시장 경제를 통해 기능하는 자본주의는 개인의 정치적 자유의 표현을 위한 기초를 제공할 수 있으므로 계급사회 속에서 고안된 어떤 다른 방법보다 우월하나[232] 프롬은 자본주의를 지지하지 않고 그 점진적 변혁을 주장한다.

프롬은 자기를 위한 이익 증대라는 자본주의의 원칙은 인간 소외의 중요 원인으로 보아야 한다고 말한다.[233] 실제로 일하지 않고 거대한 이익을 올릴 수 있는 자본 소유자에 비해 노동자의 임금은 그 노력에 비례한 합리적인 것이 아니다.[234] 프롬은 이익 원칙의 근본을 정확하게 탐욕으로 분석한다. 자본가의 저장적 성격에 대한 그의 정의는 프로이트가 말한 항문기 성격에서 유래한 것이다. 이익의 원칙은 자본을 통제하는 인간이 인간을 사용하는 데 열쇠가 된다.[235]

착취당하는 계급이 지배자에게 강하게 의존하는 것이 자본주의 사회의 특징이라고 프롬은 말한다. 합리적인 권위가 행해지고 있는 관계에서 사랑, 칭찬, 감사가 인간 상호작용의 논리적 계수다. 그러나 예속이 불합리한 권위에 의해 결정된다면 적대감과 반항이 억압자에 대해 일어나기 마련이다. [236] 이러한 노예와 주인 사이의 고통에 찬, 또는 불모의 갈등을 피하기 위해 노예는 자신의 의지로 스스로 복종하고, 나아가 억압자를 칭찬할 정도로 적대의 감정을 내면화한다. 그리하여 본래의 증오는 최종적으로 배제되고, 속박에 따른 굴욕은 거의 둔화된다. 동시에 경제적 권력구조를 장악한 자본가는 사실상 쉽게 권력을 행사할 수 있고, 착취당하는 노동자는 더욱 힘이 센 인간에게 복종하는 것을 수치로 생각하지 말아야 한다는 전제에 서게 된다. [237]

여기서 프롬은 처음으로 자본주의 국가, 특히 미국에 존재하는 부자와 빈민 사이의 리비도적 관계를 정확하게 설명한다. [238] 이러한 착취관계의 리비도적 고착은 '자유' 기업에서는 누구라도 근면하기만 하면 아메리칸 드림을 실현할 수 있고 의존과 빈곤에서 벗어날 수 있으며 초특권계급이라고 하는 올림푸스 신의 높이에까지 승화될 수 있다는 식으로 미화된다. 그러나 현실은 다르다. 더욱 유복한 생존방식을 향해 열린 가능성이 있다고 하는 가공의 전제는 '누구나 대통령이 될 수 있다'는 구호는 와 마찬가지로 사람들을 오도한다.

이러한 소외현상은 노동과 생산 부문에 그치지 않고 소비에서도 진행된다. [239] 시장의 명령이나 광고에 의해 성격의 변화가 생긴다. 인공적인 수단에 의해 끝없이 초래되는 소비에 대한 불합리한 갈망은 인간의 참된 욕구와 공통점이 전혀 없다. 성격학적으로 보면 수용적 태도가 그 최종 산물이다. 길들여진 소비자에게 천국의 개념에 대해 발언하도록 하면 그는 세계에서 가장 큰 백화점과 같은 비전을 그려내리라. [240]

이러한 소외된 소비주의는 개인에게 이중의 효과를 초래한다. 그것은 첫째, 전체로서의 사회 기능에 대한 기본적 통찰의 부족을 초래하여 독립된 사고와 합리적 결정을 행할 잠재력을 뺏는다. 둘째, 자기본위의 원리를 증폭시키고 풍요한 인간관계의 쇠퇴를 초래한다. 나아가 소외된 소비자는 자신의 독자적인 개성을 상실하고 맹목적인 순응주의에 휩쓸리게 된다. 여기서 프롬은 인간은 타인과의 상호관계에 의해 지배적으로 결정된다는 주장을 물리치고 모든 인간은 고유한 자기의 특질을 갖는다고 주장한다.

자본주의 체제를 지배하는 익명의 권위는 사람들을 그 명령에 따르도록 하기 위해 동조의 원리를 사용한다.[241] 완전히 '동조된' 소사회의 보기로 프롬은 일리노이의 주택공동체를 예로 들어 설명한다.[242] 그곳은 주민에 대한 엄격한 룰과 그것에 따른 사교에 근거한 소사회였다. 맨션이라는 공동주택 형태는 동조되고 폐쇄된 사회를 상징한다. 그 거대한 거주의 구조는 주민들을 맨션이라는 공동주택 단지에 '적응시키는' 것을 목적으로 한다.

여기서 말하는 '적응' 이란 인간이 어떤 희생을 치르더라도 타인과 '다른 존재' 라고 여겨지는 것을 피해야 한다는 것을 뜻한다. 왜냐하면 '다른 존재' 란 '이상한 존재' 로 받아들여지기 때문이다. 또한 그것은 취미의 균일화를 뜻한다. 즉 개인적인 문화적 관심이나 활동은 소외되고 비난되며, 모두가 다수에 동조하도록 강요된다. 클래식 음악을 듣거나 철학서를 읽는 것은 타인에게 인정받지 못하며, 그러한 관심은 타인에 동조하고자 하는 충동에 의해 회피되어야 한다.[243] 아울러 적응은 자기의 비밀을 완전히 공개하고 문제를 무분별하게 이야기하는 것을 뜻한다.[244] 요컨대 적응(타인과 같은 것)은 미덕이고, 갈등(타인과 다른 것)은 악덕이다. 그리고 타인과 갈등을 일으키면 사회적 추방을 당하는 대가를 지불해야 한다. 여기서 프롬은 헉슬리의 《멋진 신세계》와 오웰의 《1984년》을 인용한다.[245]

프롬은 소외된 삶의 병리학적 측면의 하나로, 그런 삶에는 욕구 불만이 존재하지 않게 된다는 사실을 중시한다. 욕망은 지체 없이 만족시켜야 한다는 것이 자본주의의 특징이다. 그런 사회는 자유로운 사상이나 연상,[246] 그리고 이성적, 윤리적, 종교적 가치가 모두 죽어 버린 세계이다.[247] 노동은 그 모든 창조능력을 상실하고 소외된 노동 이외의 유일한 가능성은 자본을 소유하는 것, 즉 타인을 착취하는 것이다.[248] 민주주의의 자유선거도 광고선전이나 매스미디어에 의해 조작된 여론에 의해 결정된다.[249] 그 결과 투표자 또는 유권자는 마치 노동자가 막강한 자본가로부터 철저히 분리되듯이 막강한 권력을 가진 정치가와 분리되어 무력감만이 존재하게 된다. 그러한 개인의 무력감에 의해 정치적 지성은 죽어버려 개인으로서의 행동도 사고도 정지된다.

이러한 소외된 사회가 정상이라고 할 수 없듯이, 그런 사회의 구성원인 개개인의 정신도 정상일 리 없다. 프롬이 말하는 규범적 휴머니즘의 입장에서는 소외된 세계에서 건강하다고 생각되는 사람은 모두 병든 사람이다.[250] 따라서 계속적인 행복이 달성될 수 없고, 필연적으로 생기는 불행의 자각은 오직 오락의 소비에 의해서만 잊혀질 뿐이다. 그리하여 개인의 기계적 자동화와 모든 인간을 파괴하는 전쟁이라는 무서운 결과가 초래된다.

프롬과 아나키즘 및 사회주의

6장 '여러 가지 다른 진단'에서 프롬은 19세기를 진단하고 20세기의 파시즘과 스탈린주의를 예언한 자로서 19세기 아나키스트 프루동과 톨스토이 및 소로(Henry David Thoreau)를 든다.[251] 그리고 7장 '여러 가지 해답'에서는 파시즘과 스탈린주의를 극복하기 위한 모색으로 다시 프루동, 바쿠닌, 크로포트킨, 구스타프 란다우(Gustav Landau)와 같은 아나키스트들의 견해를 소개한다.[252]

프루동은 사회의 모든 무질서와 병폐의 주된 원인은 계층적이고 권위적인 조직에 있다고 본다. 그는 국가가 가하는 제한은 집단적 자유이든 개인적 자유이든 자유의 사활에 관련되는 문제라고 생각한다. 그가 생각하는 새로운 사회는 임금노동이 아닌 자치적 노동, 곧 서로를 위해 노동하고 공동으로 생산하여 나온 이윤을 서로 분배하는 것이다. 이런 사회의 구성원들 사이의 상호작용은 자유롭고 자발적이며, 자본가는 물론 국가가 관리하는 게 아니다.

프루동은 국가관리 체제란 노동을 단체로 조직화하며, 궁극적으로 자본주의 국가정책에 의해 노예화된 다수의 대연합 체제로 귀결된다고 보았다. 이 점에서 파시즘과 스탈린 체제의 위험을 프루동보다 더 정확하게 파헤친 사람이 없다고 프롬은 강조한다.[253] 프루동은 자기존경을 윤리의 최초 준칙으로 삼았고, 그것으로부터 타인에 대한 존경이 나온다고 보았다. 그는 그러한 사상과 마음의 내적 혁명에 의해서만 구세계를 변화시킬 수 있다고 생각했다.

프루동이 사회주의와 국가절대주의의 결합을 가장 위험한 것으로 보았음은 바쿠닌에 의해서도 강조되었다. 그리고 그는 자유 없이 진행되는 현대 사회주의는 바로 노예나 짐승의 삶을 뜻한다고 보았다. 따라서 바쿠닌, 크로포트킨, 란다우도, 프루동이 정치적 혁명이 아닌 사회적 혁명에 의한 윤리적인 자치연합을 새로운 사회의 모습으로 본 것은 당연했다.[254]

중앙집권적인 국가주의에 확고히 반대하는 아나키즘과 달리 마르크스와 엥겔스의 사회주의 국가관은 복잡하고 모순된다고 프롬은 지적한다. 마르크스와 엥겔스도 사회주의의 목적이 계급과 국가가 없는 사회라고 말했으나, 그것은 노동자계급이 정치권력을 장악하고 국가를 변형시킨 후의 사회이다. 이런 점에서 레닌은 마르크스가 결코 지방분권을 좋아한 것이 아니라고 말했다. 현실적으로 레닌 시대에는 지방분권화가 어느 정도 실현되었으나, 스탈린 시대에 와서는 완전한 중앙집권화가 실현되어 세계사에서 가장 잔인한 국가조직이 생겨났다고 프롬은 본다.[255]

사회주의가 지닌 또 하나의 모순은 사회경제적 영역과 정치적 영역의 관계에 대한 견해이다. 곧 마르크스와 엥겔스는 정치적 변화를 최고로 존중한 17~18세기의 중산계급적 전통에 사로잡혔기에 아나키스트들보다 훨씬 부르주아적이었다고 프롬은 평가한다.

마르크스와 엥겔스는 노동자계급이 그 목적을 완수하기 위해서는 혁명에 의한 권력쟁취가 필요하다고 보았고, 그것을 위한 병력 동원이나 혁명적 찬탈을 쉽게 하기 위해 국제적 전쟁을 선호했다.[256] 프롬은 마르크스가 정치권력이나 힘을 과대평가하는 전통적인 부르주아적 사고에 사로잡혔고, 이는 스탈린주의의 발전에 기여한 비극적인 실수라고 평가한다.[257]

또한 마르크스는 자본주의를 경제적으로 분석하는 일에만 몰두하여 인간의 자유에 대한 공포, 권력에 대한 욕망, 파괴성 등을 야기하는 비합리적인 힘을 인식하지 못했다는 점에서 18세기의 낙관론에서 벗어나지 못했다고 프롬은 분석한다.

다시 말해 마르크스는 경제적 구조의 변화로 인간이 다시 착하게 되리라고 믿었고, 인간 자체의 도덕적 변화 없이는 좋은 사회도 성립할 수 없다는 점을 간과했다고 프롬은 지적한다. 프로이트가 성적 금기로부터 해방되면 정신적 건강이 회복될 수 있다고 믿었듯이, 마르크스는 경제적 착취로부터 해방되면 인간이 바로 자유롭고 협동적으로 된다고 믿었다는 것이다.

마찬가지로 마르크스는 기업을 국가가 소유하든 자본가가 소유하든 노동문제는 여전히 발생한다는 점을 무시했다고 프롬은 논평한다. 곧 문제의 관건은 노동의 실제적이고 현실적인 조건, 노동자의 노동에 대한 관계 또는 그의 동료나 기업가에 대한 관계에 있다는 사실이 무시됐다는 것이다.[258]

건전한 사회로 가는 길

8장 '건전한 사회로 가는 길'에서 프롬은 처음으로 소외를 극복하는 구체적인 제안을 내놓았다. 제안의 내용은 현 상태의 혁명적 변혁이 아니라, 한편으로는 현 체제(예컨대 민주주의)를 받아들이면서, 다른 한편으로는 새로운 사회의 건설(예컨대 경제구조의 변경)을 주장하는 타협적인 것이다. 특히 그 방법이 힘에 의한 것이 아니라, 관찰과 인내와 활발한 설득에 의한 것임을 주의해야 한다. 먼저 문제의 자각이 널리 대중에게 확산돼야 한다. 건전한 사회는 심리적 구조에서 건전하고 성격이 생산적인 방향인 사회를 뜻하고, 그 핵심은 사회적 성격에 있다는 것이다.

만일 내가 사회적 질병의 '참된' 원인이 경제적인 것, 정신적인 것, 또는 심리적인 것이라고 생각한다면 당연히 그 참된 원인을 제거하는 것이 건전한 사회로 연결된다고 생각하게 된다. 그러나 이에 반하여 여러 측면들이 어떻게 서로 관련되는가를 본다면 나는 다음과 같은 결론에 이르게 된다. 곧 산업적·정치적 조직, 정신적·철학적 방향, 사회적 성격, 그리고 문화활동의 각 영역에서 동시에 변혁이 일어날 경우에만 건전한 사회와 정신적인 건강이 가능하다고. 그러한 영역들 가운데 어느 하나에 노력을 집중하여 다른 것을 배제하거나 무시한다면 모든 변혁을 기초 없이 행하는 것이 된다. 사실 여기에 인간에 대한 가장 중대한 장애의 하나가 있는 것으로 생각된다. 기독교는 영혼의 혁신을 설교하고 사회질서의 변혁을 무시했으나, 이런 변혁 없는 영혼의 혁신은 대다수 사람들에게 아무런 효과도 갖지 못한다. 계몽운동 시대는 최고 규범으로서 무엇에도 의존하지 않는 판단과 이성을 주장했다. 그것은 정치적 평등을 주장했으나, 정치적 평등이 사회경제 조직의 근본적 변혁을 수반하지 않는다면 인류의 형제애가 실현될 수 없다고 하는 점을 무시했다. 사회주의, 그 중에서도 마르크스주의는 사회경제적 변혁의 필요성을 역설했으나 인간 내적 변화의 필요성을 무시했다. 그것 없이는 경제적 변혁도 결코 '좋은 사회'에 이를 수 없다. 과거 2000년간 개혁운동의 어느 것도 삶의 한 분야만 강조하고 다른 분야를 제외했다. 개혁과 혁신의 제안은 급진적이었다. 그러나 그 결과는 거의 완전한 실패였다. 복음의 설교는 가톨릭교회의 설립을 낳았다. 18세기 합리주의자들의 가르침으로부터 로베스피에르와 나폴레옹이 태어났다. 마르크스 이론으로부터 스탈린이 생겨났다. 그 외의 어떤 결과가 있을 수 있었을까? 인간은 하나이다. 인간의 사고, 감정, 생활실천은 이해하기 어려울 정도로 연결되어 있다. 감정이 자유가 아니라면 사고도 자유일 수 없다. 그리고 생활실천에서 경제적, 사회적 관계의 무엇에 의존하고 자유가 아니라면 감정적으로도 자유일 수 없다. [259)]

사회적 성격의 생산적 방향 설정을 가능하게 하는 경제적, 사회적, 문화적 구조의 변혁에 필요한 목표는 언제나 같다. 목표로 삼는 사회는 다음과 같은 사회여야 한다.

그 사회에서는 누구도 타인의 목적을 위한 수단이 아니며, 언제나 예외 없이 자신이 목적이다. 따라서 누구도 자신의 인간적인 힘을 개발하는 것 이외의 목적을 위해서 다른 사람을 이용하거나 자신을 이용하지 않는다. 인간이 중심이고, 모든 경제적, 정치적 활동은 인간의 성장이라는 목적에 종속된다. [260)]

그러한 목표를 어떻게 구체적으로 구조적인 변화로 옮기느냐에 대하여 프롬은 경제적, 정치적, 문화적 재형성이라는 구상을 내놓는다. 먼저 그는 새로운 사회의 비전은 노동공동체로 실현될 수 있다고 생각한다. 곧 생산활동 가운데 일의 풀뿌리 민주주의적이고 분권적인 조직에 의해, 그리고 의식형성과 공통의 가치관에 의해, 나아가 공동체험에 의해 새로운 사회의 심장인 생산적인 사회적 성격이 형성된다. 중세 수도원, 콜호즈, 키부츠, 비영리단체, 교대(交代) 경영 등의 노동공동체 경험을 프롬은 공동체적 사회주의 또는 휴머니즘적 사회주의라고 불렀다. 그는《건전한 사회》에서 제시한 이런 자신의 구상을《희망의 혁명》과《소유냐 존재냐》에서 되풀이했다.

프롬에 의하면 사람 위에 서서 사람의 주인이 되는 사람이나 제도가 있는 이상 임금제도는 없어지지 않는다. 그것은 노동자들이 자신의 안일을 추구하기에 앞서 자유를 먼저 확립할 줄 알아야만 종식된다. 인간은 자신과 동료들의 노예화를 수치로 느끼고, 자신들을 노예로 만든 산업제도를 종식시키려고 결심해야 한다는 점에서 사회주의자가 되어야 한다고 프롬은 설명했다.

프롬은 마르크스 사회주의는 경제적 요소를 지나치게 강조하는 부르주아 정신에서 기인했다고 보며, 아나키즘이 그러한 함정을 잘 깨닫고 사회주의의 목표를 더욱 적합하게 정의했다고 본다. 곧 아나키즘은 노동 자체 또는 다른 노동자와의 관계 등 노동자의 상황이 인간적이고 사회적이어야 한다고 보았다는 것이다. 아나키즘이 모색하는 사회주의 사회는 모든 노동자들이 능동적이고 책임성 있는 참여자가 되고, 노동이 매력 있고 의미 있는 활동이 되며, 자본이 노동을 고용하는 것이 아니라 노동이 자본이 고용하는 방향으로 산업이 조직된 사회라는 것이다.[261]

여기서 분명한 것은 프롬의 주장은 마르크스주의가 말하는 자본의 생산수단 소유가 아닌 자본의 개인적 소유를 인정하면서 노동자들이 경영과 의사결정에 참가해야 한다는 것이다.[262] 노동자들은 그들의 관리인을 스스로 선출하고 산업적인 자치를 확립해야 한다.[263] 즉 노동을 분권화하고 노동에 인간적인 요소가 깃들 수 있도록 해야 한다는 것이다. 그러나 이런 프롬의 주장은 많은 사회주의적 비평가들, 특히 마르쿠제로부터 비판을 받았다.

프롬은 정치도 분권화하고 소규모 단체를 설립해야 한다고 주장한다. 이런 변화는 모든 분야에서 자발적으로 이루어져야 한다. 건전한 사회에서는 사람과 사람이 서로 사랑에 의해 결속되며, 피와 흙에 의해서가 아니라 우애와 연대에 의해 결속된다. 또한 자연의 극복은 자연을 파괴하는 것을 통해서가 아니라 자연을 창조하는 것을 통해 이뤄져야 한다.는 것이다.[264]

그리고 새로운 자유는 정치적인 자유국가 시민의 권리로 보기보다 더욱 넓은 산업적 공공복지의 차원에서 보아야 한다고 프롬은 주장한다. 관료주의적 개혁자는 삶의 물질적인 면만을 강조하여 사회는 국가라는 보다 거대한 기계를 위해 일하는, 잘 먹고 잘 입고 좋은 집에 사는 기계들로 구성된다고 본다. 그런가 하면 개인주의자는 행동의 자유라는 미명 아래 굶어 죽든지 노예가 되든지 양자택일을 할 것을 요구한다. 이에 비해 새로운 사회주의는 참다운 자유를 말하며, 그것은 사람을 하나의 문젯거리나 신으로서가 아니라 그야말로 인간으로 취급하여 행동의 자유와 경제적 압박으로부터의 해방을 가져다준다.

프롬에 의하면 정치적 자유는 환상에 불과하다. 매일 경제적 예속상태에서 살면서 몇 년에 한번씩 투표권을 행사한다고 하여 자유롭다고 할 수 없다는 것이다. 인간은 노동과정에서 스스로를 노동자들의 자치적 공동체에 속하는 한 구성원으로 인식하기 전에는 어떤 정치체제 밑에 살아도 예속화에서 벗어날 수 없다.

개인이든 국가든 인간을 예속하는 것은 수치스러운 것이라고 인식되기 전에는 속박은 부수어지지 않는다. 물질적 빈곤만이 속박이 되는 것이 아니라 자기를 잃어버리는 정신적 부패도 문화적 질병이자 속박이 된다. 세계를 변화시킬 반항은 개혁을 낳는 자비가 아니라 자유롭고자 하는 의지에서 비롯된다. 그것은 위에서 주어지는 것이 아니라 자신을 위해 스스로 쟁취하는 자유이다.

마지막으로 문화적 개혁으로 프롬은 학교제도를 근본적으로 개편해 개인의 창조성을 전면적으로 재활성화할 것을 주장한다.[265]

평가와 사회당 – 사회민주연합 강령

《건전한 사회》는 신학자 틸리히를 비롯한 많은 사람들로부터 환영을 받았지만, 동시에 비판도 불러일으켰다. 특히 여러 정신의학 잡지들은 프롬이 설리번을 비판하고 심리요법을 사회적 동조화 작업으로 매도한 것에 대해 분노했다. 그 결과 프롬은 미국 정신분석학계로부터 영원히 추방당했다.

그러나 프롬이 분석하고 제시한 것들은 유럽의 사회민주당을 비롯한 여러 정파나 대중으로부터 타당한 자본주의 비판이며 실현 가능한 비전이라는 평가를 받았다. 물론 미국에서는 반드시 그렇지 않다. 미국 사회에 대한 프롬의 비판은 타당하나, 그 해결책은 거의 비현실적이라는 것이다. 미국을 그대로 닮은 한국도 예외가 아닐 것이다. 말하자면 프롬이 말한 자연스러운 변화는 불가능하다.

이는 요즘뿐 아니라 1960년대에도 마찬가지였다. 앞서 본 사회당-사회민주연합 통합 당 강령에서 프롬은 《건전한 사회》의 내용을 그대로 제시했으나 거부당했다. 우리는 《건전한 사회》를 다시 요약한다는 기분으로 이 강령을 살펴보자.

첫째, 프롬은 자본주의나 공산주의 같은 '관리된 산업주의'를 넘어 제3의 선택을 주장한다. 둘째, 그는 경제적 번영은 인간적 욕구의 실현과 반드시 모순되고, 불공평한 부의 분배와 소비주의는 비인간화를 초래하므로 미국은 건국자들의 애초 비전으로 돌아가야 한다고 주장한다.

프롬에 의하면 미국 건국자들의 비전은 진보라는 이름의 공리적 관념으로 타락했고, 기본적인 인간의 욕구는 물건의 생산과 소비 행위로 타락했다. 그 결과 독재주의가 '인민에 의한 민주주의'라든가 '자유주의'라는 이름으로 합리화되고 있다. 거대한 선전기구가 모든 정치적 사실을 왜곡하고 공중을 양처럼 만들었다. 자본주의의 권력은 자본의 소유와 일치한다. 그러한 자본주의의 필연적인 결과가 소외이다. 소외는 공산주의에서도 극복되지 않았다. 속물화되고 왜곡된 사회주의가 지배할 뿐이다. 따라서 민주적이고 인간적인 사회주의가 새로운 사회의 기초가 되어야 한다.

6장_우리는 사랑하는가?

(1956~1960)

사랑에 관하여

《사랑의 기술》

대중적인 책

프롬은 그의 모든 책에서 인간의 삶은 생물적인 기능 이상의 것이며, 투쟁과 성숙 이상의 것임을 지적했다. 즉 삶은 그 자체가 하나의 기술이라는 것이다. 이는 다른 모든 기술이나 예술적인 숙련과 마찬가지로 기술이라는 말의 모든 의미에서 이론적인 지식을 필요로 한다는 것이다. 기술을 습득하기 위해 비판적인 자기 검토, 실천, 그리고 끝없는 노력이 필요한 것처럼 삶에도 그런 것들이 필요하다고 프롬은 말한다.

사실 프롬의 책들은 모두 삶의 기술에 관한 것이다. 그의 책들은 독자가 개인적이면서도 사회적인 성격과 그것에 관련된 현상들을 하나하나 조사해가는 과정을 통하여 자기 평가의 힘을 갖게 하려는 것이다. 즉 일정한 환경에서 독자 자신이 어떤 위치나 역할에 놓여 있는지를 자각시키는 것을 목표로 한다. 프롬은 언제나 자신이 느낀 방법으로 진실을 가르치고자 한다.

프롬의 책은 흔히 이론서와 대중서로 나누어진다. 그가 처음 쓴 대중서는 1956년의 《사랑의 기술》이다. 《환상의 굴레를 넘어서》(1962), 《희망의 혁명》(1968), 《삶의 기술》(1975)이 그 뒤를 잇는다. 그러나 이러한 대중서는 모두 이론서의 부산물임을 주목해야 한다. 가령 《사랑의 기술》은 1947년의 《인간 자체: 윤리심리학의 탐구》에서 정의된 생산적인 성격 구조를 더욱 상세히 설명하고, 1955년의 정치적 연구인 《건전한 사회》를 더욱 발전시킨 것이다. 또한 그것은 8년 뒤의 《인간의 마음》(1964)에서 프롬이 말하는 생명애적 구조의 전조다.

《사랑의 기술》은 1956년에 처음 나왔으나 한국에서는 1970년대 들어 집중적으로 번역되었다. 내가 아는 한 최초의 번역은 1974년 〈월간중앙〉 1월호 부록이었다. 이 부록은 역자가 명시되지 않았고 번역에도 문제가 많았다. 이어 1977년 황문수에 의한 문예출판사판 번역이 나왔다. 아마도 지금까지 나온 한글판 중 이 책이 가장 책임 있는 번역이 아닐까 한다.[266] 따라서 이 책을 인용의 근거로 삼는다.

혁신적인!

《사랑의 기술》은 여러 가지 의미에서 혁신적인 책이었다. 이 책에서 프롬은 사랑에 대한 일반적인 이론이나 사랑의 실천은 비창조적이라고 여기는 사회적 풍조에 도전하면서, 세 가지 관점에서 사랑에 대한 접근을 시도한다. 그것은 이론적, 사회적, 그리고 실천적 관점이다. 1장 '사랑은 기술인가?'를 서론으로 보면 2장 '사랑의 이론', 3장 '사랑과 현대 서양사회에서의 사랑의 붕괴', 4장 '사랑의 실천'이 위 세 가지 시점에 각각 대응된다.

이 책의 머리말에서 프롬은 "가장 능동적으로 자신의 퍼스낼리티 전체를 발달시켜 생산적인 방향으로 나가지 않는 한 아무리 사랑하려고 노력해도 반드시 실패하기 마련이며, 이웃을 사랑하는 능력이 없는 한, 그리고 참된 겸손, 용기, 신념, 훈련이 없는 한 개인적인 사랑도 성공할 수 없다"고 주장한다.[267] 이 구절이 이 책의 핵심이다.

프롬은 '사랑이란 사랑 받는 것'이라는 상식에 반대한다. 그는 사랑의 본성은 '사랑하는 능력'이라고 정의한다. 즉 사랑이란 매력적인 이성의 마음에 들고 이성에게 매력으로 어필하는 것의 혼합이 아니라, 면밀한 연구와 훈련을 필요로 하는 창조라는 것이다. 이는 앞에서 살펴본 《인간 자체: 윤리심리학의 탐구》에서 프롬이 말한 부정적 성격 유형의 기본인 시장적 성격과 다르다. 시장적 성격이란 상품을 빨리 소비하는 것만을 좋다고 하는 사회의 산물이다. 이러한 사회 형태에서는 사랑이 점포의 창에 진열된 상품에 불과하다. 즉 '사랑에 빠진다'는 것은 자신의 교환가치의 한계를 고려하면서 가능한 최고의 '가치 있는 상품'과 만나고자 하는 것에 불과하다. 요컨대 사랑은 '상품과 노동시장'을 지배하는 것과 같은 교환법칙에 지배되고 있다.[268]

미국에서는 미녀와 성공한 남자의 '완전한 커플'이라는 허위의 가치가 강조되어 왔다. 이러한 사랑은 교환의 행동이고 지위와 미, 또는 그것과 등가인 것들 사이의 거래이다. 이혼율이 완전한 결혼의 파괴가 어느 정도인지를 보여주는 지표라고 한다면, 이혼율이 높은 미국에서 사랑의 관념은 환상 위에 서있다. 프롬은 용기를 가지고 그 환상을 부수고 진실을 주장하라고 한다. 사랑은 배워야 한다. 그 배움은 이론 습득과 실천 습득으로 나누어진다.

여기서 우리는 프롬의 《사랑의 기술》이 갖는 혁명성을 충분히 강조할 필요가 있다. 왜냐하면 한국에서는 이 점을 철저히 무시하고 있기 때문이다. 특히 박찬국이 그렇다. 그의 책은 《사랑의 기술》의 서론과 본론을 모두 빼고 사랑의 여러 형태와 사랑하는 기술의 습득만 설명함으로써 《사랑의 기술》이 갖는 혁명성을 송두리째 무시한다.

사랑과 인간 존재의 문제점

사랑의 이론을 배우려면 먼저 인간 존재의 기본적인 문제를 이해해야 한다고 프롬은 주장한다. 이성의 힘을 통해 인간은 자기 자신, 동료, 그리고 미래의 가능성을 알 수 있다.[269] 인간에게 삶이란 삶 자체를 자각하는 것이다. 이러한 자각을 하는 사람은 분리, 즉 고독이나 외로움을 경험할 수 있다. 프롬은 그것을 모든 불안의 원인으로 본다. 분리는 여러 형태로 전개된다. 인간은 자기 자신으로부터, 자기가 속하는 집단으로부터, 또는 자연과 사회로부터의 분리(소외)를 경험한다. 특히 사회로부터의 분리는 현대를 사는 인간에게 무서운 위협이 된다. 일정한 사회 환경과 단절되었다고 느낌은 그렇게 느끼는 개인의 소외를 더욱 깊게 하며 사실상의 신경증으로 이어지기도 한다.[270]

개인의 유아기와 같이 인류도 그 유아기에 자연과 일체감을 느끼고, 자연과의 분리를 극복하고자 한다. 토템, 진탕 마시고 떠들기, 성적 오르가슴, 알코올이나 마약 중독 등이 그런 극복의 노력이지만 해결책이 되지는 못한다.[271] 여기서 집단과의 일치를 바탕으로 한 합일이라는 상당히 발전된 관계의 형태가 나타난다. 여기서 합일이란 자아가 없어지고 개인의 목적을 군중에 소속되는 데 두는 것이다. 이러한 합일을 위해 독재 체제에서는 규격화, 위협, 공포가 조장되어 개인을 사회에 순응시키고 전체 구조를 기능하도록 한다. 민주 국가는 그에 못지않은 교묘한 방법으로 사회구조의 결합을 강제한다. 선전과 교화, 그리고 더욱 중요하게는 동조의 방향으로 항상적인 압력이 가해진다.[272] 동조는 폭력에 의한 것이거나 쇠뇌에 의한 것이거나 결과적으로는 인간 자유의 축소이며, 끝내는 인간의 자유를 파괴한다.

대부분의 사람들은 다른 사람들과 일치하고 싶다는 자신의 욕구조차도 스스로 알지 못한다. 그들은 자신의 생각과 기호에 따르고 있고, 자신은 개인주의자이며 스스로의 사고의 결과로 현재의 견해에 도달했고, 자신의 의견이 대부분의 다른 사람들의 의견과 같은 것은 우연에 지나지 않는다는 환상 속에서 살고 있다. 만인의 의견 일치는 자신의 견해가 정당함을 입증하는 것으로 간주된다. 어느 정도는 개성을 느끼고 싶다는 욕구가 남아 있기도 하지만, 이러한 욕구는 사소한 차이에 의해 곧 만족된다. … 사실상 아무런 차이도 없는데도 '이것은 다르다' 는 슬로건을 떠들어대는 것은 차이를 추구하는 애처로운 욕구를 드러내는 것이다.[273]

프롬은 평등이라는 휴머니즘적 개념이 현대 자본주의 사회에서는 균질의 상태로 타락했다고 본다.[274] 과거에 이야기되던 착취의 폐지라는 의미의 평등에서는 멀어지고, 미리 조립된 행동양식 속에서 누구나 같은 것을 희망하고 똑같이 행동한다는 의미의 평등이 득세한다. 이처럼 사람들의 감정이나 관계는 모두 동일한 것으로 규정된다. 이런 사회에서 사람들은 《멋진 신세계》의 주인공인 버크 포레스트의 생활양식을 떠올리리라.[275]

기본적으로 사랑이 없는 사회에서 본능적 구조가 고도로 통제되는 원인은 공생적 결합상태,[276] 즉 어떤 사람이 타인을 사디스트적으로 지배하는 공생이나 수동적인 마조히스트적인 공생이라는 비생산적 형태의 인간관계 때문이다.[277] 애착의 한 형태로 간주되는 사디스트적 공생과 마조히스트적 공생은 사랑이 없는 곳에서 공통으로 나타난다.

이와 반대로 성숙한 사랑은 '자신의 통합성', 곧 개성을 유지하는 상태에서의 합일이다. 사랑은 인간에게 있어서 능동적인 힘이다. 사랑은 인간을 동료들로부터 분리시키는 벽을 허물어뜨리는 힘, 인간을 타인과 결합시키는 힘이다. 사랑은 개인이 스스로 자기 자신이면서 그 존엄이 보장되는 곳에서만 발전할 수 있다.[278] 여기서 프롬은 마르크스를 인용한다.

인간을 인간으로 생각하고 인간과 세계의 관계를 인간적 관계로 생각하라. 그러면 당신은 사랑은 사랑으로써만, 신뢰는 신뢰로써만 교환하게 될 것이다. 예술을 감상하려고 한다면 당신은 예술적 훈련을 받은 사람이 되어야 한다. 다른 사람들에 대해 영향력을 갖고 싶다면, 당신은 실제로 다른 사람을 격려하고 발전시키는 사람이 되어야 한다. 인간과 자연에 대한 당신의 모든 관계가 당신의 의지의 대상에 대응하는, 그리고 당신의 '현실적이고 개별적인' 생명의 분명한 표현이 되어야 한다. 만일 당신이 사랑을 일깨우지 못하는 사랑을 한다면, 곧 당신의 사랑이 사랑을 일으키지 못한다면, 그리고 사랑하는 사람으로서의 '생명의 표현'에 의해서 당신 자신을 '사랑 받는 자'로 만들지 못한다면 당신의 사랑은 무능한 사랑이고 불행이 아닐 수 없다.[279]

사랑의 이론

창조적이고 소외되지 않은 존재에게 사랑이란 어떤 성질의 것인가? 거기에는 네 가지 요소, 즉 배려, 책임, 존경, 지식이 필요하다.[280] 배려란 사랑하는 사람의 생명과 성장에 대한 '적극적인 관심'이고,[281] 책임이란 어떤 사람의 욕구 만족을 위해 건설적으로 공헌하는 것이며,[282] 존경이란 사랑하는 개인이 상대의 성장, 즉 그 잠재능력의 실현을 인정하는 것이다.[283] 그리고 네 가지 중 가장 중요하고 복잡한 의미를 갖는 지식이란 '사랑의 행동' 그 자체이다. '사랑의 행동'이란 자기의 발견과 사랑하는 사람의 본질의 발견을 궁극까지 추구하는 상태를 말한다. 특징적인 점은 프롬이 '객관적인 지식'을 성숙한 사랑의 전제로 강조한다는 것이다. 즉 내가 타인이나 자신을 객관적으로 알아야 한다는 것은 상대의 현실을 이해할 수 있기 위해서이고, 나아가 환상, 즉 내가 상대에게 품고 있는 불합리하고 왜곡된 상을 타파하기 위해서이다.[284] 이러한 객관적인 지식과 주관적인 사랑이라고 하는 이원적인 전제는 개인의 종교적 체험에도 적용된다. 사람은 비합리적인 기초에만 서서는 사랑하는 사람과도, 신과도 일체감을 경험할 수 없다. 일체감을 경험하기 위해서는 오신(誤信)과 환상으로 부터 사람을 자유롭게 하는 합리적 행동과, 사랑의 대상을 충분히 이 해하고자 하는 결의가 필요하다.[285]

이상에서 본 사랑에 대한 프롬의 이론에는 신비주의와 합리주의 가 섞여있음을 우리는 알 수 있다.[286] 이는 인식론적인 역설이 아니라 도리어 다이내믹(합리적)하고 내성적(신비적)인 인간성을 기능시키 는 것이다. 《인간의 마음》에서 제기된 다이내믹한 인간성의 이론에 나오는, 사랑하는 자의 전체적 성격학이 여기서 나타난다. 프롬은 《사랑의 기술》에서도 아리스토텔레스, 스피노자, 에크하르트, 마르 크스 등 그가 선택한 신념의 철인들을 자주 인용한다. 또한 남성과 여성의 양극성에 관한 사고도 언급한다. 프롬은 이 양극성을 '창조성 의 기초' 로 봄으로써,[287] 플라톤이 《향연》에서 최초로 말한 바를 따 른다. 플라톤에게 에로스의 궁극적 창조력이란 다이내믹한 이원론에 서 나오는 것이고, 사랑하는 사람에 대한 욕망뿐 아니라 지적인 정열 에 대한 욕망도 거기에 포함된다. 그 목적은 사랑하는 사람과의 합일 이고, 동시에 더욱 새로운 실재의 창조이다.

남녀의 사랑을 변증법적으로 이해하기 위해 프롬은 논의를 이어 간다. 그러나 남성다움과 여성다움에 대한 그의 짧은 요약은 우리가 받아들이기 힘들다. 프롬은 남성은 '통찰력, 지도성, 활동성, 규율성, 모험성이라는 성질' 을 가지는 데 비해 여성은 '생산적인 수용성, 보 호성, 현실성, 인내, 모성' 등에 의해 특징 지워진다고 한다.[288] 프롬은 인간이 순수한 형태로 이러한 특성들을 갖는 것이 아니라, 남성적인 것 또는 여성적인 것이 우위를 보이면서 혼합된다고 말한다. 그러나 남성이든 여성이든 현대의 많은 독자들은 이러한 편의적인 성의 유형학에 대해 이의를 제기하리라.

이어 부모의 사랑과 관련해 프롬은 부친과 모친이 지닌 감정적 구조의 기본적 차이를 설명하나, 이 역시 문제가 있다.[289] 그에 의하면 모친은 우리를 탄생시킨 고향이고 자연이고 대지이고 태양이나, 부친은 그러한 자연적인 가정과 무관하다.[290] 부친은 인간 존재의 다른 영역에 있다. 즉 사물의 지적이고 구조적인 질서, 즉 '법과 질서'이고 규율이며 외계와 접촉하는 세계라는 것이다.[291] 모친의 사랑은 무조건이나 부친의 사랑은 아동의 순종과 공적을 부친이 인정하는 것을 조건으로 한다고 프롬은 본다. 현대 교육심리학에서 보면 양친의 사랑을 이렇게 유형화함은 문제이다. 그러나 프롬의 기본전제는 성에 대한 단순한 구분을 증명하고자 하는 데서 떼어내면 옳다. 아이는 성숙한 인간이 되기 위해 타협 없는 사랑과 규율이 모두 필요하다고 프롬은 주장한다.[292]

사랑의 대상

《사랑의 기술》의 중심은 다섯 가지 상이한 유형의 사랑을 고찰하는 데 있다.[293] 다섯 가지 유형은 형제애, 모성애, 이성애, 자기애, 그리고 신에 대한 사랑이다. 형제애는 모든 사랑의 기본이다.[294] 프롬에 의하면 유태 기독교의 전통에 뿌리박힌 '너를 사랑하듯이 너의 이웃을 사랑하라'는 신의 명령은 모든 사랑의 존재 형태에 구심력이 된다. 여기서 흥미로운 것은 동양에서 그토록 강조되는 육친에 대한 사랑을 프롬은 훌륭한 일이 아닌 것으로 평가한다는 점이다. 짐승도 새끼를 사랑하고 보호하며, 어린아이는 어버이가 필요하기 때문에 어버이를 사랑한다는 이유에서이다.[295)]

모성애는 대부분의 경우 '사랑하는 사람'이 성장해 가는 대지로 간주된다.[296)] 그것은 생명을 사랑하는 성격의 형성에 필요한 전제이다. 프로이트는 오이디푸스 콤플렉스로 어머니에 대한 성적인 이끌림을 설명했다. 이에 대해 프롬은《건전한 사회》에서 어머니에 대한 근친애가 갖는 진정한 의미를 은폐하는 가부장적인 해석이라고 비판했다.[297)] 어머니에 대한 고착이 성적인 경우도 그것은 어머니의 품속으로 되돌아가고 싶은 염원이 강한 탓이지 성욕이 결정적인 원인이 아니라고 프롬은 본다. 우리는 이러한 프롬의 견해가 바호펜의 영향 탓임을 앞에서 검토한 바 있다.

한편 프롬이 말하는 이성애는 배타적인 동시에 보편적이다.[298)] 왜냐하면 이성애는 상대를 통해 인류의 모든 것을, 살아있는 모든 것을 사랑하는 것이기 때문이라는 것이다.[299)] 그러나 우리는 이 정의의 둘째 부분, 즉 이성애가 '보편적'이라는 것은 받아들이기 어렵다. 사적인 성적 친밀의 체험을 휴머니즘적인 박애주의의 전제와 혼동하는 것이기 때문이다.

이성애가 성숙한 사랑이기 위해서는 하나의 전제조건을 충족해야 한다. 그것은 나의 존재의 본질로부터 사랑하고, 다른 사람을 그의, 또는 그녀의 존재의 본질에서 경험한다는 전제이다.[300)] 이 부분은 이성애에 관한 중심적인 서술이라고 할 수 있으나, 그 구체적인 내용에 대해서는 알 수가 없다.

이와 관련하여 프롬은 동성애적 일탈에 의해서는 플라톤이 말하는 에로스라는 양극의 합일에 도달할 수 있다고 보지 않는다는 점을 주의할 필요가 있다. 프롬은 동성애도 이성간 사랑의 불능, 즉 해결될 수 없는 분리에 의한 고통과 마찬가지의 고통을 낳는다고 한다.[301] 그러나 이러한 프롬의 주장 또한 우리는 받아들일 수 없다.

프롬이 말하는 이성애의 성숙한 형태는 생물학적 욕망을 훨씬 넘어 완성을 향하는 것이다. 이는 합리적 요소(지식)를 포함함과 동시에 불합리하고 신비적인 요소(합일의 노력)를 포함하는 변증법적 이원론을 형성한다. 이 변증법적 과정의 종합은 자기와 타인의 합일이라는 결과로 이어진다. 이처럼 신비주의와 성을 융합한 부분은 프롬이 스스로 생각한 이상으로 융에 접근했다는 평가를 가능하게 한다.

마지막으로 자기애와 관련해 프롬은 그것을 나르시시즘의 병적인 형태로 보는 프로이트를 비판하고, 사람은 타인을 사랑하기 위해 우선 자신을 받아들여야 한다고 주장한다.[302] 즉 자기애를 이기주의와 혼동해서는 안 되고, 자신에 대한 참된 사랑은 끝없이 타인과 신으로 확대될 수 있다고 본다. 여기서 프롬은 에크하르트의 다음과 같은 말을 인용하여 자신의 보편적인 사랑의 개념을 보여준다.

만일 그대가 그대 자신을 사랑한다면 그대는 모든 사람들을 그대 자신을 사랑하듯 사랑할 것이다. 그대가 그대 자신을 사랑하듯이 다른 사람을 사랑하지 않는 한 그대는 정녕 그대 자신을 사랑하지 못할 것이다. 그러나 그대 자신을 포함해서 모든 사람들을 똑같이 사랑한다면 그대는 인류를 한 사람의 인간으로서 사랑하는 것이고, 그 사람은 신과 같은 인간이라고 할 수 있으리라. 이러한 사람은 위대하고 올바른 사람으로서, 자기 자신을 사랑하면서 다른 모든 사람들도 마찬가지로 사랑한다.[303]

여기서 신에 대한 사랑이 인간의 사랑하는 능력에 불가결한 부분이 된다. 이러한 사랑의 형태는 그 대상(신)이 권위주의적 종교에 의해 정의된다면, 즉 사랑이 복종과 같은 것이라면 성숙된 것이라고 볼 수 없다. 이는 이미 프롬이 대학시절에 익힌 모제스나 코헨의 비권위적 종교의 개념을 보여주는 것이다. 여하튼 프롬은 《사랑의 기술》에서 신비적, 종교적 체험에 대한 무신론의 입장을 상세히 설명하지는 않는다. 그것은 《정신분석과 종교》나 《유대교의 인간관》에서 상세히 설명된다.

붕괴하는 사랑

사랑의 실천적 측면을 설명하기 전에 프롬은 현대 서양사회에 나타나는 사랑의 붕괴를 설명한다.[304] 여기서 소외가 기본적으로 사랑이 없는 세계의 중심 개념으로 취급된다. 소외된 노동과 그에 따른 인간 감정의 위축에 의해 개인은 자동인형으로 변하고 사랑을 할 수 없게 되었다. 그 대신 '포장된 개성'이 적당한 시장가치로 교환되고 있다는 것이다.

자동기계는 사랑할 수 없다. 자동기계는 '퍼스낼리티라는 상품'을 교환할 수 있고 공정한 거래를 희망할 수 있을 뿐이다. 이와 같이 소외된 구조를 가진 사랑, 특히 결혼의 가장 중요한 표현의 하나는 '팀(Team)'이라는 관념이다. 행복한 결혼에 대한 무수한 논문에서 원활한 기능을 가진 팀이 이상적인 것으로 설명되고 있다.[305]

사랑은 성적인 만족의 결과로 간주되고, 성적 행복이 사랑의 결과로 간주되고 있다.[306] 대체로 현대 서양사회에서는 사랑이 '사회적으로 구조화된 병리'를 보여주므로 모든 사랑의 성숙한 형태를 형성하기 어렵다. 매혹적으로 포장된 사랑은 자기기만에 의해 성립되므로 비참한 사랑의 대용품이 될 뿐이라는 것이 프롬의 비판이다.

그 하나의 보기가 어버이 상에 애착을 느끼는 경우라고 프롬은 분석한다. 특히 유아적 애착을 벗어나지 못한 남자들이 문제가 된다. 그들의 여자에 대한 관계는 표면적이고 무책임하며 기만적이다.

여자가 그를 한결같이 찬양하지 않으면, 여자가 그녀 나름의 생활을 주장하면, 여자가 사랑 받고 보호받기를 원하면 … 남자는 깊은 상처를 받고 실망감을 느끼며, 흔히 '여자가 나를 사랑하지 않으며, 이기적이고 군림하려고 한다'는 생각으로 자신의 그러한 감정을 합리화한다.[307]

프롬은 왜곡된 모성애도 문제라고 본다. 때로는 사랑이라는 구실로, 때로는 의무라는 구실로 어머니들은 어린아이와 청년과 어른을 자신 속에 묶어두려고 한다. 그러면 남자들은 어머니를 통하지 않고서는 호흡할 수도 없고 사랑할 수도 없다. 이런 남자들은 영원한 불구자 또는 범죄자가 되지 않는 한 자유로워지거나 독립할 수 없다.[308]

반면 프롬은 아버지가 모든 애정과 관심을 아들에게 쏟는 권위주의적인 경우도 지적한다. 이런 경우 아들에게는 아버지의 애정이 유일한 애정이므로, 그 아들은 노예적인 방식으로 아버지에게 집착한다. 이러한 사람들은 아버지 상을 다루는 방법을 알기 때문에 사회적 경력에서는 성공적인 경우가 많다. 그러나 여성에 대해서는 경멸감을 갖고, 따라서 그와 관계를 갖는 여성은 불행해진다.[309]

또한 프롬은 부부가 서로 사랑하지 않으면서도 말다툼을 억제하거나 불만을 표현하지 않는 경우 그 부부는 자녀와의 관계도 소원해진다고 본다. 이럴 경우 소녀는 자신의 세계에 빠져버리고 항상 겉돌며, 뒤에도 그녀의 애정관계에서 같은 태도를 유지하고 마침내 마조히즘적 경향을 보인다는 것이다.[310]

이어 프롬은 우상숭배적인 사랑,[311] 감상적인 사랑,[312] 상대방이나 자녀에 대한 투사적(投射的)인 메커니즘의 사랑[313]을 불합리한 사랑이라고 설명하고, 두 사람이 서로 그들의 실존의 핵심으로부터 사귈 때, 그러므로 각기 자신의 실존의 핵심으로부터 자기 자신을 경험할 때 비로소 사랑은 가능하다고 주장한다.[314] 프롬은 이런 점은 신에 대한 태도에서도 마찬가지라면서, 신을 동업자로 삼으라고 권하는 데일 카네기나 필 목사를 비판한다.

사랑의 실천

사랑은 두 사람만의 이기적인 세계라는 통념에 반대하는 프롬은 사랑의 실천을 그 기술 습득을 향한 다섯 가지 형태로 설명한다.[315] 여기서 다섯 가지는 자기연마,[316] 정신집중,[317] 인내,[318] 최고의 관심,[319] 삶 전체와의 관련[320]이다.

프롬은 특히 정신집중을 권하며 이렇게 말한다. "정신을 집중시킬 수 있다는 것은 홀로 있을 수 있다는 것을 의미한다. 홀로 있을 수 있는 능력은 사랑의 능력에 조건이 된다."[321] 그 하나의 방법으로 프롬은 매일 아침 20분과 잠자기 전에 편안한 자세로 앉아 명상하거나 모든 일에 전념하기를 권유한다.[322] 천박한 오락이나 기분풀이는 피해야 한다.[323] 무익한 대화나 불량한 동료는 자신의 성장에 손해를 끼치는 존재이기 때문이다. 타인과의 관계에서 정신을 집중함은 타인의 이야기를 경청할 수 있음을 뜻한다.[324] 이런 모든 조건이 갖추어지면 사랑하는 사람에 대한 숭고한 관심이 솟는다고 프롬은 본다.

마지막으로 프롬은 합리적 자기분석이라고 하는 형태의 자기인식이 사랑을 향한 충분한 능력을 차차 성숙시켜 나간다고 본다. 자신의 나르시시즘적 경향을 극복하고 객관적으로 사고하는 이성이나 겸손을 갖춘 상태에 이르기 위해서는 위의 모든 것이 필요하다는 것이다.[325] 사랑은 신앙과 용기를 필요로 한다. 그것은 태만에 그치는 것이 아니라, 사랑하는 사람과 더욱 큰 사회 전체를 향한 능동적인 틀을 활성화하는 것이다.[326]

여기서 프롬은 중요한 문제를 제기한다. 참된 사랑의 감정에 대하여 적대하는 사회구조 속에서 어떻게 사랑을 실천하고 달성할 것인가 하는 물음이다.[327] 자기 본위의 원리에 근거한 세계 속에서 인간은 어떻게 사랑하고 동시에 그 사회를 극복할 수 있을까? 프롬은 추상적인 관념에서는 조화가 불가능하다고 본다. 자본주의 사회의 기초를 이루는 원리와 사랑의 원리는 서로 맞지 않다.[328] 그러나 보다 실천적인 관점에서는 조화가 가능하다고 프롬은 본다. 물론 사랑이 가능하려면 소외의 속박에서 인간성과 사랑을 해방하는 근원적인 변화를 포함한 지속적인 사회변혁에 대한 희망이 존재하여야 한다는 것이 프롬의 결론이다.[329]

프로이트에 대하여
《프로이트의 사명》

프로이트 수정주의 논쟁

우리는 앞에서 프롬이 프랑크푸르트학파와 어떻게 연결되고 단절되었는지를 보았다. 단절 이후 프롬은 두 번의 논쟁 외에 그들과 관련된 적이 없다. 최초의 논쟁은 숙적인 아도르노가 1946년 4월 로스앤젤레스의 강연에서 프롬과 호나이가 프로이트의 본능심리학을 부정하는 것은 '문화란 리비도 본능, 특히 파괴 본능을 제한하고, 억압과 죄악감 및 욕구를 자기 처벌의 방향으로 유도한다'는 것을 부정하는 것이라고 비판했다.[330] 특히 아도르노는 프롬의 성격학이 이데올로기적인 은폐라고 비난했다.

두 번째의 논쟁은 마르쿠제가 1955년에 낸 《에로스적 문명: 프로이트에 대한 철학적 고찰(Eros and Civilization: A Philosophical Inquiry into Freud)》[331]과 그에 이어진 여러 논문들에서 제기한 프롬에 대한 비판으로부터 비롯되었다. 마르쿠제는 프롬이 프로이트의 본능이론을 포기하여 본능학설이 갖는 사회비판적 기능을 상실시켰다면서 왜곡된 사회에 대한 프롬의 불합리한 희망을 비판했다. 마르쿠제에 의하면 프롬의 사회비판과 프로이트 이론에 대한 수정은 '있을 수 없는 이상주의' 라는 것이다.[332]

프롬은 즉각 반론을 폈다.[333] 프롬은 특히 자신을 프로이트 수정주의로 부르는 것에 대해 반박했다. 마르쿠제가 그렇게 부른 사람 중에는 프롬 외에도 라이히, 융, 호나이 등이 포함되어 있었는데, 그 중에서도 프롬이 특히 공격의 대상이었다.

프롬은 늘 자신은 라이히나 융 또는 호나이와 다르다고 주장했는데, 특히 자신의 사회심리학은 프로이트의 기초 이론을 수정하는 것이 아니라고 끝없이 강조했다. 따라서 자신은 프로이트의 제자이자 그 소개자라고 주장했다. 단 프로이트의 가장 중요한 발견을 협소한 리비도 이론에서 해방시켜 그것을 심화시키고자 노력할 뿐이라는 것이다.[334]

프롬에 대한 비판은 마르쿠제만이 아니었다. 1955년 존스(Ernest Jones)는 3권으로 낸 방대한 저서《지그문트 프로이트의 생애와 저술(The Life and Work of Sigmund Freud)》[335]에서 프로이트 정통파와 비정통파를 구분하고 후자를 공격했는데, 프롬도 이 후자쪽에 포함돼 비난을 받았다. 이에 대해 프롬은 1958년 〈정신분석 - 과학인가 당파인가?(Psychoanalysis - Science or Party Line)〉[336]라는 논문에서 존스가 프로이트에 너무 충실한 나머지 프로이트의 개성을 분석적으로 통찰하지 못했다고 맞섰다.

1959년에 나온 프롬의 《프로이트의 사명》은 이를 의식하여 쓴

것이다. 《프로이트의 사명》과 1980년의 유작인 《프로이트를 넘어서》
는 자신을 프로이트 수정주의라고 부른 데 대한 자기변호이자 프로
이트에 대한 프롬 나름의 총 정리, 특히 그를 환경의 산물로 분석한
것이었다.

프롬의 프로이트 분석

프롬에 의하면 프로이트는 계몽의 산물이다. 이성에 대한 그의 확신,
그리고 진실을 발견하고자 하는 그의 신념과 용기가 그렇다는 것이
다. 반면 프롬은 프로이트가 쉽게 위협과 배신을 느낀 지극히 불안정
한 성격이었다고 지적한다.

가령 아들러나 융의 비판에 대한 프로이트의 불합리한 대응은
그의 뿌리 깊은 불안과, 타인을 지배하는 동시에 타인에게 수용되고
자 하는 욕구, 그리고 순수한 사랑과 무사(無私)의 감정을 갖지 못했
다는 약점을 보여준다고 프롬은 보았다.

특히 모친에 대한 프로이트의 의존은 그의 성인생활을 아는 열
쇠가 된다고 프롬은 보았다. 즉 여성심리에 대한 문제 많은 평가나
남녀동권을 부정하는 태도는 그의 성장과정에서 비롯된 것이라고 프
롬은 보았다.[337] 성과 쾌락에 대해 프로이트는 철저히 금욕적이었고,
때로는 적대적이었다고 프롬은 말했다.

프롬은 강력한 권위주의적 성격이 프로이트의 기본 성격이었다
고 주장했다. 프롬에 의하면 프로이트는 자신을 둘러싼 사람들에게
철저히 의존했고, 개인적인 인간관계는 의견의 상위가 나타나자마자
파괴되었고 다시 되돌려지지 못했다. 이러한 분석을 위해 프롬은 프

로이트의 저서 《꿈의 분석》을 자주 인용했다. 프로이트는 뛰어난 지적 혁명가이지만, 동시에 그러한 평가를 갈망하는 약함과 의존성을 보여주었다는 게 프롬의 결론이었다.

프롬의 분석에서 가장 흥미로운 부분은 마지막 장에서 프로이트의 종교적, 정치적 확신을 설명한 대목이다. 지배자와 피지배자를 구분하는 프로이트는 정치적 보수주의자였고, 그런 정치관이나 정신분석관도 뿌리는 19세기 자본주의에 있다는 것이다. 성에 대한 그의 이론은 '경제인'을 상정한 경제학자의 개념을 심화하고 확대한 것이라고 프롬은 보았다.[338]

특히 프로이트의 리비도 이론은 "생물학적으로 상정되었으나 기묘하게도 경제학적 측면을 갖는다"고 프롬은 지적했다. 승화에 관한 프로이트의 이론도 본질적으로는 19~20세기 중산계급의 사회적 성격을 반영한 것이고, 그 공통 요소는 심리적 에너지의 보존(승화)이자 자본의 저장이라는 것이다.

책에 대한 반응과 《프로이트를 넘어서》

《프로이트의 사명》이 출판되자 프롬은 1930년대 초부터 관여한 국제 정신분석협회는 물론 지역 기관으로부터도 추방당했다. 물론 프롬을 옹호하고 그런 기관들의 교조적인 태도를 비판하는 글이 전혀 없었던 것은 아니나 전반적으로는 침묵이었다.

프롬은 80세인 1980년에 쓴 유작 《프로이트를 넘어서》에서도 《프로이트의 사명》에서 펼친 비판을 되풀이했다. 새로운 게 있다면 프로이트의 진리 개념을 확대 해석하여, 진리란 경험적이거나 도덕

지그문트 프로이트

적인 현상이 아니라 본질적으로 잠재의식 속에 있고 개인적으로 표명된 확신과는 무관하다고 보았다는 점을 지적하고 비판했다는 것이다. 즉 억압과 합리화가 진리에 이르는 길의 장애가 될 뿐만 아니라 진리 그 자체의 본질적 부분이 되어 버렸다는 점을 프롬은 비판했다.

선의 세계에 빠져들다
《선과 정신분석》

스즈키 다이세쓰와의 만남

프롬은 멕시코 정신분석협회의 많은 심포지엄과 강연회를 쿼르나바카의 자택에서 열었다. 선불교와 정신분석에 대한 1957년의 세미나도 그 중 하나였는데, 그 결실은 1960년 《선과 정신분석》으로 맺어졌다. 프롬은 20대에 잠깐 불교에 관심을 가졌지만 이내 관심이 식었는데, 40대에 들어 뉴욕 컬럼비아 대학 세미나에서 스즈키를 만난 이후다시 선에 빠져들었다. 프롬에게는 선이 정신분석 경험과 유사한 것처럼 느껴졌다. 1957년 프롬은 86세의 스즈키를 쿼르나바카로 초대했다.

《선과 정신분석》은 스즈키와 마르티노(Richard de Martino), 그리고 프롬의 공저이다. 1장 '선과 정신분석'은 프롬이, 2장 '선이란 무엇인가'는 스즈키가, 3장 '선과 인간상황'은 마르티노가 썼다.

프롬은 평생 선을 공부했으나 깨달음의 계발적 상태, 선의 자기

스즈키 다이세쓰(뒷줄 가운데)와 함께

몰입이라고 하는 최종 목표인 자기와의 신비로운 융합에는 결코 도달하지 못했다.[339] 프롬은 불교가 비권위주의적인 성격을 갖고 있어 서양의 종교보다 더욱 서양의 합리주의에 합치된다고 보았다.[340]

프롬이 스승으로 섬긴 마이스터 에크하르트의 신비주의와 같이 선은 자기몰입에 이르는 제1단계로서 내면을 깨끗이 하는 공(空)의 과정을 필요로 한다. 이는 서양 중세 신비주의의 속죄 또는 자기부정과 유사하다. 선은 개인을 사회적 영향에서 해방시키고 동시에 몰개성화의 과정을 낳는다. 이는 정신분석, 프로이트의 말을 빌리면 무의식을 의식하는 것, 즉 이드를 에고로 옮기는 것이라고 프롬은 보았다.[341]

의식과 억압

프롬은 의식과 무의식에 대한 정의를 내렸다. 그는 이 두 가지를 엄격하게 분리시키는 어떤 기술적인 분류를 배제하고, 대신 '무의식이라고 하는 말 그 자체의 의미'로서의 '무의식'은 존재하지 않으며 '의식'의 경우도 마찬가지라고 말했다. 즉 의식의 각식(覺識)과 무의식의 각식에는 각각 정도의 차이가 있을 뿐이라는 것이다.[342] 이 두 가지 구별은 프롬이 《선과 정신분석》 이후에 쓴 심리학과 종교에 관한 저서들, 특히 《인간의 마음》과 《유대교의 인간관》을 이해하는 데 매우 중요하다.

프롬은 선이 존재를 향한 틀을 갖고 있다는 점에서, 그리고 서양 자본주의 정신에 깊게 뿌리박힌 소유라는 형태를 배제한다는 점에서 휴머니즘적 정신분석과 공통의 기반을 갖는다고 말한다. 자기 자신과의 일체화는 선의 본질적 목적이고, 동시에 그것은 휴머니즘적 심리요법의 바람직한 결과라는 것이다. 이런 프롬의 생각은 뒤에《소유냐 존재냐》의 핵심 원리로 작용한다. '일체화'라는 애매한 개념을 설명하면서 프롬은 그것의 달성을 저해하는 현대사회의 여러 요인들에 대해 설명하지는 않지만, 그것이 소외를 넘는 경우 달성할 수 있다면서 소외의 극복을 그 전제조건으로 본다.

앞에서 우리는 프롬이 자신의 지적 발달의 토양이 된 환경이던 정통 유태주의, 특히 그 종말론적 구조에 대항했음을 보았다. 프롬은 유대교로부터 벗어나 선불교를 선택한 것이다. 희망은 이제 신 없는 휴머니즘적 종교의 초월론적인 비전이 아니라, 선의 해석에 의해 가능한 것이 되었다. 그러나 이러한 프롬의 선택에 대해서는 당연히 비판이 가해진다. 특히 선불교의 자기중심성이나 현실도피성이 문제다.

명상은 전통적으로 유복한 인간의 위안이었다. 뿐만 아니라 불교는 수세기 동안 사회변혁보다도 은둔과 현실도피를 권유함으로써 노예계급을 계속적인 억압 상태에 유지시키는 데 기여했다. 현실의 모순과 고통은 완전한 자기 몰두의 영역에서 까맣게 잊혀졌다. 결과적으로 속죄나 자기 부정의 방법, 또는 선에서 자기를 '공(空)으로 하는 것'은 '…으로부터의 자유'라고 하는, 현 상태로부터의 도피에 불과하다.

프롬은 무의식에 대해서도 새로운 견해를 보인다. 프롬이 말처럼 의식의 내용이 거의 허구와 망상에 불과하다면,[343] 그리고 만일 사회가 그 교화의 힘을 통해 우리의 의식에 허상만을 심는다면, 남는 유일한 피난처는 무의식이 된다는 것이 선과 정신분석의 공통점이다. 그러나 이는 프롬이 지금까지 줄기차게 설명한 합리성과는 모순되는 것으로 보인다.

여기서 우리는 다시 의문을 갖게 된다. 프롬은 정말로 인간성이 의식적인 지각 영역의 외부에서만 완전하게 발달할 수 있다고 믿었을까 하는 것이다. 의식에 대한 잘못된 사고방식에서 이러한 후퇴가 생겼다면 그 논리적 귀결은 사회로부터의 완전한 은둔이리라. 그리고 성공은 부유한 자에게만 열리고 가난한 자에게는 영원히 닫히리라. 이는 그야말로 현실도피의 길이 아닌가?

7장_우리는 창조적인가?

(1961~1969)

1960년대의 프롬

멕시코에서의 학문적 성과

1960년 프롬은 독자적인 교육과정에 의한 정신분석가 양성을 멕시코 자치대학교 의과대학과 함께 합법적으로 시행했다. 이로써 그는 멕시코 정신분석협회 및 의과대학과 공동작업을 제도화하는 데 성공했다. 4년 코스의 처음 2년은 이론 강의였고, 나머지 반은 사례 중심의 임상이었다. 정신분석학 강의는 '휴머니즘적 정신분석' 이라는 제목으로, 프로이트를 시작으로 여러 정신분석가들의 이론을 다루었다. 프롬을 비롯해 융, 아들러, 랑, 페렌치, 호나이, 설리번, 에릭슨, 하르트만, 메닝거, 라드, 오디아 등의 이론이 강의되었다. 이어 철학 코스에서는 아리스토텔레스, 스피노자, 헤겔, 마르크스, 키에르케고르, 하이데거, 사르트르 등이 다루어졌다. 또 사례연구, 기술 세미나와 함께 멕시코 문화의 사회심리학적 현상에 관한 독자적인 강의도 있었다.

프롬이 멕시코 문화에 대해 관심을 가지기 시작한 것은 1957년에 학생들과 함께 경험적 해석 방법으로 어느 멕시코 농촌의 성격을 조사할 때부터였다. 이 연구는 1969년에 끝났다. 1970년 그가 마이클 매코비(Michael Maccoby)와 함께 쓴 《멕시코 어느 촌락의 사회적 성격 - 사회심리학적 연구(Social Character in a Mexican Village - A Sociopsychoanalytic Study)》가 바로 이 연구의 결실이다. 이 책의 머리말에는 연구 과정에 대한 매코비의 기록이 담겨 있다. 《인간 자체: 윤리심리학의 탐구》와 《인간의 마음》에서 제시한 성격학에 대한 사회조사의 결과라고 할 수 있는 이 연구는 대단히 의미 깊은 것이었다. 그러나 프롬의 성격학이 거의 미국 중심으로 이루어졌다는 점에서 한계를 가지고 있다.

1963년 프롬은 멕시코 정신분석의 발전에 이정표가 된 멕시코 정신분석연구소(IMPAC)를 개설하여 교육과 연구, 그리고 치료를 하게 했다. 이 연구소는 형편이 어려워 치료비를 부담할 수 없는 환자들도 받아들였다. 흔히 '자본주의의 사제'로 불리는 미국이나 멕시코의 정통파 정신분석가들과는 달랐다. 1967년에는 '현대 세계의 인간'이라는 강연에 일리치 등과 함께 참여했는데, 이 강연은 '정신분석과 소아의학'에 관한 2회의 연속 강의로 완결되었다.

다양한 대결구도 속에서의 정치 활동

이와 같이 1960년대의 프롬은 학문적으로 활발한 활동과 성과를 보이는가하면 미소 양축의 냉전구도, 베트남전, 중동에서의 이스라엘과 팔레스타인 분쟁 상황과 관련해 정치적으로도 분주한 시기를 보냈다.

1960년 프롬은 《일방적 군축을 위해(The Case of Unilateral Disarmament)》를 통해 진정으로 인간 존재를 위협하는 것은 공산주의 이데올로기나 공산권의 군사력이 아니라 자본주의 사회의 도덕적, 윤리적 힘의 붕괴라고 말했다. 즉 당시 미소의 군사력 대결을 1, 2차 세계대전과 그 후 냉전시대 테러 시스템의 영향으로 사람들이 난폭해진 탓이라고 분석한 것이다. 또한 소련은 혁명적 사회도 참된 사회주의 국가도 아니고 자본주의 국가에 필적하는 보수적 계층구조의 나라로 보아야 한다고 주장했다. 그리고 미국 외교정책은 과대망상이 증폭되면서 핵전쟁을 도발하고 있다고 보았다. 따라서 프롬은 단계적인 핵병기 철폐가 필요하다고 주장했다.

우리나라에서도 한때 미래학자로 유명했던 허만 칸(Herman Kahn, 1922~1983)이 1960년 《수소폭탄 전쟁에 관하여(On Thermonuclear War)》[344]를 발표했다. 이 책에서 칸은 빠른 경제회복만 가능하다면 국민의 3분의 1 내지 3분의 2가 죽는다 해도 받아들일 수 있다고 말했다. 이에 대해 프롬은 1961년 《인간은 극복할 수 있는가 - 외교정책의 사실과 허구(May Man Prevail? - An Inquiry into the Facts and Fictions of Foreign Policy)》에서 칸의 글은 극도의 죽음애적인 사고방식에 따른 무책임한 공론이라고 비판했다. 칸에 대한 비판 외에도 이 책에는 소련과 중국 등에 대한 분석이 들어있다.

1961년 프롬은 전 세계의 군비 통제와 미소간의 정치적 균형을 변화시키지 않는 선에서 서로 타협할 것을 촉구하는 〈공산주의와 공존 - 현대 전체주의 위협의 기원 분석〉을 〈사회주의의 요구(Socialist Call)〉지에 발표하면서 그 전제조건으로 '심리적 군축'을 주장했다.[345] 이는 미소 양측의 히스테리적 증오와 불신을 종식시키고, 군대의 편집광적 사고방식을 없애며, 적에게는 모든 악을, 자신에게는 선한 동기만을 투영하는 일방적 행태를 없애고자 하는 것이었다. 프롬은 여기서 냉전시대의 강대국 관계에 자신의 사회심리학적 분석방법을 적용했다. 프롬이 이 책에서 주장한 내용은 40년의 시대를 뛰어넘어 2004년의 남북 관계에서도 그대로 적용된다고 나는 생각한다.

1962년에는 매코비와 함께 《민방위대 문제에 관한 논의(A Debate on the Question of Civil Defence)》를 내놓았다. 이 책은 두 차례의 세계대전에서 자행된 학살과 도시 파괴, 그 중에서도 특히 원폭 투하로 인해 무수한 민간인이 순식간에 학살된 것은 현대 전쟁기술의 엄청난 파괴 잠재력에 대한 입증이자 문명국가에 존재하는 죽음애적 에너지의 표현이라는 분석을 담고 있다.

1966년에는 전후의 독일 정책을 비판했다. 특히 오데르-나이세 국경을 인정하지 않는 점, 비상사태법의 의결, 독일 군대의 군사적 경향 강화를 비판했다.[346] 동서독의 갈등을 심화시킨다는 이유에서였다. 프롬은 전후 30여 년 동안 기독교사회연합(CSU)을 지도한 정치인 슈트라우스(F. J. Strauss, 1915~1988)에 대해 그는 무지막지한 권력자이자 '손가락을 핵폭탄 발사장치에 놓아둘 것' 만을 요구하는 보복주의자들의 대표라며 강력히 비판했다.

1960년대 프롬의 정치적 활동은 여기서 그치지 않았다. 그는 '중동의 새로운 대안을 위한 위원회' 의 위원으로서, 이스라엘 건국을 무조건 지지한 미국 내 대부분의 유태인들과 달리 이스라엘의 정치를 격렬하게 비판하는 '공격적인 반이스라엘주의' 의 자세를 취했다. 뿐만 아니라 동유럽을 여행하고 유고슬라비아, 체코슬로바키아, 폴란드의 마르크스주의자들과 친교를 맺고, 휴머니즘 사회주의를 주장했다. 1965년의 《휴머니즘 사회주의》는 그의 이러한 경험들에서 나온 결과였다.

1967년 말 프롬은 수업 부담에서 해방되어 연구에 몰두했다. 특히 1968년부터는 휴머니즘적 정신분석 연구라는 틀 속에서 공격성 또는 파괴성에 대한 연구에 몰두했다. 그 결과가 1973년의 《인간 파괴성의 분석》이다. 1968년에는 베트남 전쟁에 반대한 유진 매카시의 선거운동에 뛰어들었으나, 그가 패배하자 곧 정치활동에서 발을 뺐다. 이 무렵 프롬은 선거에서 최종 승리한 닉슨의 지지자 중 27퍼센트만이 생명애적 성격의 소유자인 데 비해 매카시 지지자의 경우 77퍼센트가 생명애적 성격의 소유자라는 통계조사를 발표하기도 했다.

1968년 이후 프롬의 정치적 입장은 근본적으로 변했다. 애증이 교차한 미국에 대한 입장도 변해, 미국 문제는 물론 국제 문제에도 거의 관여하지 않았다. 이렇게 된 데는 건강 문제도 한몫을 했다. 선거운동에서 누적된 과로로 인해 프롬은 심근경색을 앓았다. 회복 후 1969년부터 1973년까지 프롬은 아내와 함께 반년을 스위스의 로카르노에서 보냈고 1974년에는 한 해를 꼬박 그곳에서 지냈다. 그 후 프롬은 멕시코를 떠나 로카르노에 정착했고, 생이 다하는 날까지 그곳에서 살았다.

스승 마르크스
《마르크스의 인간관》《인간은 극복할 수 있는가》
《환상의 사슬을 넘어》

오해와 왜곡의 커튼을 벗기며

《마르크스의 인간관》은 1961년에 출판되었다. 당시는 냉전의 절정기였음을 고려할 때, 이 책의 출판은 저자나 출판사에게 대단한 용기를 필요로 한 하나의 사건이었다. 이 책에는 프롬의 글과 함께 영국의 경제학자 보토모어가 영역한 마르크스의 《경제학 철학 초고》가 포함되었다.

프롬은 이 책에서 마르크스주의에 대한 오해, 특히 미국에서의 광범한 무시와 의도적인 왜곡을 교정하고자 했다. 또 소련과 중국에서도 마르크스가 제멋대로 해석되고 악용되는 것을 비판했다. 프롬의 눈에는 소련과 중국이 자본주의 정신으로 공산주의를 생각하는 것처럼 보였다. 소련과 중국에서 자행되고 있는 인간의 권리와 휴머니즘적 노력에 대해 가해진 야만적인 억압은 마르크스의 생각과는 전혀 반대되는 것이었기 때문이다.[347] 프롬은 어떠한 사유재산에도 반대한다는 사회주의 관념을, 마르크스나 엥겔스가 사적 소유 자체를 비난하지 않았다는 점을 들어 정정하고자 했다.[348] 즉 마르크스가 말한 사유재산이란 몇몇 개인들이 거대한 자본을 집중하고 독점하는 것을 말한다고 프롬은 말한다. 그럼에도 불구하고 반공주의는 사회주의가 모든 사적 소유를 부정한다고 오해하고 있다는 것이었다. 프롬은 소련과 중국에 적대감을 품은 미국의 여론이 소련과 중국의 잘못된 사회주의를 꼬투리로 삼아 마르크스주의를 싸잡아 왜곡하는 동기를 문제의 핵심으로 보았다.

이어 프롬은 마르크스가 19세기 독일 이상주의의 속박에서 벗어나 인간성에 대한 새로운 개념을 창조한 인간적인 개혁자라고 주장한다. 이런 주장의 기초는 휴머니즘과 자연주의 방법론이다. 프롬은 인간성이 역사를 전개한다고 보는 마르크스의 전제를 지지했으나, 그것과 변증법적 유물론의 관계에 대해서는 그다지 주목하지 않았다. 여기서 우리는 프롬이 마르크스를 휴머니즘적 반역자로 보았던 것이지, 경제혁명가로 보지 않는다는 점을 알 수 있다.

프롬은 마르크스가 스피노자의 합리주의, 헤겔의 다이내믹한 역사 개념, 그리고 프로이트의 의식 탐구와 밀접하게 연관된다고 보았다. 프로이트와 더불어 계몽주의의 산물인 마르크스는 인간이란 계속적인 교육과정을 통해서만 준비된다고 주장했다. 즉 역사의 창조자인 인간은 사회 환경의 끝없는 변화에 대응하는 새로운 교육의 주체이자 객체여야 한다는 것이다. 여기서 중요한 것은 역사과정에서의 인간의 능동적이고 자율적인 역할이라고 프롬은 주장한다. 프롬은 현대의 역사적 변화로 정치혁명, 즉 영국, 미국, 프랑스 및 독일에서 일어난 여러 혁명들을 설명하고, 그것들을 1917년의 러시아 혁명과 비교하면서 러시아 혁명이 반드시 스탈린적 전체주의 국가로 이어져야 할 필연성은 없었다고 주장한다.

프롬의 오해

이러한 역사적 고찰로부터 프롬은 마르크스의 인간관을 설명한다. 프롬에 의하면 마르크스는 독일 관념론, 특히 헤겔의 영향에서 해방되어 휴머니즘으로 나아갔지, 흔히 말하는 유물론으로 나아간 것이 아니었다. 그가 말하는 마르크스의 핵심 사상은 생산적 존재와 비생산적 존재 사이의 구별이다. 즉 인간은 생산성을 통하여 살고, 외계와의 관계를 통하여 산다는 것이다. 생산성의 결여는 인간이 모든 실천적인 목적에 대해 죽어 있음을 뜻하고, 그것이 바로 자본주의라는 것이다. 이처럼 자본주의 사회에서 우월하게 나타나는 물질적인 대상과의 관계와는 반대로 인간은 서로 간에 새롭고 자발적인 관계를 발견해야 한다는 것이고, 그것이 바로 물질적 예속으로부터의 인간의 해방을 뜻하는 사회주의라는 것이다.

마르크스의 핵심 개념은 인간의 생산성과 대립하는 소외라고 프롬은 말한다. 그것은 본래 자본과 노동의 분리, 생산수단과 인간의 생산성을 분리한 결과이고, 소외된 노동과 자본이 인간의 소외를 영속화시켜 인간은 물질에 종속된다고 한다. 프롬에 의하면 사회주의는 자본과 노동의 관계 속에 합리적이고 정당한 질서를 회복시키고자 한다. 사회주의를 통해 인간의 자유와 생산성에 필요한 조건이 확립될 수 있다. 따라서 사회주의는 독점자본주의만이 아니라 스탈린

카를 마르크스

을 비롯한 전체주의적 관료제 국가에도 반대되는 것이라고 프롬은 주장한다. 이는 프롬이 말하는 윤리적 성격과 마르크스의 인간성 개념이 극히 유사하다는 사실을 보여준다. 여기서 이미 소유와 존재의 구별, 즉 자본주의와 휴머니즘적 사회주의의 구별이 《소유냐 존재냐》에 앞서서 분명히 드러난다. 자본은 시대착오적인 과거의 것이고, 반대로 노동은 그것이 최종적으로 착취로부터 해방될 때 생명의 직접적인 표현이 된다고 프롬은 말한다.

그런데 이 책에서 프롬은 마르크스의 후기 사상을 중요시하지 않고 간과하는 실수를 한다. 후기 마르크스는 당시의 역사 발전에 실망하여 더욱 현실적으로, 즉 유물론적으로 변했으나 프롬은 이를 무시한 것이다. 물론 그렇다고 하여 마르크스가 휴머니즘을 포기했다는 말은 아니다. 또한 프롬은 마르크스 초기 사상의 유물론적 측면도 무시한다. 그래서 마르크스의 휴머니즘과 그의 경제이론이 균형 있게 다루어지지 못했고, 그 사이 마르크스 이론의 발전도 무시되었다. 프롬은 1년 뒤 《환상의 사슬을 넘어》에서 다시 마르크스로 돌아가 프로이트와의 종합을 모색한다.

마르크스에 대한 또 다른 저서들

《인간은 극복할 수 있는가 - 외교정책의 사실과 허구》는 역시 1961년에 출판된 《마르크스의 인간관》의 속편이다. 그는 1917년 혁명이 마르크스와 엥겔스가 말한 직접민주주의와 휴머니즘적 사회주의를 도입한다는 약속을 배반한 잘못된 것이라고 비판하면서, 레닌의 빠른 죽음과 트로츠키의 추방이 그 결정적인 원인이었다고 지적했다. 그

후 스탈린은 공산주의 운동을 관리혁명으로 바꾸었고, 공포정치 하에서 경찰국가를 만들었다. 스탈린이 죽은 뒤 공포는 없어졌으나 정치권력 구조는 계층적인 행정 관료주의로 강화되어 경제적 생산이 국가에 의해 소유되고 조작되었다. 프롬에 의하면 소련이 세계적으로 사회주의를 세우려는 희망은 경제적 경쟁에 기초를 둔 것이다. 따라서 소련의 공격이라는 가정 위에 성립된 미국 외교정책은 과대망상이라고 프롬은 비판한다. 빈곤한 중국에 대한 미국의 외교정책도 마찬가지이다. 프롬은 오히려 독일과 일본의 재군비 문제를 걱정했다.

《환상의 사슬을 넘어》는 앞에서 본《프로이트의 사명》과《마르크스의 인간관》을 대중화한 책이라고 할 수 있다. 그 부제인 '나의 마르크스와 프로이트와의 만남'에서 알 수 있듯이 이 책은 프롬의 사상적 자서전이라고 할 수 있다. 프롬에게 그 두 사람이 가장 중요한 스승임에는 틀림없으나, 문제는 그의 스승이 과연 그 두 사람뿐이었을까 하는 점이다. 이 책의 제목처럼 마르크스와 프로이트는 '환상의 사슬'을 깨뜨리고 인간의 현실을 보여주었다. 꿈에서 깨어남은 현실 변혁을 향한 첫걸음이다. 그러나 두 사람에 대한 프롬의 논의는 이미 앞에서 충분히 검토되었으므로 여기서 더 이상 소개할 필요는 없으리라.

우리는 이미 어린 시절에 프롬이 겪은 1차 세계대전의 경험을 살펴보면서《환상의 사슬을 넘어》의 1장 '몇 가지 개인적인 경력'에 나온 내용을 살펴본 바 있다. 또한 앞에서 그가 여러 스승들로부터 배웠음을 보았다. 그러나 정신분석의 스승이나 프랑크푸르트 사회연구소의 동료들에 대해 프롬은 일어반구도 하지 않는다. 이는 프롬이 성격적으로 남의 영향을 인정하지 않은 탓으로 여겨진다. 어쩌면 프롬은 그 자신이 인정하는 이상으로 마조히즘적인 성격의 소유자인지도 모른다.

여하튼 마르크스와 프로이트가 위대한 두 스승이되 두 사람 중에서 프롬이 더욱 기대었던 스승은 마르크스임에 틀림없다. 마르크스가 더욱 진보적이라는 점 때문이다. 소외란 근원적인 병으로서 그것이 없어져야 인간의 자기실현이 가능하다고 본 마르크스는 사회적 병리에 관심을 두었으나, 프로이트의 관심은 개인적 병리였다. 그러나 프롬의 사회심리학은 기본적으로 마르크스에 근거했고, 프로이트는 어디까지나 2차적이었다.

인간의 극단적 양면성
《인간의 마음》

인간성의 새로운 야만주의

1960년대에 프롬은 정치에 더욱 깊은 관심을 가졌다. 특히 쿠바 위기 이래 냉전이 증폭되는 가운데 핵군비 경쟁이 더욱 치열해졌다. 이런 상황은 프롬의 성격학 연구에 깊은 영향을 끼쳤다. 특히 죽음애와 생명애라는 개념이 새로이 등장했다. 죽음애란 《자유로부터의 도피》에서 파괴성, 《인간 자체: 윤리심리학의 탐구》에서는 저장적 성격으로 설명된 것이고, 생명애란 그것에 반대되는 생산적 성격을 말하는 것이다. 종래 우리나라에서는 죽음애를 사체애로 번역했으나, 이 책에서는 사체만이 아니라 죽음 자체에 대한 태도라는 점에서 죽음애라는 말을 선택한다.

프롬은 〈인간 속의 전쟁: 파괴의 근원에 대한 심리적 탐구(War within Man: Psychological Inquiry into the Roots of Destructiveness)〉(1963)[349]라는 논문에서 처음으로 생명애와 죽음애라는 말을 사용하

여 인간성의 고유한 두 가지 정반대 경향을 구별했다. 이 논문은 《인간의 마음》의 초석이 되었다. 《인간의 마음》은 앞에서 본 《자유로부터의 도피》와 《인간 자체: 윤리심리학의 탐구》에서 시도된 사회적 성격 논의의 연장이라는 점에서 프롬의 핵심적 저술 중 하나다. 동시에 이 책은 《사랑의 기술》의 부정적 측면을 다루고 있기도 하다.[350] 또 파괴성을 가장 중요하게 다루었다는 점에서 1972년에 출판된 《인간 파괴성의 분석》의 기초가 된다.

《인간의 마음》은 우리나라에서는 그다지 인기를 끌지 못했다.[351] 그러나 미국에서는 베스트셀러였고, 프롬의 저작 중에서 매우 중요한 책으로 평가된다. 인간의 부정적 성격특성을 논한 이 책은 냉정하고 독자적인 학술적 문체와 형식을 갖추고 있다. 이는 프롬이 《사랑의 기술》에서와 같이 긍정적 성격특성을 논할 때는 감정적, 예언적으로 흘러, 인간성의 부활에 대해 회의적인 독자에게는 단조롭게 보이는 것과 달리 매우 설득적이다.

《인간의 마음》은 모두 6개 장으로 구성되나, 프롬의 다른 저작들과 같이 삼단논법에 맞추어 3부로 나눌 수 있다. 1부에 해당하는 1~2장에서는 인간성 자체에 대한 일반적인 서술이 나온다. 2부는 3~5장에서는 죽음애, 개인적 자기애, 근친상간적 유대를 검토한다. 마지막 3부는 결론이 되는 6장으로서 자유, 결정론과 선택가능성론을 검토한다.

머리말에서 프롬은 현대적 형태의 폭력을 구체적으로 보여주는 사회적 증거로 냉전의 계속, 핵무기의 저장, 소년범죄의 다발, 케네디의 암살을 열거하면서 인간성이 '새로운 야만주의'를 향하고 있다고 말한다.[352] 그리고 휴머니즘적 전통의 재활성화를 모색하고자 한다. 이어 프롬은 프로이트 사상의 계속적인 수정에는 새로운 철학인 '변증법적 휴머니즘'이 필요하다고 주장하면서, 자신의 변증법적 접근을 동시대의 실존주의와 명백히 구별하기 위해 사르트르와 하이데거를 맹렬히 비판한다. 예컨대 사르트르에 대해서는 깊이는 물론 임상적 기초도 없는 엉터리 심리학자라고 비판한다.[353] 그러나 사르트르는 심리학에 공헌하고자 생각한 적이 없다. 사실 프롬의 사상도 실존주의와 크게 다를 바 없었지만 그 자신은 이런 점을 인정하지 않았다.

인간 – 늑대인가 양인가?

1장 '인간 - 늑대인가 양인가?'에서 프롬은 서구의 역사는 르네상스와 함께 시작된 이래 비참함의 연속이었다고 주장한다. 특히 현재의 도덕적 파산은 1차 세계대전에서 유래하는데, 인간성에 숨은 이러한 파괴적 경향에 대한 책임은 몇몇 악인들에게 있는 것이 아니라 그들에게 거대한 권력을 부여한 지극히 보통인 사람들에게 있다고 주장한다.[354] 그리고 개인의 도덕적 타락과 파괴성의 원인은 인간성 가운데 '죽음에 대한 사랑, 악성 자기도취, 공생적 근친상간적 고착'에 있다고 본다. 그 세 가지가 결합되면 쇠퇴증후군을 형성한다. 즉 순수하게 파괴 자체를 목적으로 하여 파괴를 행하는 개성을 낳는 죽음애적 성격이 형성된다는 것이다.[355]

이러한 병적인 증후군에 대립되는 것이 성장증후군, 즉 생명애적 성격이다. 나르시시스트와 대조되는 생명애적인 성격의 인간은 모든 이웃에 대해 사랑을 느끼며, 그런 사랑에 의해 자립을 얻고, 근친상간적인 고착으로부터의 자유를 획득한다.[356)

이어 2장 '폭력의 여러 가지 형태' 에서 프롬은 여섯 가지의 폭력을 구별한다. 즉 유희적 폭력, 반동적 폭력, 복수적 폭력, 보상적 폭력, 가학적 폭력, 원시적 폭력(종족주의적인 '피의 갈구' 등)이다.

죽음애와 생명애

3장 '죽음에 대한 사랑과 삶에 대한 사랑' 에서 프롬은 죽음애를 설명하기 위해 스페인내전의 한 사례를 든다. 1936년 살라망카 대학에서 프랑코군의 아스트레 장군은 '죽음이여, 만세!' 라고 외쳤다. 이에 대해 이 대학의 학장인 우나무노가 죽음의 냄새가 난다고 비판하자, 파시스트들은 그를 자택연금 상태에 두었다.[357)

이어 프롬은 죽음애를 성적 일탈이 아니라 죽음과 살아 있지 않은 것, 생명이 없는 모든 것을 향한 성격틀로 설명한다.[358) 그것은 프로이트가 말한 항문기의 사디즘적 성격, 또는 인간 심리의 일부로 그가 상세히 서술한 '죽음의 본능' 을 발전시킨 것이다. 하지만 프롬은 프로이트를 수정하면서도 죽음애를 병리학적 현상으로 취급할 뿐, 프로이트처럼 인간 심리구조의 본능적 부분으로 보지 않는다.[359)

프롬은 죽음애를 보여주는 개성으로 히틀러, 스탈린, 그리고 놀랍게도 융을 들었다.[360) 물론 융은 앞의 두 독재자와는 달리, 창조성과 인간심리에 대한 탁월한 통찰력과 환자를 치료한다는 자신의 직업을 통하여 자신의 죽음애적 틀에 대해 균형을 잡을 수 있었던 사람으로 다루어진다. 적어도 그는 파괴에는 참여하지 않았다.[361) 이에 비해 히틀러는 죽음애적 개성 형성에 원인이 되는 여러 전제조건들을 예증하기 위한 사례로 책 전체에서 끝없이 인용된다. 그러나 히틀러에 대한 프롬의 분석은 개설적이고 실험적이다. 예컨대 프롬은 전장에서 히틀러가 부패하는 시체를 눈앞에 두고서 황홀상태에 빠져 눈을 돌리지 않았다고 주장한다.[362]

그러나 이는 결코 죽음애의 증거라고 할 수 없다. 전쟁신경증에 빠진 병사라면 누구나 그런 상황에서 같은 반응을 보일 수 있기 때문이다. 설령 전쟁에 의해 인간성이 완전히 무감각하게 되는 체험을 직접 하지 못해도, 목격하는 것만으로도 엄청난 충격을 받는다는 것은 문학작품이나 신문, 잡지의 기사 또는 전쟁에 대한 기록을 통해 알 수 있다. 따라서 그런 히틀러의 반응은 도리어 '정상적'인 것으로 볼 수도 있다. 그것은 특별하게 죽음애적인 것이 아니라, 히틀러의 성격에 특유한 '타자의 수난에 대한 냉담함'을 보여주는 것이라고 볼 수도 있다.

여하튼 히틀러에 대한 프롬의 전면적인 성격분석은 1973년의 《인간 파괴성의 분석》에 와서 비로소 가능했다고 볼 수 있다. 그러나 뒤에서 보듯이 제3제국이 망하면서 히틀러가 자살한 것은 그의 성격틀이 만든 논리적 귀결이었다고 보는 프롬의 견해에도 의문이 제기될 수 있다. 왜냐하면 그것은 모든 현실감각을 잃고 자포자기에 빠진 그가 전 국민을 자신과 함께 지옥에 데려가고자 하면서 자신을 죽음으로 내몬 행위라고 보는 것이 더욱 타당하기 때문이다.

조직적인 대량학살을 초래한 아돌프 아이히만에 대해서도 프롬은 간단하게만 언급하고 있다.[363] 아이히만은 2차 세계대전 후 미군에 의해 체포되었지만 중동으로 도망쳤다가 1958년 아르헨티나로 갔다. 하지만 그는 1960년 이스라엘에 의해 발견되어 1961년 재판을 받고 교수형에 처해졌다. 아이히만 재판에 대한 저명한 연구에서 아렌트는 숄렘과 논쟁을 벌인 적이 있다. 그러나 프롬은 놀랍게도 전체주의에 대해 같은 통찰을 한 아렌트에 대해 언급하지 않고 아이히만의 죽음애에 대해서만 언급한다. 오직 규칙에 따른다는 아이히만의 성향은 앞의 《인간 자체: 윤리심리학의 탐구》에서 묘사된 저장적 성격을 떠올리게 한다. 문제는 여기서 프롬이 얼굴의 모양을 중시하는 인상학(人相學)을 도입하고 있다는 점이다.[364] 인상학은 서양에서 18세기에 시작되어 나치의 인종차별적 과학으로 발전되었는데, 아이러니컬하게도 그것이 나치에 철저히 반대하는 프롬에 의해서도 도입되고 있다.

여하튼 죽음애와 상반되는 생명애는 앞서 본 《인간 자체: 윤리심리학의 탐구》에서 설명된 생산적 성격과 《사랑의 기술》에서 설명된 생산적 사랑의 반복이다. 스피노자와 슈바이처에 근거하여 프롬은 생명애를 휴머니즘 윤리의 기초로 삼는다.[365] 이러한 기초에 서서 생명애적 성격은 생명과 창조성을 유지하는 성격특성이고, 경이로움을 느낄 수 있는 준종교적인 체험이라고 설명된다. 이는 앞에서 본 《정신분석과 종교》에서 이미 설명된 것을 더욱 확대한 것이다. 즉, "선은 삶에 이바지하는 모든 것이고, 악은 죽음에 이바지하는 모든 것이다"[366]라는 공식이 되풀이되고 있다.

죽음애와 생명애는 각각 프로이트가 말한 '생명과 죽음에 대한 본능'에서 유래한다.[367] 프로이트가 해결하지 못한 이 두 가지 기본적인 인간 본능의 변증법적 대립을 프롬은 인간 속에 존재하는 가장 기본적인 모순, 즉 삶과 죽음의 건널 수 없는 강으로 본다.[368] 그런데 프롬은 프로이트와 달리 죽음애 성격은 단지 마음의 병일뿐 아니라 악의 표현이라고 본다.[369] 프롬에게는 윤리적 고찰과 정신분석적 고찰이 하나의 전체, 즉 인간 자아의 개개 측면에 불과하다. 그러나 윤리와 정신분석을 구별하는 대부분의 정신분석가들은 이러한 프롬의 태도에 의문을 가지리라. 사실 정신분석학은 정신병을 윤리에서 분리시키면서 발전했다. 그 전에 정신병은 반윤리적이라는 이유로 혐오되었고, 정신병자는 악마 추방이라는 미명 아래 고문을 당하고 화형에 처해지기도 했다. 이에 대해 프로이트는 정신병을 사악한 것으로 보는 시대착오적 믿음을 불식시키고 그것을 과학적으로 인식하도록 한 것이다.

이어 프롬은 생명애와 죽음애를 형성하는 원인에 대해 고찰한다.[370] 생명애를 형성하는 필수적 조건으로 프롬은 다음과 같은 것들을 말한다.

어린 시절에 따뜻하고 애정 어린 사람들과 자주 접촉하는 것, 자유롭고 아무 위협도 없는 상태, 내면적 조화와 힘을 기르는 원리의 가르침, 설교보다는 시범으로 행하는 '살아가는 기술'에 대한 지도, 남에게 영향과 자극을 받고 이에 반응하는 것, 참으로 즐거운 생활 방식 등[371]

이에 반해 죽음애는 죽음을 사랑하는 사람들 사이에서 자라나는 것으로 아무 자극도 없는 상태, 틀에 박힌 흥미 없는 삶, 공포, 사람들간의 직접적이고 인간적인 관계 속에 결정되는 것이 아닌 기계적 질서 등이다.[372] 프롬이 무엇보다도 중시하는 것으로 가족을 들 수 있다. 즉 생명애적 성격은 권위주의적이지 않은 가족에서 생겨나고, 죽음애적 성격은 권위주의적인 가정에서 생겨난다는 것이다. 그러나 현대 가족의 가장 심각한 문제는 무관심이고, 이는 조잡한 자기중심적 인간을 낳고 있다. 이 점을 프롬이 무시했다는 것은 그의 관점이 시대에 뒤떨어진 게 아닌가 하는 의문을 갖게 한다.

그러나 프롬이 생명애를 형성하는 요인으로 드는 세 가지 점에는 여전히 현대적인 의의를 인정할 수 있다. 특히 첫째, 경제적 빈곤은 물질의 풍요로 대치되어야 한다는 점과 둘째, 부정은 사회정의를 지배적인 질서로 하기 위해 폐지되어야 한다는 점이 그렇다. 여기서 정의란 모든 사람이 동등하게 소유하는 것이 아니라 "한 사회계급이 다른 사회계급을 착취하고 그 계급으로 하여금 풍요롭고 위엄 있는 생활을 하지 못하도록 막는 사회적 상황"을 없애는 것을 말한다.[373] 지금 우리는 자본주의 체제에서는 극히 소수의 부자나 상층계급만이 부를 누리고 있음을 알고 있다.

생명애를 형성하는 세 번째 요인은, 《자유로부터의 도피》나 《인간 자체: 윤리심리학의 탐구》 등에서 프롬이 누누이 강조한 자유이다. '정치적 속박으로부터의 자유'는 충분한 조건은 아니다. 삶에 대한 사랑이 발전할 수 있으려면 '…하는 자유', 곧 창조하고 건설하고 모험하는 자유가 있어야 한다.[374] 그러나 현대사회에서는 시장의 명령과 매스미디어의 영향에 의한 획일성에 의해 그러한 자유가 침해당하고 있다.

그 결과 죽음애적 성격이 지배적으로 되어 조직적 인간, 자동인형적 인간, 소비적 인간을 낳았다.[375] 이 또한 《자유로부터의 도피》나 《인간 자체: 윤리심리학의 탐구》 등에서 언급된 비생산적 성격의 그것들이다.

단적으로 말해 지성화, 양화, 추상화, 관료화, 대상화 같은 현대 산업 사회의 특징들이 사물이 아닌 사람들에게 적용될 때는 삶의 원리가 아니라 기계의 원리가 된다. 이러한 체 속에 사는 사람들은 삶에 무관심하게 되고 심지어 죽음에 집착하게 된다.[376]

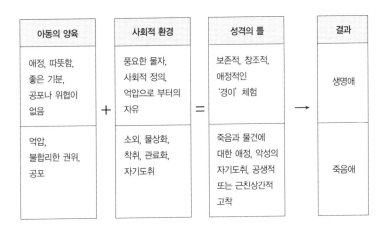

자기도취

4장 '개인적 자기도취와 사회적 자기도취'는 위에서 말한 사회적 결함의 필연적인 결과로 초래된 개인적 및 사회적 나르시시즘을 다룬다. 자기도취적 인간은 자기에 사로잡혀 타인과 참된 관계를 맺지 않고 자신이 우주의 중심이라고 생각한다.[377] 프롬은 이집트의 파라오, 로마 황제, 이탈리아 르네상스 보르자 가문 사람들, 히틀러, 스탈린 등을 그 보기로 든다.[378] 합리적인 판단이나 비판은 이기주의나 편견에 의해 언제나 부정된다. 비판이라는 말이 단순히 불만으로 여겨지는 풍조가 그렇다.[379] 프롬은 다시 그 보기로 로마 황제 칼리굴라나 네로, 스탈린, 히틀러를 든다.[380] 그러나 비판에 민감한 현대의 일반인들도 마찬가지이다.

이어 프롬은 사회적 자기도취를 설명한다.[381] 프롬은 이미 1930년대 노동자 의식조사를 통해 이것을 고찰했다. 물론 당시 프롬은 집단적 나르시시즘이라는 용어를 사용하지는 않았다. 사회적 자기도취는 특정 사회가 보여주는 대규모 공격의 원인이 된다. 인종차별 히스테리로 대학살을 이끈 히틀러가 그 보기이나, 인종차별 또는 일정 집단에 대한 억압이 있는 어떤 사회에서도 같은 메커니즘이 작용한다.[382] 프롬은 여기서 광신적인 반공주의를 설명한다. 집단적 자기도취는 개인적 자기도취와 같이 객관성과 건전한 합리적 판단의 결여에서 비롯된다.[383] 그러나 프롬이 그 예로 드는 흑인에 대한 빈곤한 백인의 편견은 적절하지 않다. 왜냐하면 대부분의 편견은 사실 부유한 계급에 의해 생기기 때문이다. 그러나 집단적 자기도취가 인공적으로 조작된 영웅이나 정치적 지도자를 자신과 동일시하여 생긴다고 본 프롬의 지적은 옳다.[384] 자기도취적인 대중의 욕구를 만족시켜주는 반미치광이 같은 사람은 언제나 우리 곁에 있기 마련이다.[385]

이러한 현상은 미국에서나 한국에서나 공히 나타난다. 즉 정책이나 합리적 논의, 그리고 진로 변경의 토론은 현대 정치에서 무시된다. 선거는 후보자에 대한 합리적인 선택이나 정책의 차이에 의해서가 아니라 사람들이 자신과 동일화하기 쉬운 이미지를 대량으로 유포하는 것에 얼마나 많은 돈을 사용하는가에 달려 있다.

그렇다면 이러한 현상에 대한 치료는 어떠해야 하는가? 프롬은 자기도취의 고착 대상을 바꿀 수 있다고 본다. 즉 특정한 인종이나 국가 또는 정치체제가 아니라 전 인류가 집단적 자기도취의 대상이 된다면 상황은 극적으로 변할 수 있다는 것이다.[386] 그러나 그런 경우에는 자기도취 자체가 더 이상 존재하지 않게 될 것이므로 프롬의 주장이 반드시 옳다고 할 수 없다. 즉 자기도취 자체가 본능적 고착에 대해 그러한 변화를 일으키지 못하게 한다. 또한 모든 나라의 교육기관이 어떤 특정한 나라의 위대함이나 영광 대신에 인류의 업적을 강조하면 된다고 하는 프롬의 주장 역시 너무나도 유토피아적이라고 하지 않을 수 없다.[387] 다시 말하자면 교육정책에 그러한 근본적인 변혁을 초래하지 못하는 것이야말로 자기도취, 또는 과격한 애국심 때문인 것이다.

프롬은 집단적 자기도취에 대한 효과적인 치료방법으로 비판적 사고, 객관성, 현실 직시, 그리고 모든 집단에 명령을 내리기보다 타당한 진리 개념을 촉진시킬 것을 제안한다.[388] 이런 제안은 분명히 진실의 요소를 담고 있으나, 동시에 비현실적이다. 미국이나 한국의 교육은 이런 프롬의 제안과는 더욱 더 반대로 나아가고 있다. 자연적인 치료보다 쇼크 요법이 더 확실한 효과를 발휘할지 모른다. 예컨대 2차 세계대전을 겪은 유럽이 그런 경우이다. 이는 인간은 철저한 실패를 겪어야만 반성한다는 사례일지도 모른다.

근친상간적 유대

5장 '근친상간적 유대'에서 프롬은 죽음애 성격에 원인이 되는 제3의 조건인 공생적, 근친상간적 고착에 대해 간단히 설명한다. 그는 아이들이 이성의 부모에게 성적으로 고착한다는 프로이트의 이론에 다시금 반론을 제기한다.[389]

프롬에게 근친상간적 고착이란 일반적으로 성적인 결합을 말하는 것이 아니라, '어머니인 사람'에 대한 극도의 의존을 뜻한다. 이러한 대리자로서의 어머니는 혈연관계, 즉 가족, 종족 또는 그것들과 유사한 어떤 집단에 존재하며, 그에 대해 스스로 부과한 속박으로부터 자유로워지지 않는 한 사람은 무력하게 되어 '근친상간적 병리'가 진행된다고 프롬은 말한다.[390]

그러나 이러한 용어는 부적절하다. 나아가 프롬이 말하는 징후는 유아의 성과는 거의 무관한 것이다. 도리어 그것은 저해된 성장의 특수한 형태, 즉 개인이 성인이 되는 것을 싫어하고 자신의 생활 형성에 책임을 지지 않는 것이다.

앞의 자기도취와 비교하면, 자기도취가 주로 지적 성장을 저해하는 데 비해 근친상간적 고착은 정신적 독립을 못하게 한다. 여하튼 이 상태에 대해 프롬은 뒤에 《인간 파괴성의 분석》에서 더욱 상세한 고찰을 한다.

성격에 대해 탐구한 프롬은 처음으로 긍정적인, 즉 생명애적인 성격의 특성과 부정적인, 즉 죽음애적인 성격을 각각 관련시키고, 그 양쪽이 공통으로 갖는 기반 상태를 '정상'이라고 한다. 이를 도표로 보면 다음과 같다.[391]

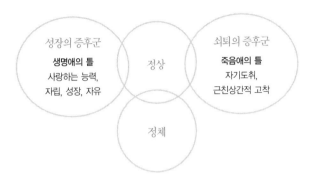

성장의 증후군
생명애의 틀
사랑하는 능력,
자립, 성장, 자유

정상

쇠퇴의 증후군
죽음애의 틀
자기도취,
근친상간적 고착

정체

이러한 성격 유형화를 통하여 프롬은 처음으로 '인간은 창조적 충동과 파괴적 충동이라는 다이내믹한 이중성을 갖는다'는 통찰에 근거한 종합적인 성격이론을 수립했다. 즉 여러 성격 틀은 서로 배타적인 것이 아니다. 모든 경향이 '정상'의 인간에 내재하며, 긍정적인 틀은 사회화, 합리적 통찰, 그리고 일정한 선택의 의식적 실현에 의해 강화된다고 프롬은 본다. 이러한 변증법적인 휴머니즘이 그전까지 그가 전개한 성격학의 정적인 서술을 대체한다.

자유, 결정론, 양자택일론

6장 '자유, 결정론, 양자택일론'에서 프롬은 그 셋을 구별한다. 그의 성격학이 갖는 변증법을 이해하는 열쇠는 양자택일의 가능성에 있다. 그는 인간성을 모순의 덩어리[392] 또는 차원이 다른 정반대 요소들로 구성된 집합체, 즉 본능을 갖는 존재이자 이성과 자각의 힘을 갖는 존재로 보고, 다른 모든 생물과 달리 인간의 자아만이 본능의 속박을 초월할 수 있고, 인간의 의식만이 '삶 자체를 자각할 수 있다'고 본다.[393] 그러나 인간성에 존재하는 양면성이나 그 결과 생기는 여러 성격 틀이 인간 존재의 '본질'은 아니다. 본질은 도리어 그러한 양면 사이의 다이내믹한 갈등 속에서 찾아져야 한다고 프롬은 본다.[394]

따라서 그에 의하면 인간의 역사는 두 가지 갈등하는 힘의 변증법적 상호작용에 의해 추진된다.[395] 그리고 그 힘이란 삶에 대한 충동과 죽음을 향하는 성향이고, 이 갈등을 푸는 최종적인 해결은 성격 형성에 작용하는 개인의 힘과 사회의 힘 양쪽과 관련된다고 프롬은 주장한다.[396]

여기서 프롬은 인간성의 본질과 인간성의 도달점을 구별하고 있다. 만일 인간성의 본질이 정말 삶의 자각 그 자체이고, 그 다음에 오는 것이 정상의 자아 확립이라고 하면, 자연스러운 목표를 향한 인간성의 성숙(생명애적 틀)이 처음부터 뻔한 결론이 된다. 나아가 이러한 인간성의 본질은 과학적으로 규명될 수 있으나, 그 성숙을 목표로 하여 나아가다가 도달하는 곳이 어디인가는 오직 외적 요인, 즉 문화적, 사회적, 경제적 요인에 의해 좌우된다. 외부에서 작용하는 힘이 변하면 자동적으로 인간성의 도달점도 변한다.

이러한 변증법적 과정에서 나타나는 하나의 현상은 퇴행이다.[397] 프롬이 말하는 퇴행은 사람을 의존과 불합리로 이끈다. 만일 이런 퇴행적 경향을 일정 사회의 대다수나 전체 구성원들에게서 볼 수 있게 된다면 우리는 수백만이라고 하는 대규모 집단이 광기를 보이는 광경을 눈앞에 보거나 자기도취적인 집단적 틀을 보게 되리라. 그러나 프롬은 이러한 퇴행적 충동을 어떻게 개인의 성격이나 집단적 성격에 미치지 않게 할 것인가에 대해서는 답하지 않는다. 그는 다만 억압이나 승화의 가능성에 대해 말할 뿐이고, '전진적인 해결'에 대해서도 마찬가지로 가능하다고만 답한다. 어디로 향할 것인가의 최종적인 힘은 선택의 자유에 있다.[398]

이러한 자유를 행사하기 위해 인간은 먼저 자신의 성격 속에 서로 대립하는 경향이 있음을 알아야 한다. 즉 인간은 자신의 자각력을 되찾아 자신이 어떻게 하면 좋은지를 인식해야 한다.[399] 프롬에 의하면 자각은 다면성을 갖는다. 이는 사회심리적인 것으로서, 합리적인 요소만이 아니라 윤리적 요소도 포함한다. 따라서 인간은 선악의 구별을 배우고, 특정한 목적을 달성하기 위한 적절한 방법을 식별해야한다.

마찬가지로 인간은 자신의 동기 부여에 대해서도 통찰력을 가져야 하나, 그 동기 부여는 대부분의 경우 잠재의식 속에서 이루어진다. 자각은 현실적인 선택의 가능성과, 일정한 선택의 결과로도 연결되어야 한다. 마지막으로 자각은 행동하는 의지와 목표를 가져야 하고, 성공에 도달하기 위해 필요한 자기훈련을 해야 한다. 그리고 선택은 반드시 하나이다. 따라서 예컨대 냉전을 인정하면서 인류의 멸망을 희망하지 않는 것은 불가능하다고 프롬은 주장한다. 생명애인가 죽음애인가의 선택도 마찬가지로 개인의 선택에 달려 있다.

유토피아를 꿈꾸며

《사회주의 휴머니즘》《당신도 신처럼 되리라》《희망의 혁명》

제3의 길, 그리고 프롬의 종교관에 비친 구약성서

프롬은 1965년 《사회주의 휴머니즘(Socialist Humanism)》을 편집하면서 자본주의적인 것도 국가자본주의적인 사회주의도 아닌 제3의 길을 모색했다. 이 책의 필자에는 러셀, 골드만, 보토모어, 티트머스, 페처, 마르쿠제, 생고르, 블로흐, 카멘카, 샤프, 뤼벨 등이 포함되었다.

    프롬은 자신이 쓴 서문에서 자유롭고 이성적이며 사랑을 간직한 인간에 대한 신앙고백을 하고 있다.[400] 삶은 인간이 자신의 독자적인 힘에만 의존하여 이성과 사랑과 창조력으로 일체화 경험을 하는 경우에만 충족된다고 프롬은 본다. 이와 반대로 자신의 힘으로 삶을 살지 않고 대용품에 싸여 풍요하게 된다면 공허한 삶에 그치고 만다는 것이다. 곧 '소유냐 존재냐'라는 선택의 문제다. 그러나 그것은 개인의 도덕성 문제가 아니라, 우리의 모든 사고와 감정 및 행동의 방향을 결정하는 사회심리적 제도를 통해 이해되어야 한다고 프롬은 생각했다.

종교에 대한 프롬 최후의 작품인 《당신도 신처럼 되리라》는 《인간의 마음》에 제시된 선택가능성이라는 개념에 대한 탐구의 계속이다. 그러나 프롬은 여기서 성격학을 직접 다루지는 않고 '구약성서와 그 전승의 근원적 해석'을 통해 그것을 진전시키고 있다. 우리는 이 책을 특별히 상세히 다루지 않고 아주 간단하게만 살펴본다. 그에 의하면 구약성서는 비권위주의적이고 인간 중심의 신을 추구한 혁명적인 문서이다. 국내 번역서는 프롬이 이 책을 통하여 자신이 유태인임을 자랑하고 있다고 하나, 이는 대단히 한국적인 설명임에 틀림없다.[401]

서문에서 프롬은 구약성서의 주제는 혈연과 자연으로 이어진 근친상간적 유대로부터 인간을 해방시키는 동시에 우상숭배, 노예제도, 권력 따위로부터 인간을 해방시키며, 개인과 국가와 온 인류에게 자유를 누리게 하는 데 있다고 파악한다.[402] 즉 프롬이 말하는 근원적인 휴머니즘(radical humanism)이 성서 해석에 그대로 적용된다.

프롬은 성경을 '하느님의 말씀'으로 보지 않고 여러 종류, 여러 세대의 사람들이 쓴 것으로 본다.[403] 그가 말하는 근원적 휴머니즘은 전 인류가 하나가 될 수 있고, 인간은 제 자신의 힘을 발전시켜 나가 내적인 조화상태에 도달하며, 궁극적으로 평화로운 세계를 건설할 수 있다는 범세계적인 철학이다. 그 실현은 가상과 환상을 버림으로써 달성된다고 한다.[404]

2장 '하느님에 대하여'에서 프롬은 첫째, 아담과 이브의 이야기는 원죄(프롬에 의하면 성서에는 죄라는 말이 없다)가 아니라 신의 권력에 도전한 인간의 행위이자 인간 자유의 시작으로 해석한다.[405] 둘째, 프롬은 노아 설화 등을 신과 인간의 계약으로부터의 탈출, 즉 신에 도전하는 인간 자유의 완성으로 해석한다.[406] 그리고 마지막 셋째로 그는 중세 신학자인 마이모니데스(Moses Maimonides, 1135~1204)는 이성과 사랑을 추구하고 비합리적인 자기도취의 속박으로부터 초월하는 부정의 신학을 개척했다고 지적한다.[407]

이어 프롬은 구약성서의 인간관을 3장에서, 역사관을 4장에서, 죄와 회개를 5장에서, 삶을 올바르게 살아가려는 시도인 할라카(유대교의 율법 또는 생활규범)를 6장에서 설명한다. 6장의 끝부분에서 프롬은 특히 안식일에 대해 특별한 의미를 부여한다. 또 7장에서는 시편을 설명하고, 8장에서 결론을 맺으며, 9장에서 시편 제22편과 예수의 수난을 설명한다.

그런데 본론에서는 물론 결론에서도 제시되고 있는 프롬의 종교관은 그다지 밝지 않고 도리어 우울과 상실감을 보여주고 있다. 이는 프롬의 후기 저술에 나타나는 전반적인 문화적 비관주의를 반영한다. 물론 프롬은 똑같이 비관주의에 빠진 프랑크푸르트학파의 호르크하이머나 아도르노와는 달리 선택의 가능성을 믿고 인생을 긍정하려고 하지만, 그런 그의 노력조차 절망적이라는 느낌을 지울 수가 없다.

프롬은 인간이 신과 같이 되어야 한다고 주장하나, 인간이 신이 아닌 것은 두말할 필요가 없다. 게다가 무신론자인 프롬은 신을 인정하지 않았다. 결국 프롬은 인간 마음에의 고귀한 투영인 신성, 인간이 도달할 수 없는 영원한 아름다움과 완전함이라는 환영을 좇은 것인지도 모른다.

유진 매카시를 응원하며

《희망의 혁명》은《건전한 사회》와《인간은 극복할 수 있는가?》를 기초로 한다. 프롬은 이 책이 1968년 미국 대통령 선거 이전에 출판되어 유진 매카시에게 도움을 주기를 기대했다. 그러나 이 책은 선거에서 닉슨이 승리한 뒤에야 비로소 세상에 나왔다.

《희망의 혁명》은 그 제목처럼 프롬이 당시의 희망에 찬 혁명적 분위기에 젖어 저술한 것임을 알 수 있다. 그러나 프롬은 1964년 버클리 대학에서 비롯되어, 베트남 전쟁에 대한 반대와 인종적, 경제적 평등을 요구하는 민중운동으로 확대되고 1968년 유럽을 비롯한 전 세계로 퍼진 학생운동의 역사에 대해서는 이 책에서 전혀 언급하지 않았다.

이는 프롬이 종래와 마찬가지로 사회개혁에 대한 자신의 희망을 어떤 특정 계급이나 계층에 한정하는 것을 거부했다는 점에서 이해될 수 있다. 이 점에서 프롬은 프롤레타리아 혁명을 주장한 마르크스를 명백히 거부했다.

《희망의 혁명》은 그보다 10년 전인 1958년 독일에서 출판된 블로흐의 《희망의 원리》로부터 영향을 받았다. 타인으로부터 받은 영향을 밝히기 싫어하는 성격 탓에 프롬은 블로흐의 책도 단 한 번 인용하는 것에 그치고 있다. 그러나 앞에서도 보았듯이 프롬은 1918년 블로흐의 《유토피아의 정신》을 읽고 감명을 받은 후 반세기 이상 그의 영향을 받았음에 틀림없다.

《희망의 원리》에서 말하는 희망은 블로흐의 정의와 비슷하게 변증법에 근거한 것으로서 '아직 도래하지 않은 희망'을 뜻한다. 즉 인간이 자기 속에 있는 무엇을 영원히 추구하는 힘, 공허한 상태를 무엇인가로 채우고자 하는 충동이다. 그리고 희망의 원리란 희망을 통해 창조와 진보로 나아가는 것을 말한다. 블로흐는 마르크스가 희망의 실현을 위한 구체적인 틀을 제공했고, 인간은 가까운 장래에 충실하고 소외되지 않은 생활이라고 하는 최종목표에 도달한다고 보았다. 프롬과 마찬가지로 무신론과 메시아에 의해 구원받는다는 신앙이 블로흐의 철학에도 있다.

이 책은 모두 6개의 장으로 구성된다. 그런데 이 책의 전반적인 내용은 프롬이 그 전에 쓴 책들의 답습이지 그것들과 달리 새로운 것이라고 보기는 어렵다. 따라서 우리도 앞에서 설명한 것들 중 중복되는 것은 대폭 생략하고 새로운 통찰이라고 볼만한 몇 가지만 검토하도록 한다.

희망

1장 '갈림길'을 거쳐 2장 '희망'에서 프롬은 블로흐, 그리고 틸리히에 따라 희망은 물건의 획득을 향한 것이 아니라 비전의 실현을 향한 능동적인 감정이라고 본다.[408] 그 목표는 충실감에 가득 찬 상태이고, 비참한 존재로부터의 해방이며, 구제나 혁명이 필요하지 않은 상태로서, 아직 도달되지 않은 미래의 것이다. 그런 미래는 1789년의 프랑스 혁명에서 로베스피에르가 숭상한 것이 아니다. 그것은 희망의 소외에 불과하다. 희망의 결여란 삶에 대해 사랑이 없는 것을 말한다. 여기서 프롬은 마르쿠제의 이론에 대해 "소박한 지적 백일몽이며 본질적으로 비합리적, 비현실적이며, 생명에 대한 사랑이 결여되어 있다"며 격렬하게 비판한다.[409)

프롬은 희망이란 하나의 '존재 상태'로서 "긴장하고 있으나 아직 행동으로 나타나지 않은 능동성을 지닌 준비"라고 규정한다.[410) 이어 프롬은 희망과 관련된 것으로서 신념, 불굴의 정신, 부활 및 메시아적 희망에 대한 인간의 능력을 거론하고 그것들을 설명한다.[411)

3장 '우리는 지금 어디에 있는가, 그리고 어디로 가고 있는가'에서 프롬은 역사와 현실을 분석하나, 그 내용은 대체로 우리가 앞에서 본 것들이다. 특히 주목할 점은 프롬이 현대의 자동화 사회를 묘사하기 위해 멈포드와 엘룰을 강조했다는 것이다.[412) 프롬이 앞의 저서들에서 이 두 사람을 주목하지 않은 것은 아니나 《희망의 혁명》에서는 특히 강조되어 있다. 멈포드의 《기계의 신화(The Myth of Machine)》[413)는 1966년, 엘룰의 《기술사회(The Technique Society)》[414)는 1964년에 각각 영어로 출판되었다.

이와 반대로 프롬은 노벨 생물학상 수상자인 로렌츠(Konrad Lorenz)의 《공격행위에 관하여(On Aggression)》[415)나 모리스(Desmond Morris)의 《털 없는 원숭이(The Naked Ape)》[416)가 보여주는 동물적 본능론을 '영장류의 정서와 컴퓨터와 같은 두뇌의 결부'라는 대중의 꿈에 영합한 것이고, 그런 꿈이 실현된다면 인간의 자유와 책임이라는 문제가 소멸한다는 점에서 비판한다.[417)

4장 '인간적이라는 것은 무엇을 뜻하는가'는 우리가 앞에서 살펴본 프롬의 인간론이므로 여기서는 그냥 지나치기로 하고, 5장 '기술사회가 인간화하는 여러 단계'를 살펴보자. 프롬은 사회주의 국가에도 자본주의 국가에도 전형적인 생산과 분배의 집중화와 자동화 현상이 나타나고 있음을 주목하고, 그 경직화된 현실의 미래에 대해 세 가지 그림을 제시한다. 첫째는 거의 불필요한 물자를 생산하고 소비하는 현 시스템의 계속으로, 그 결과는 인간을 크게 병들게 하거나 핵전쟁에 이르게 한다. 둘째는 폭력혁명에 의한 개혁으로, 이는 경제 시스템을 전멸시키고 독재체제를 낳는다. 셋째는 현 시스템을 대규모의 인간화에 의해 바로잡아 인간의 행복과 성장을 확보하는 것이다. 이 셋째가 바로 프롬이 선택하고자 하는 비전이다. 프롬은 그 구체적인 네 단계를 설명하나, 이는 우리가 앞의 《건전한 사회》에서 검토한 것이므로 생략한다.[418]

인간은 왜 공격적인가
《인간 파괴성의 분석》

1970년대 전반의 프롬

1969년 프롬은 그가 설립을 도운 국제정신분석포럼의 회장으로 추대되었다. 그러나 심장발작으로 인해 스위스에서 요양 중이었기 때문에 그 회의에는 참석하지 못했다. 요양을 위해 프롬 부부는 1969년부터 1973년까지 로카르노에서 여름을 보냈고, 1974년에는 아예 로카르노로 거처를 옮겼다.

1970년 프롬은 1930년대에 쓴 논문들을 모아 엮은《정신분석의 위기(The Crisis of Psychoanalysis - Essays on Freud, Marx, and Social Psychology)》[419]라는 논문집을 출판했다. 그는 같은 제목의 논문[420]에서 정신분석가가 자신을 병든 사회규범이나 행동양식에 적응시키려고 하기 때문에 현대 정신분석이 위기를 맞았으며 왜곡됐다고 고발했다.

1973년 이스라엘과 아랍 사이에 전쟁이 터졌다. 이 전쟁에서 이스라엘은 팔레스타인에 무차별 폭격을 가했다. 프롬은 이러한 이스라엘의 행위를, 나치가 자신의 친위대 장교 하이드리히가 암살된 데 대한 보복으로 체코의 리디체 마을에 가한 보복에 비유하여 유태인들을 경악하게 했다. 1974년에 프롬은 미국 상원 공청회에서 긴장완화의 가능성에 대한 자신의 의견을 개진했다. 그 후 프롬은 임상활동을 중단하고 저술에만 전념하였고, 가끔 라디오나 TV의 인터뷰에 응했다.

그 생활은 경건한 스님 같은 것이었다. 매일 아침 묵상하면서 정신집중에 노력했다. 또한 나날의 생활을 기초로 자신의 꿈과 잠재의식 활동을 분석했다. 이는 1960년에 나온 《선과 정신분석》을 그대로 실천한 것이었다.

정신분석이론의 제1부

1966년경부터 쓰기 시작해 집필에 6년 이상이 소요된[421] 《인간 파괴성의 분석》은 프롬이 구상한 정신분석이론 3부작의 제1부에 해당된다. 그러나 나머지는 완성되지 못했다. 그의 저작 중에서 가장 방대한 이 책(원서가 500쪽이 넘고 번역서도 600쪽이 훨씬 넘는다)은 그 전문성으로 인해 대중의 인기를 끌지는 못했다. 그러나 그다지 난해한 책은 아니다.

프롬은 성격학에 대한 과학적 기초를 제공하고자 이 책을 썼다. 프롬의 다른 저서들처럼 이 책도 3부로 구성된다. 1부는 '본능주의 및 행동주의 정신분석'에 대한 비판이고, 2부는 '본능주의적 테마에 대한 반증'이며, 3부는 '파괴성의 여러 모습과 그 조건'을 다루고 있

1970년의 프롬

다.

　1부 '본능주의 행동주의 정신분석'에서 프롬은 프로이트나 로렌츠를 대표로 하는 본능주의자와 행동주의자들의 이론은 인간의 공격성을 설명하는 데 부족하며, 부분적으로 오류를 범하기도 했다고 비판한다.[422] 1장 '본능주의자들'에서 프롬은 프로이트가 본능적 자질을 두 개의 범주, 즉 성본능(생의 본능인 에로스)과 죽음의 본능으로 분류했음을 밝힌다.[423] 1차 세계대전을 겪은 프로이드가 그 전까지 인간의 가장 기본적인 본능으로 생각한 성본능 외에 새로이 상정한 죽음의 본능은 뒤에 프로이트 제자들에 의해 타나토스(Thanantos)로 불렸다. 프로이트는 이 파괴적인 본능을 부분적으로 통제할 수 있다고 보았으나, 인간의 육체에는 여전히 두 가지 갈등하는 힘이 병존한다고 보았다. 이에 대해 프롬은 프로이트가 경험적인 증거에 근거하지 않았다고 비판한다. 그에 의하면 프로이트는 인간심리구조의 유형적 측면에만 집중했고, 사회적 요인은 부수적이었다.

　2장 '환경주의자들과 행동주의자들'에서 프롬은 로렌츠가 프로이트를 따라 공격성을 계통발생적인 영역, 즉 인간이라고 하는 종의 본능적 기구에 위치시켰고,[424] 에너지가 생체 내부에서 높아지다가 그 압력이 어떤 지점을 지나면 폐쇄된 공격성이 폭발한다고 보았으며, 그래서 공격성은 생명 유지에 필요한 본능적 기능이고, 그것에 의해 개체와 일정 종의 생존이 확보된다는 가설을 세웠다고 본다. 프롬은 이에 대해 인간이 오늘날 공격적인 것은 과거에 공격적이었기 때문이며, 과거에 공격적이었던 것은 오늘날 공격적이기 때문이라고 보는 것이라고 비판의 날을 세웠다.[425] 이러한 가설은 동물 행동의 관찰에 근거한 것으로, 그것으로부터 인간 행동과의 유사성을 도출하는 데 대해 프롬은 강력히 반발한다. 로렌츠는 다윈주의자이고, 1940년에는 나치의 민족주의 정책을 지지하는 글을 썼다. 프롬은 그런 로렌츠의 글에 숨어 있는 공격성을 비판하고, 로렌츠가 군사적 열광과 군인적인 애국주의를 역사적 창조력으로 환영했다고 비판한다.

프롬에 의하면 본능주의와 반대로 환경(적응)주의와 행동주의는 인간 상호간의 행동이 주어진 환경의 산물이라고 주장한다.[426] 행동주의의 창시자로《행동: 비교심리학 입문(Behavior: An Introduction to Comparative Psychology)》[427]을 쓴 와트슨(John Broadus Watson)은 19세기 실증주의에 근거를 둔 이론을 전개했다.[428] 우리에게 가장 잘 알려진 행동주의자로《월덴 투(Walden Two)》의 스키너가 있다.[429] 프롬은 인간 행동이 상당한 정도로 외적 자극, 즉 긍정적, 부정적 강화에 의해 형성된다고 보는 점에서는 스키너에 찬성하지만, 그가 인간 행동의 더욱 깊은 동기를 무시했다는 점에서는 비판을 가한다. 또한 스키너가 더욱 고귀한 목적을 위해서는 어떤 집단이 다른 집단에 의해 착취당하고 종속되는 것을 허용하는 가치관을 지녔다는 점도 비판한다. 프롬에 의하면 행동주의의 기초는 부르주아적 체험의 본질, 즉 인간의 다른 모든 정열보다도 자기중심주의와 사욕이 우선한다는 데 있다.[430]

프롬은 스키너가 과학사상을 독점자본주의 이데올로기와 사회경제적 현실에 교묘하게 융합시켜 대중의 인기를 끌었다고 비판한다. 즉 과학적 휴머니즘으로 장식한 편의주의 심리학이라는 것이다. 나치가 지배한 독일이나 스탈린 시대 소련의 심리학자와 사회학자들

이 대부분 행동주의자였음은 분명한 사실이었다.[431]

본능이론 비판

2부 '본능주의적 테마에 대한 반증'에서 프롬은 본능이론이 무효임을 네 가지 관점에서 주장한다. 첫째, 5장의 신경생리학에서 인간의 두뇌만이 특정한 공격성을 낳으며, 이는 자기방위나 자기보존의 행동으로 나타난다고 프롬은 주장한다.[432] 둘째, 6장의 동물행동학에서 프롬은 인간은 동물과 달리 본능이 아니라 선전이나 사회적 압력에 의해 동료들에게 잔혹성을 발휘하게 된다고 본다.[433] 프롬은 열등민족으로 간주된 유태인을 몰살하려 한 히틀러나 동양인에 대한 냉혹한 대학살인 베트남 전쟁을 그 보기로 든다. 셋째, 7장의 고생물학의 관점에서 프롬은 인류 선조의 일종인 오스트랄로피테쿠스는 수렵인이 아니라고 주장하고, 인류로부터 수렵인 유전자의 존재를 배제한다.[434] 넷째, 8장의 인류학에서 프롬은 원시적인 사회가 그 뒤 진보된 사회보다 공격적이라는 이론에 이의를 제기한다.[435] 요컨대 프롬은 파괴성이 모든 인종에게 내적으로 고유한 것도 전형적인 것도 아니고 인간성에 고유한 것도 아니라고 주장한다.

파괴성의 여러 모습과 그 조건

3부 '파괴성의 여러 모습과 그 조건'에서 프롬은 공격성을 양성과 악성으로 구분한다.[436] 양성 공격성이란 인간의 생존을 위해 절대적으로 필요한 것이다. 프롬은 혁명을 자유와 정의에 대한 인간적 충동의 궁극적 표현으로 보아 양성이라고 한다. 그러나 프롬은 원래 혁명에 대해 뿌리 깊은 공포를 느꼈음을 우리는 보았다. 그는 부정한 정치체제에 대한 방어적 공격은 쉽게 격렬한 파괴성으로 변할 수 있고, 그 이전의 힘의 균형이나 억압상태로 되돌아가기 쉽다고 말했다.[437] 또한 전쟁에 대해서도 프롬은 사회가 소외되면 소외될수록 더욱 호전적이 되고, 계급구조가 견고하면 견고할수록, 노동이 확고하게 분할되면 분할될수록 더욱 그렇다고 보았다.[438] 따라서 전쟁은 공격의 도구적 형태이지, 인간에게 고유한 파괴본능에 의해 유발되는 것이 아니다. 전쟁은 사회구조나 사회적 성격에 그 원인이 있고 지배적 엘리트가 갖는 야망에 원인이 있다고 프롬은 본다. 그런데 프롬은 전쟁이 일상을 파괴하고 어느 정도로는 계급도 말소시며, 평화시에 사회생활을 지배하고 있는 부정이나 불평등, 권태에 대한 간접적인 반항이라고 해, 그의 반전주의를 의심하게 하는 발언을 하기도 한다.[439]

이어 프롬은 생명애와 죽음애를 구분한다. 사회적 성격 중 우세한 요소인 합리성은 생명애, 불합리한 사회구조는 죽음애를 강화한다. 파괴성 자체는 죽음애의 원인이 아니라 그 결과이다. 이는 이 책의 중심 사상이자, 프롬의 최초 저서인 《자유로부터의 도피》에 직접 연결된다. 그 책에서 프롬은 삶을 파괴하는 파괴성을 설명했는데, 이제 30년이 지나 프롬은 무엇이 그렇게 만드는지를 조사하기 시작한 것이다.

파괴적 성격의 분석

대부분의 경우 파괴적 성격은 사디즘에서 나온다고 프롬은 본다. 비성적(非性的) 사디즘은 성적 사디즘이 상대를 손상하고 지배하려 하는 것 이상으로 위험하다. 비성적 사디즘의 보기로 프롬은 스탈린의 성격을 든다.[440] 스탈린은 부하가 자신을 대신해 사람들을 고문하는 것을 보기를 즐겼고 희생자를 괴롭히는 것을 좋아했다. 프롬은 사디즘을 '인간의 무기력을 전능의 체험으로 변모시키는 정신적 불구자의 종교'라고 정의한다.[441]

이처럼 사디즘에 대한 치밀한 분석은 프롬 성격학의 결산으로서 평가되기도 하나, 프롬의 분석은 이미 죽은 사람에 관련된 상황 증거에만 입각한 것이어서 문제가 있다. 오히려 스탈린의 성격은 여러 자료로부터 과대망상적 성격으로 추리된다고 하는 점에도 주목해야 한다. 이러한 문제점은 프롬이 힘러(Heinrich Himmler)를 분석하는 경우에 다시 한번 나타난다. 프롬은 나치스 친위대장인 힘러의 성격을 사도마조히즘으로 본다.[442] 힘러는 공포에 젖은 전형적인 마마보이로, 그 성격의 본질이 현존 권력에 복종하고자 하는 데 있었다. 프롬은 말한다. "우리들 주변에는 몇천 명의 힘러가 살아 있다."[443]

프롬은 비성적 사디즘과 사도마조히즘을 악성 공격성인 죽음애로 발전하기 전의 예비단계로 본다. 프롬은 죽음애의 전형으로 히틀러의 성격을 든다.[444] 히틀러는 성장기에 자기도취적 성격이었고, 이어 근친상간적 고착, 냉정, 타인에 대한 관심 결여, 불합리성, 자신이 놓인 현실에 대한 평가능력 부재 등의 요소를 가진 절대악의 전형이었다고 프롬은 분석한다. 그러나 최근의 연구 성과에 비추어 보면 히틀러 성격에 대한 프롬의 이런 과도한 분석에 의문이 제기된다. 특히 프롬 자신이 강조한, 히틀러를 낳은 환경적 요소에 대한 설명이 빈약하다.

마지막 에필로그는 '희망의 애매성에 대하여' 라는 제목으로, 희망이 낙관도 비관도 아니라는 점을 강조한다.[445] 프롬은 낙관주의는 소외된 형태의 신념이고, 비관주의는 소외된 형태의 절망이라고 말한다.[446] 프롬에 의하면 그 어느 것도 역사를 바꾸는 힘이 아니며, 현재의 상황에 대한 유일한 답은 휴머니즘적 사고의 광범위한 활성화다. "비판적이고도 급진적인 사고방식은 그것이 인간에게 주어져 있는 가장 귀중한 자질(생명에 대한 사랑)과 융합했을 때에 비로소 열매를 맺을 것이다" 라는 것이 이 책의 마지막 말이다.[447]

평가

파괴성에 대한 프롬의 이론은 공격 병리에 관한 과도할 정도의 기록으로 가득하나, 치료를 위한 현실적 해결이 되지 못하고 도리어 악에 대한 분석만으로 가득하다. 특히 히틀러의 분석에 책의 6분의 1이 바쳐지고 있고, 그에 대한 판단이 상당히 도덕적이라는 점에서 프롬이 소년기와 청년기에 젖은 유대교에 뿌리박은 도덕적, 윤리적 사고에 여전히 경도되어 있었다는 추측을 불러일으킨다. 우리는 프롬이 생명애적 성격의 소유자라는 것을 믿는데, 그럼에도 불구하고 죽음애에 대해 왜 그토록 깊은 관심이 생겼는지 이해하기 힘들다. 프롬 자신의 이론으로 이해하자면 변증법적인 대립이었다고 보지 않을 수 없다.

정신분석의의 자세
《듣기의 기술》

듣기의 기술

정신분석 치료에 대한 프롬의 여러 논문들을 모아놓은 《듣기의 기술
(The Art of Listening)》은 프롬이 죽고 몇 해 뒤인 1994년에 출판된 책
이다. 이 책에서 프롬은 정신분석의가 치료에 대해 과도하게 머리로
생각하는 것의 위험성, 치료자와 환자 사이의 핵심 대 핵심의 관계 형
성, 그리고 현재 존재하는 갈등의 중요성과 무의식 동기의 역할을 포
함한 환자 생활의 형성, 그리고 그것에 저촉되는 사회경제적 요인, 희
망의 중요성 등을 강조했다.

특히 그는 분석의 중립성이라고 하는 개념을 비생산적인 것이라
고 보고 거부했다. 동시에 그는 환자의 행복에 대한 치료자의 깊은
주의와 경의 및 헌신이 필수적이라고 보았다. 프롬은 선험적이고 이
론적인 예견에 근거한 추상적이고 합리주의적인 해석을 통렬히 비판
하고, 환자의 무의식에 들어 있는 문제를 끌어내어 그것을 효과적으

로 해석해야 한다고 했다. 그리고 환자의 무의식을 의식으로 끌어내기 위해서는 먼저 치료자가 자신의 마음속에서 그 반향을 들어야 한다고 주장했다.

정신분석의 역사 심포지엄

1975년 프롬의 75회 생일을 맞아 로카르노에서 정신분석의 역사에 대한 심포지엄이 열렸다. 그곳에서 프롬은 40여 년의 진료 경험에 기초한 기조강연을 했다. 이 강연에서 프롬은 인간의 정상성(正常性)을 위협하는 다음 몇 가지를 지적했다.

1. '자유의 의식과 무의식 현상으로서의 자유' 대(對) '의식의 조직적인 조작과 행정의 독재성'
2. '양심의 의식' 대 '무의식의 죄감정'
3. '정직의 의식' 대 '자기 자신 및 타인에 대한 무의식의 기만'
4. '개인주의 의식' 대 '집단주의적 무의식의 존재'
5. '자기동일성의 의식' 대 '타인에게 어떻게 보일까 라는 무의식적 관심'
6. '성실의 의식' 대 '무의식의 성실 결여'
7. '사랑하고 있다는 의식' 대 '무의식의 무관심, 증오, 공격성'
8. '능동성의 의식' 대 '마음의 수동성'
9. '자신의 환경에 대한 현실적인 관계의 의식' 대 '무의식의 비합리주의'

이상은 교화의 결과 인공적으로 조작된 의식과, 인간의 욕구라고 하는 현실 사이의 알력을 보여준다. 인간의 욕구는 대체로 무의식

중에 억압되는 경향이 있다. 그리고 사람이 자각하는 인간성과 현대 문명이나 사회 제도의 심각한 적대관계에 초점이 맞추어져 있다. 앞서 본 《소유냐 존재냐》와 같이 이 강연은 인간성의 발달에 대한 프롬의 회의를 보여준다. 프롬은 이미 환경파괴와 핵붕괴라는 이중 죽음의 위협에 사로잡힌 인류가 정신적으로 피폐해졌다고 보고 있다. 그러나 프롬은 인간이 신념과 이성에 의해 로봇으로 변하게 되지는 않을 것이라고 본다.

위대한 약속, 그 실패, 그리고 새로운 대안
《소유냐 존재냐》

1970년대 후반의 프롬

미국 내 프롬의 영향력은 1970년대에 들어서자 차츰 쇠퇴하기 시작했다. 1976년 출판된 《소유냐 존재냐》에 대한 미국 내 반응만 보아도 알 수 있다. 《소유냐 존재냐》의 영어판은 미국 내에서는 이렇다할 논평조차 거의 받지 못했으나, 같은 해에 나온 독일어판은 베스트셀러가 되었다. 프롬의 사고는 역시 유럽적이었던 것일까?

《소유냐 존재냐》를 완성한 이후 프롬의 건강은 더욱 나빠졌다. 1977년부터 1978년 사이에 연이은 심장발작은 그에게 육체적 고통을 안겨주었다. 그러나 그런 육체적 고통 속에서도 그의 학문적 열정은 계속 이어졌다. 1978년에 프롬은 〈독일인과 유태인의 관계에 대하여 (Über die Beziehungen zwischen Deutschland und Juden)〉에서 자신이 그동안 극도로 비판한 서독의 정치 상황과, 독일계 유태인이자 휴머니스트인 마르크스, 프로이트, 아인슈타인의 사상이 지닌 의미를 서로 비교했다.[448] 그는 홀로코스트에 대한 반발로 이루어진 이스라엘 건국에 대해서는 어느 정도 수긍하면서도 기본적으로는 부정적인 입장을 취했다.

히틀러의 권력과 홀로코스트의 악몽은 유태인들을 깊이 뒤흔들어 놓았기 때문에 대부분의 유태인들은 정신적으로 항복하지 않을 수 없었다. 홀로코스트 이후에 유태인들은 자신들의 생존에 대한 대답을 국가 건설에서 찾을 수 있다고 생각했다. 물론 이 국가도 다른 모든 국가가 갖고 있는 악을 갖고 있다. 왜냐하면 국가라는 것은 권력을 기반으로 하기 때문이다.[449]

1979년 도르트문트 시가 문화생활에 대한 프롬의 공헌을 높이 사 넬레-작스 상을 수여했다. 건강 악화로 시상식에 참여하지 못한 프롬은 〈우리 시대의 비전(Die Vision unserer Zeit)〉이라고 하는 수상 연설을 대독하게 했다.

이듬해인 1980년 3월 18일 프롬은 심장 발작으로 세상을 떠났다. 80회 생일을 8일 앞둔 날이었다. 생일에 맞추어 프랑크푸르트 시는 프롬에게 괴테상을 수여할 계획이었다. 1년 뒤 이 상을 대신 받은 프롬의 아내는 1985년에 죽었다. 프롬 부부의 헌신적인 친구였던 이반 일리치가 그들의 장례를 도왔다.

소유란 무엇이며, 존재란 무엇인가

《소유냐 존재냐》는 프롬이 머리말에서 밝히고 있듯이 유사한 제목의

프롬과 이반 일리치

두 책, 즉 프랑스 철학자인 마르셀(Gabriel Marcel)의 《존재와 소유(Being and Having, An Existentialist Diary)》,[450] 스위스 심리학자인 슈테헤린(Balthasar Staehelin)의 《소유와 존재(Haben und Sein)》[451]의 영향을 받았다. 특히 현대과학의 유물적 사상을 강조한 후자의 영향이 컸다.[452]

프롬의 다른 책들과 마찬가지로 이 책도 3부로 구성된다. 1부는 문제로 삼는 두 가지에 대한 철학적 정의, 2부는 두 가지에 대응하는 사회심리학적 요인, 3부는 낡은 소유로부터 새로운 존재라는 양식으로 변하기 위한 필요조건을 다루고 있다.

따라서 이 책은 프롬이 그때까지 쓴 두 가지 경향의 모든 글들을 종합한 것이다. 그 중 하나의 경향은 사회심리학에 관한 것으로서, 이 책의 2부에서 두드러지게 서술되어 있다. 이 대목은 《인간 파괴성의 분석》에 대응하는 것이고, 동시에 《인간의 마음》에 나타난 성격유형을 일반화한 것이다. 다른 하나의 경향을 보여주는 3부는 《건전한 사회》와 《희망의 혁명》에서 추구된 아나키즘적 사회의 비전을 다시 보여준다.

그러나 이 책에서 프롬은 희망이 서서히 사라지고 있음을 시사한다. 1970년대의 서양은 죽음애적 경향이 지배적이었으며, 미국 대통령 선거에서 닉슨이 거둔 승리는 프롬에게는 커다란 좌절감을 안겨주었다. 1974년 그가 스위스로 이주한 것은 건강 때문이기도 했지만, 동시에 아메리카 대륙에서의 좌절과 상처를 뒤로 한 채 고향으로 되돌아가는 행위이기도 했다. 그러나 그가 패배한 것은 아니었다.

서론에서 프롬은 2차 산업혁명이 인간에게 행복을 가져다 줄 것이라는 위대한 약속이 좌절된 이유로 다음 두 가지를 들었다. 첫째 이유는 근원적인 쾌락주의에 의해 추구된 물질적 만족이 인간으로서의 충족된 삶을 가져다주지 못했다는 점이다.[453] 둘째 이유는 자본주의 시스템의 기초인 자기중심주의와 이기주의, 그리고 탐욕이 개인적인 조화도 국가 사이의 평화도 낳지 못했다는 점이다.[454]

따라서 프롬은 인간 마음의 근본적인 변혁이 필요하다고 주장한다.[455] 그리고 그는 슈마허(E. F. Schmacher)와 같이 기업자본주의, 사회민주주의, 소비에트 사회주의가 아닌 제4의 선택을 주창한다.[456]

1~3장으로 구성되는 1부는 '소유와 존재의 차이에 대한 이해'를 다룬다. 1장 '개관'에서 프롬은 제4의 선택이 소유양식과 존재양식 사이의 본질적인 차이를 근거로 한 선택이라고 말한다. 소유양식이란 소외된 인간이 자본주의의 사회적 성격을 받아들인 것을 말한다.[457]

2장 '일상경험에 있어서의 소유와 존재'에서 프롬은 예컨대 배운다는 것이 생각을 다이내믹하게 성장시키고 교환하는 것이 아니라 자료와 정보의 축적으로 간주되는 것을 소유양식이라는 개념으로 설명한다.[458] 소유양식은 물질적 소유, 지위, 축적된 지식 등에 의존하나, 존재양식은 인간에게 닥쳐오는 도전이나 만남에 자발적으로 반응하는 것이다. 특히 위험한 것은 소유양식의 인간이 권위를 휘두르는 힘을 가지게 되는 경우이다.[459] 소유양식이나 수용적인 성격의 소유자는 본질적으로 사랑할 수가 없다. 창조적인 사랑은 사랑하는 인간의 소유양식과는 무관하기 때문이다. 사랑에 대한 분석은 이미 앞의《사랑의 기술》에서 언급되었기 때문에 여기서는 중복해서 설명하

지 않겠다.[460]

3장 '구약, 신약성서 및 마이스터 에크하르트 저작에 있어서의 소유와 존재' 에서 프롬은 초기 저작에서 사용한 여러 개념의 요점들을 반복한다.[461] 프롬에 의하면 신약이나 구약 성서는 소유양식의 삶을 가르쳤고, 불교 역시 그러했다.[462]

두 가지 존재양식의 기본적 차이

2부는 '두 가지 존재양식의 기본적 차이에 대한 분석' 이다. 4장은 소유양식, 5장은 존재양식, 6장은 그 두 가지의 새로운 측면을 다룬다. 프롬은 소유양식의 기초로 리처드 토니(Richard Tawney, 1880~1962)가 말한 '취득사회(Acquisitive society)' 라는 개념과 슈티르너를 인용한다.[463] 여기서 주목되는 것은 1960년대 청년들이 취득사회 '로부터의' 자유를 주장하여 소유양식을 거부하면서도 존재 '를 위한' 자유를 확보하지 못했다고 하는 프롬의 지적이다.[464]

프롬은 소유양식을 분석한 뒤 존재양식을 설명하면서, 그 기본적인 전제로 능동성과 이타주의를 들고 있다.[465] 그러한 성격 특성에 대해서는 우리가 앞에서 본《자유로부터의 도피》로부터《건전한 사회》에 이르는 프롬의 많은 책들에서 이미 검토해보았으므로 여기서는 상세한 설명을 생략하자. 그러나 연대와 적의 사이의 구별이 새로이 제시되어 있다는 데 주목할 필요가 있다.[466] 프롬에 의하면 취득사회 인간관계의 특징은 탐욕, 냉혹, 경쟁, 적의가 된다. 소유의 상실, 또는 더욱 많은 상품과 지위향상을 위한 경쟁적 싸움에서 패하는 것에 대한 공포는 소유하지 않은 자는 불구자와 같다는 왜곡된 의식을 낳는다. 개인도 사회도 이러한 공포에 의해 그 성격구조가 왜곡된다. 연대 대신 적의가 사회적 상호관계를 규정한다. 적의의 다른 측면인 탐욕은 현실에서 결코 만족될 수 없다. 왜냐하면 탐욕의 충족이 내면의 공허, 권태, 비애, 우울을 만족시키지는 못하기 때문이다.

프롬은 이러한 관찰이 19세기 사회주의자인 헤스나 쇼펜하우어, 20세기 프랑스의 바타이유나 독일 하이데거의 후기 저작에서 나타난다고 지적한다.[467] 우리는 개인적 성격과 사회적 성격 사이의 일관된 인과관계에 대한 프롬의 설명에서 독창성을 볼 수 있다. 그는 이런 인과관계를 통해 국가를 비롯한 더욱 큰 공동사회의 생활양식을 고찰했다. 그 결과 프롬은 소유양식을 존재양식으로 바꾸어야만, 즉 적의를 근절하고 연대를 도모해야만 영구적인 평화가 가능하다고 말한다.[468]

새로운 인간과 새로운 사회

이 책의 마지막 3부 '새로운 인간과 새로운 사회'에서 프롬은 유해한 소유양식을 인간적인 방향인 존재양식으로 변화시키기 위한 실질적인 사항들을 다루고 있다.

7장 '종교, 성격, 사회'에서 프롬은 경제구조의 근본적 재구성만으로는 대규모 변화가 불가능하며, 개인 성격 틀의 변화만으로는 새로운 사회가 이루어지지 않는다고 주장한다. 프롬은 최근 서구에 시장적 성격이 사이버네틱스 신앙과 함께 뿌리박았다고 보고,[469] 수용적 성격은 미발달 상태라 할지라도 개성의 흔적을 남기지만 시장적 성격은 개성조차 남기지 않는다고 지적한다. 시장의 명령에 철저히 적응하는 것이 시장적 성격이다. 시장적 성격은 감정적 경험도 하지 못한다. 사랑도 증오도 하지 못하는 것이다. 이는 바로 마르크스가 완전한 소외라고 부른 그것이다.

여기서 프롬은 매코비와 밀란(Ignacio Millan)의 사회조사를 인용한다.[470] 이 조사는 기업의 중역들에게서 나타나는 감정과 기분의 성향을 조사한 것이며, 완전한 시장상인이라는 개념을 분석하는 데 유용한 것이었다. 이에 따르면 사이버네틱스에 대한 신앙, 즉 기계적인 자료 분석을 통하여 인간 존재의 모든 형태를 예상하고 조작할 수 있다는 관념이 급속히 확대되고 있으며, 이러한 관념은 인간성의 휴머니즘적 재생에 가장 큰 장애가 된다. 따라서 프롬은 근원적 휴머니즘으로 사회적 성격 및 개인의 생활을 동시에 재구성해야만 인류의 생존에 필요한 변혁이 가능하다고 본다.

이는 자본주의 사회만이 아니라 사회주의 사회에서도 마찬가지라고 프롬은 본다. 그는 변혁의 주장을 뒷받침하기 위해 슈마허의 《작은 것이 아름답다(Small Is Beautiful)》와 함께[471] 미국 생태학자인 폴 에를리히(Paul A. Ehrlich)와 앤 에를리히(Ann H. Ehrlich)의 《인구, 자원, 환경(Population, Resources, Environment)》을 인용한다.[472]

8장 '인간변혁의 조건과 새로운 인간의 특색'과 9장 '새로운 사회의 특색'에서 새로운 사회를 달성하기 위한 수단으로 프롬은 다음의 13가지를 제시했다.[473]

1. 생산을 '건전한 소비'의 방향으로 향하게 한다. 여기서 중요한 것은 '건전'의 기준을 국가가 결정해서는 안 된다는 점이다. 관료적 지배에 의해 강제적으로 소비가 방해되면 사람들은 더욱 소비에

굶주리게 된다. 사람들이 소비 패턴과 생활 태도를 바꾸고 싶어 할 때만 건전한 소비는 가능해진다. 그것은 계몽과 교육에 의해서만 가능하다.

2. 건전한 소비는 대기업의 주주나 경영자가 기업의 이익과 발전에만 근거하여 생산을 결정하는 권리를 대폭 제한할 수 있어야 비로소 가능해진다. 이는 일차적으로 공공복지를 위해 재산권을 제한하는 법률을 제정하는 것에 의해 가능하다. 그러나 더 중요한 것은 자본의 소유권에 대한 제한보다 생산방향을 결정하는 힘에 대한 제한이다. 예컨대 광고를 규제하는 것이 바로 그런 종류의 제한이라고 할 수 있다. 기업은 개혁의 요구에 저항할 것이므로 결국 생산방향을 결정하는 힘을 제한할 수 있는 것은 건전한 소비를 추구하는 압도적인 민중의 욕구뿐이다. 예를 들어 전투적인 소비자운동은 효력이 있을 것이다. 만약 자가용이 낭비적이고 생태적으로나 심리적으로 유해하다는 의식, 다시 말해 자가용이 인위적인 권력 감정을 낳고 자기도피를 돕는 마약의 역할을 한다는 의식이 확대된다면, 그 생산은 축소되거나 없어질 수도 있다.

3. 존재에 근거한 사회를 달성하기 위해서는 모든 사람이 자신의 경제적 기능에서, 그리고 시민으로서 능동적인 참여를 해야 한다. 그리하여 소유양식으로부터의 해방은 산업적, 정치적 참여민주주의의 충분한 실현에 의해 비로소 가능해진다. 산업민주주의란 산업체 구성원들이 그 조직 내 생활에서 능동적인 역할을 하는 것을 의미한다. 각 구성원은 충분한 정보를 제공받고 모든 정책결정에 참여해야 한다. 여기서 중요한 것은 노동조합의 간부가 아니라 노동자 전체의 대

표가 그 중추적 역할을 담당해야 한다는 점이다.

4. 정치적 생활에 대한 능동적 참여는 산업과 정치에서의 최대한의 분권화를 필요로 한다. 민주주의가 권위주의의 위험에 저항하기 위해서는 수동적인 '관객민주주의'가 능동적인 '참여민주주의'로 변해야 한다. 공동체에 참여함으로써 사람들의 생활은 더욱 흥미롭고 자극적인 것이 된다. 종래의 '프롤레타리아 민주주의'나 '중앙집권적 민주주의'는 관료적이고 선동적인 정치가가 지배한 관객민주주의에 불과했다. 참여민주주의는 500명 정도로 조직되는 소규모 공동체들이 스스로 모든 문제를 다루는 것이다.

5. 능동적이고 책임 있는 참여를 위해서는 휴머니즘적 경영이 관료제적 운영을 대체해야 한다.

6. 산업적, 정치적 광고에서 모든 세뇌적인 방법이 금지되어야 한다.

7. 부유한 국민과 가난한 국민 사이의 격차는 좁혀져야 한다.

8. 오늘날 자본주의 사회와 공산주의 사회에 나타나는 불행의 대부분은 연간소득을 보장해주는 제도의 도입에 의해 없어질 것이다.

9. 여성은 가부장제 지배로부터 해방되어야 한다.

10. '문화회의'를 두어 지식을 필요로 하는 모든 문제에 관해 정부, 정치가, 시민에게 조언하도록 해야 한다.

11. 유효한 정보를 효과적으로 널리 전하는 체제를 확립해야 한다.

12. 과학 연구는 산업과 방위를 위한 응용과 분리되어야 한다.

13. 원자병기는 폐지되어야 한다.[474]

그러나 프롬은 결론에서 희망의 실현에 회의하는 입장을 솔직히 밝힌다.[475] 여기서 그는 1937년에 쓴 논문 〈무력의 감정〉으로 되돌아간다. 이 논문에서 프롬은 당시의 독일 중산계급이 무력감에 빠졌던 것처럼 40년이 지난 뒤에도 똑같은 일이 되풀이되고 있다고 말한다. 그러나 물론 프롬은 다시금 자유롭고 창조적인 인간이 사는 사회의 비전을 제시한다.[476]

평가

《소유냐 존재냐》에 대한 평가, 특히 이 책에서 프롬이 제시한 비전에 대한 평가는 대체로 회의적이었다. 이는 사회심리학을 윤리학과 결합시키고자 했던 프롬의 의도를 고려할 때 당연한 반응이었다. 프롬은 소유양식은 악, 존재양식은 선이라고 주장한다. 그러나 이런 도식은 프롬의 사회병리학을 불명료하게 만들었다. 역사를 소유와 존재의 양식으로 단순화시켰다는 점에도 문제가 있다.

1977년 프롬은 〈파든(Pardon)〉지와의 인터뷰에서 《소유냐 존재냐》의 의도를 설명하면서, 존재양식의 실현으로 가는 한 단계로서 사적 소유의 폐지란 전혀 효과가 없고, 소유양식과 존재양식에 대한 일반적인 의식의 변화가 관건이라고 답했다.

존재의 기술

프롬의 사후인 1992년에 간행된 《존재의 기술》은 본래 《소유냐 존재냐》에 포함되었던 '존재를 향한 단계들'이라는 글이었다. 프롬은 이글을 《소유냐 존재냐》에서 제외시켰다. 그 이유는, 소유양식을 만들어내는 경제적 현실을 변화시키지 않은 채 개개인이 그 자신에 대한 자각, 자신의 발전, 자기 분석을 통해 정신적 해방을 찾기만 하면 된다는 것으로 자신의 책이 오해될 수도 있다고 생각했기 때문이다.[477] 그러나 이 책에 제시되는 '존재의 기술'은《사랑의 기술》에서 언급된 정신집중, 깨어있기, 자각하기, 명상하기 등이므로 그다지 새로운 것은 아니다.

확신과 원칙에 입각한 권리의 실현

《불복종에 관하여》

불복종의 능력

1981년에 간행된 《불복종에 관하여》는 인류 역사는 불복종의 행위에서 시작되었으며, 이제 복종의 행위로 인해 그 종말을 맞이하게 될 것이라는 메시지를 담고 있다.[478] 사실 회의하고 비판하고 불복종하는 능력이야말로 인류 문명의 종말을 막을 수 있는 모든 것이리라.[479]

프롬은 기독교에서 말하는 '원죄'가 인간을 타락시키기는커녕 인간을 자유롭게 했고, 그것이 역사의 시작이었다고 본다.[480] 마찬가지로 그리스 신화의 프로메테우스도 불복종에서 인간의 문명이 시작되었음을 상징한다.[481]

그런데 지금 우리는 그런 역사의 시작보다도 못한 시대에 살고 있다. 과학에서는 20세기, 21세기를 구가하지만 정치, 국가, 사회에 대한 우리의 사상은 석기시대를 방불케 한다. 그것은 인류를 자멸하게 하는 죽음의 단추를 누르는 권력, 그리고 국가의 주권과 민족의 명예라고 하는 낡고 상투적인 명분에 복종하고 있기 때문이다.

그러나 모든 불복종은 선이고 모든 복종은 악인 것은 아니다. 복종할 줄만 알고 불복종하지 못한다면 노예이지만, 불복종할 줄만 알고 복종할 줄 모른다면 반도(叛徒)에 불과하다. 그는 확신과 원칙에 의해서가 아니라 분노와 실망과 원한에 의해 행동하는 것이기 때문이다. 확신과 원칙에 의한 '자율적인 순종'인 '긍정'과 사람이나 제도 또는 권력에 대한 '타율적인 순종'인 '복종'은 구별되어야 한다.

또한 양심과 권위라는 개념도 각각 두 가지로 구별되어야 한다. 양심에는 '권위주의적 양심'과 '휴머니즘적 양심'이 있다. 전자는 거부할 수 없는 권위가 우리에게 내면화된 것이나, 후자는 외부의 제재나 보상에서 독립하여 인간 존재 자체에서 나오는 것으로 '우리로 하여금 우리 자신에게로, 또 우리가 원래 가지고 있던 인간성으로 돌아가라'[482]고 외치는 소리이다. '권위주의적 양심'에 대한 복종은 외부에 존재하는 모든 권력과 사고에 대한 복종과 마찬가지로, 스스로 존재하고 판단하는 능력인 '휴머니즘적 양심'을 피폐화시킨다.[483]

권위에도 '합리적 권위'와 '비합리적 권위'가 있다. 예컨대 전자는 교사와 학생 사이, 후자는 노예와 주인 사이의 관계이다. 교사와 학생 사이의 이해관계는 서로 일치하나, 노예와 주인 사이는 한쪽에 유리한 것이 다른 쪽에 불리하므로 서로 반목적이다. 전자에서 권위는 성장을 위한 조건이라 할 수 있지만, 후자에서 권위는 착취하기 위한 조건이 된다. 전자는 이성에 의해 행해져 합리적이나, 후자는 강제나 암시에 의해 자유를 억압하는 것이므로 비합리적이다.

인간은 쉽게 복종한다. 그것은 스스로 국가나 교회 혹은 일반적

296

인 여론에 복종하고 있는 동안에는 안전하게 보호받고 있다고 느끼고, 복종을 통해 내가 경배하는 힘의 일부가 되고, 그리하여 스스로 강해진다고 느끼며, 그 힘이 나를 대신해서 결정해주므로 나는 잘못을 저지르지 않는다고 느끼기 때문이다.

또한 그 힘이 나를 지켜주기 때문에 결코 외롭지 않으며, 그 권위가 나로 하여금 죄를 짓지 않도록 도와줄 것이며, 설사 죄를 짓는다해도 그에 대한 벌은 단지 자신이 전지전능한 그 힘에게로 되돌아가는 것에 불과하다고 생각한다.[484]

따라서 불복종하기 위해서는 홀로 있을 수 있어야 하고, 죄를 지을 수 있는 용기가 있어야 한다. 특히 성장과정에서 어머니의 보호와 아버지의 명령을 벗어나 스스로 생각하고 느낄 줄 아는 자유의 능력을 갖추어야 한다. 불복종은 자유를 위한 조건이며, 동시에 자유는 불복종을 위한 조건이다.[485] 따라서 자유를 외치는 어떠한 사회적, 정치적, 종교적 체제도 불복종을 허락하지 않는 경우에는 결단코 진리를 말할 수 없다.[486]

불복종을 어렵게 만드는 또 다른 이유는 인류 역사에서 복종은 선, 불복종은 악으로 여겨져 왔기 때문이다. 소수는 다수를 지배하기 위해 다수에게 복종을 강요했다. 그러나 다수가 소수를 전복할지 모른다는 위협이 존재했고, 공포를 통한 복종의 강요만으로는 지배가 잘 이루어지지 않는 경우가 많았다.

예언자와 제사장

프롬은 이념을 말하면서 그 이념대로 사는 사람을 예언자라고 부른다. 구약성서의 예언자들은 인간이 자신의 존재에 대한 대답을 찾아야 하며, 이 대답은 인간의 이성과 사랑의 발전이라고 했다. 또 겸양과 정의는 사랑과 이성에 밀접히 연결되어 있다고 가르치면서, 그런 가르침을 자신들의 삶 속에서 몸소 실천했다.

그들은 권력을 추구하지 않고 오히려 권력을 외면했다. 심지어 예언자로서의 권력조차도 추구하지 않았다. 그들은 힘에 의해 굴복당하지 않았으며 투옥이나 추방, 죽음에 이르는 한이 있더라도 진리를 굽히지 않았다. 그들은 한쪽으로 비켜서서 무슨 일이 일어나는지를 보려는 방관자적인 입장이 결코 아니었다. 그들은 스스로 책임이 있다고 느꼈기에 이웃에 관심을 가졌다.[487] 구약성서에서만 예언자가 등장하는 것은 아니다. 석가, 예수, 소크라테스, 스피노자 등도 예언자였다. 프롬은 현대의 예언자로 아인슈타인, 슈바이처와 함께 러셀을 든다. 러셀은 불복종에 대한 인간의 권리와 의무를 구현했다.

예언자가 말하는 이념을 이용하는 사람들을 프롬은 제사장이라고 부른다. 제사장들에 의해 이념은 생명력을 잃고 하나의 정형이 된다. 제사장은 이념의 적절한 표현을 통제하여 인간을 조직화한다. 이렇게 하여 제사장들은 인간을 마비시킨 다음 인간은 스스로 자신의 삶을 인식하거나 삶의 방향을 설정할 능력이 없다고 주장한다. 그들은 자유를 두려워하는 사람들에게 삶의 방향을 인도해주는 것이 자신들의 의무이며, 심지어 자신들은 동정심에서 그와 같이 한다고 주장한다.[488]

불복종자의 혁명적 성격

프롬은 불복종자를 혁명적 성격의 소유자로 부른다. 그가 말하는 혁명적 성격이란 혁명에 참가하는 사람들의 성격을 말하는 것이 아니다. 또한 남으로부터 인정받지 못하고 사랑도 받지 못하며 받아들여지지도 않자 권위에 대해 심한 분노를 느껴 그 권위를 타도하려는 기회주의자인 반항자도 아니다. 나아가 특별히 자기도취적인 편집증적 광신자도 아니다.

프롬은 혁명을 혁명적 성격의 소유자들에 의한 정치운동으로 규정한다. 따라서 그가 말하는 혁명은 우리가 상식적으로 말하는 그것과 매우 다르다. 혁명적 성격은 우선 독립적이고 자유롭다. 독립과 자유라는 말도 통상의 의미와 다르다. 즉 참된 자유와 독립은 오직 자기 스스로 생각하고, 자기 스스로 느끼며, 자기 스스로 결정할 수 있을 때에만 비로소 존재할 수 있다는 것이다.[489]

또한 혁명적 성격의 소유자는 인간성과 일체화된 사람이다. 따라서 혁명적 성격의 소유자는 자기가 소속되어 있는 사회의 협소한 제한을 초월하며, 그렇게 초월할 수 있기 때문에 자기가 소속되어 있는 사회나 다른 사회를 이성과 인간성의 입장에서 비판할 수 있다.[490] 혁명적 성격은 인간성과 동일시되므로 그러한 성격의 소유자는 '생에 대한 외경'을 갖는다. 그러나 생을 사랑함은 생에 애착을 갖는 것과는 다르다. 또한 혁명적 성격은 비판적이고 회의적이고 반권력적이다. 나아가 혁명적 인간은 '아니오'라고 능히 말할 수 있는 사람이다. 즉 복종하지 않을 수 있는 사람이다.

요컨대 혁명적 인간이란 혈연이나 지연과 같은 속박으로부터,

그 부모로부터, 그리고 국가나 계급, 민족, 당파 또는 종교 등에 대한 특별한 충성으로부터 자기 자신을 해방시키고 있는 인간이다. 혁명적 인간은 모든 인간성을 자신 속에서 체험하며, 비인간적인 것은 그와는 무관하다는 의미에서 일종의 휴머니스트이다. 그는 생을 사랑하고 외경한다. 그는 회의론자인 동시에 신앙인이기도 하다.[491]

불복종과 법

불복종은 법에 불복종하는 것이므로 그것이 법에 의해 인정되는 권리일 수가 없다. 따라서 합법적인 권리의 행사와 불복종은 구별되어야 한다. 여기서 불복종의 성립 요건을 살펴볼 필요가 있다.

1. 불복종은 권력행위나 법을 대상으로 하는 것만은 아니다. 기업의 비윤리적 행동의 개선을 촉구하는 불복종도 있을 수 있다.

2. 불복종이 공유된 정의감에 호소하는 것이어야 한다는 주장도 오류다. 예컨대 양심적 병역거부와 같이 반드시 공유된 정의감에 호소할 필요는 없다. 마찬가지로 불복종이 법률과 사회제도에 내포된 정의감에 호소해야 한다는 주장도 오류다. 그렇게 한정하면 식민지 독립운동으로서의 불복종을 제외하게 된다.

3. 모든 합법적 수단이 실패하거나 실패할 수밖에 없는 상황에서만 불복종이 정당하다는 주장은 오류다. 불복종이 합법적 수단보다도 사회에 더 유해하지 않을 수도 있고, 오히려 더 효과적일 수도 있기 때문이다.

4. 비폭력적인 불복종만이 정당하다는 주장도 오류다. 왜냐하면 폭력적 불복종도 정당화될 수 있기 때문이다. 불복종의 대상이 되는

어떤 시설을 파괴할 수 있다.

5. 불복종을 반드시 사전에 공개해야 한다는 것도 오류다. 사전에 공개된다면 불복종이 근본적으로 봉쇄될 수도 있다. 따라서 사후에 공개되어도 무방하다.

6. 불복종이 '의도적 위법행위'라고 하는 생각도 오류다. 의도적 위법행위라고 하는 점을 불복종자 모두가 알 수도 없다.

7. 불복종은 자발적인 처벌을 감수해야 한다는 주장도 오류다. 처벌을 피하기 위해 외국에서 불복종을 행할 수도 있다.

에필로그

머리말에서 나는 1976년에 나온 《세계사상전집》 50권 중에는 프롬도 포함돼 있다고 했다. 그 뒤 2001년 철학자 박찬국은 프롬이 20세기 사상계에서 갖는 가장 큰 의의를 '20세기 사상가 중에서 유일하게 현대사상의 가장 큰 조류를 형성했던 프로이트의 정신분석학과 마르크스주의 그리고 실존철학을 종합하려고 시도했다'는 데서 찾는다.[492] 즉 프롬은 프로이트의 인간에 대한 본능주의적 파악, 상대주의적 입장, 인간을 고립된 실체로 보는 입장과 인간과 사회에 대한 정적인 파악의 문제점을 지적하고, 마르크스에 대해서도 인간이 지닌 열정의 복합성을 과소평가하고 결정론적으로 오해되기 쉬운 공식을 전개했다고 비판한 점 등을 들며, 마지막으로 실존주의의 내면적 경향을 비판했다고 한다.

나는 그러한 프롬의 종합성을 부정하지 않는다. 그러나 내가 이 책의 본론에서 지적했듯이 그가 시도한 마르크스주의와 프로이트주의의 종합에 대해서는 프랑크푸르트학파를 비롯한 여러 입장에서 비판이 가해졌다. 한편 실존주의와의 관계에 대해서는 프롬 자신이 그러한 관계를 부정했을 뿐만 아니라, 실제로 프롬에게서 실존주의적 요소를 찾기가 그다지 쉬운 일이 아니다. 여하튼 박찬국은 그 책의 마지막에서 프롬이 인간의 무한성을 주장하는 마르크스주의와 유한성을 주장하는 종교적, 철학적 입장을 종합하고자 했다고 하면서 그러한 종합은 사실상 불가능하다고 비판한다.[493] 이러한 심오한 비판에 대해 나는 할 말이 없다.

프롬에 대한 보다 객관적인 평가는 흔히 그가 프로이트 좌파 또는 신프로이트학파로 분류된다는 것이리라. 이는 앞에서 본 정신분석학자 호나이나 설리번과의 유사점 때문에 그렇다. 그러나 프롬은 우리가 앞에서 보았듯이 휴머니즘, 계몽주의, 신칸트학파, 마르크스 등 19세기 독일 사상으로부터 깊은 영향을 받았고, 평생 프로이트의 충실한 제자임을 자처했다. 프롬은 프로이트의 통찰을 기계론적, 생물학적 언어로부터 급진적이고 휴머니즘적인 언어로 바꾸려고 노력했다. 프롬은 그러한 노력이, 임상 정신병리학의 연구에 프로이트가 도입한 발달론적 측면을 취급하기에는 엄밀하지 않고 방법론으로도 적절하지 못하다는 점을 깨닫지 못했다. 그 결과 그는 '발달저해'라는 개념보다는 기질과 사회경제적 조건의 변증법에 초점을 맞추었다. 그러나 그럼에도 불구하고 프롬은 언제나 프로이트가 개발한 개체발생의 도식을 중시했다.

이러한 프롬의 이중적인 태도는 그의 '죽음애' 이론에 문제점을 초래했다. 그는 이유 없는 폭력, 사디즘, 파괴를 인간의 조건에서 생긴 실존적 요구가 충족되지 못한 결과라고 보았다. 이는 정통 프로이트파가 그것들을 우리의 본능적 존재 속에 해소되기 어렵게 각인된 것으로 본 견해에 대립하는 것이었다. 그러나 1973년에 프롬은 '죽음애는 항문기 경향의 병적 앙진(昂進)' 이라는 가설을 세웠다. 이는 프로이트 심리학에서 가장 의심스러운 개념인 '개체발생적 발달' 을 종으로서 인류의 전 역사 그 자체의 반복이라고 본 헤켈(Ernst Haeckel)의 생물발생 원리로 설명한 것이었다. 이러한 프롬의 태도는 그가 프로이트를 따르면서 그를 발전시키려고 필사적으로 기울인 노력으로 볼 수 있다. 이런 그의 태도는 융이나 아들러와 같은 이단자나 라캉과 같은 수정주의자의 태도와는 다른 것이라고 볼 수 있으리라. 현대 정신분석학은 융, 아들러, 라캉의 반목과 합류의 산물이라고 할 수 있다.

프롬에 대해서는 이처럼 정신분석학 쪽에서 평가되는 것이 보통이다. 그러나 내가 보기에 프롬은 프로이트와 마르크스의 가치를 각각 나름대로 인정했고, 그 결합을 통해 프롬 자신의 사회심리학을 수립했으며, 사회심리학과 함께 프롬 사상의 또 하나 중요한 기둥인 아나키즘을 그 두 사람을 넘어 또는 그들과는 별도로 수립했다. 따라서 내가 파악하는 프롬의 위대성은 사회적 성격 논의를 중심으로 한 사회심리학과 그것을 전제로 하여 자유, 자치, 자연을 핵심으로 구상한 그의 아나키즘 사상이다.

이 책의 결론을 맺기 전에 프롤로그에서 내가 지적했던 것 하나를 다시 살펴보자. 프롤로그에서 나는 프롬의 대중적인 인기 때문에 그를 통속 사상가로 치부하고 그의 책을 교양 있는 수필 정도로 대하는 경향이 있다고 지적했다. 그를 소박한 유토피아주의자나 생태주의자, 또는 정신분석을 미국화하여 타락시킨 앞잡이라고 비판하는 목소리도 있음을 우리는 앞에서 보았다. 그를 미국 문화인류학의 추종자에 불과하다든가 이상주의 또는 프라그마티즘에 지나지 않는다고 보는 비판도 있다.

특히 프롬은 정신분석의 미국화(더욱 분명하게는 천박화)에 가담했다는 비판을 받았다. 이런 비판이 만약 그의 임상이 연구 지향에서 치료 지향으로 변한 것을 뜻한다면 옳은 지적이다. 그러나 그것이 정신분석의 의학화와 관료화를 뜻한다면 프롬과는 무관한 것이다. 사실 프롬만큼 정신분석의 의학화와 관료화에 반대한 사람이 없기 때문이다. 이 때문에 프롬은 미국 정신분석학계의 주류로부터 지지를 받지 못했다. 만일 '정신분석의 미국화'가 정신분석을 비의학화하고 그것을 인생의 다른 영역이나 인간관계에 도입하여 정신분석의 민주화를 시도한 것이라면, 프롬은 바로 그런 사람이었다. 프롬은 정신분석을 교사, 간호사, 사회복지활동가에게 확산시키고자 하여 1940년대에 화이트 연구소에서 적극적으로 그런 노력을 기울였다. 그러나 이런 그의 노력은 둘째 아내의 병과 멕시코 행에 의해 좌절되었고, 그 뒤 정신분석학계와 그는 사실상 단절되다시피 했다.

이처럼 프롬은 프로이트 정통파에 이의를 제기하면서도 자기 나름으로는 프로이트에 충실했고, 프로이트의 견해를 복음처럼 말하지만 프로이트의 용기와 독창성 또는 이성을 해방시키는 그의 능력에 대해서는 신뢰를 하지 않는 자들을 비난했다. 이런 프롬의 모습은 모순된 성격의 소유자처럼 보인다. 그는 자신이 자란 휴머니즘적 종교와 유태 전통의 가치에 대해 애정을 가졌음에도 불구하고 인격적 창조신에 대한 신앙을 역사적 시대착오라고 본 무신론자였고, 그러면서도 동시에 진지한 신앙인의 정열적 확신을 갖고 최근의 광신을 우상숭배이자 거짓이라고 탄핵했다. 또한 자본주의는 물론 사회주의도 비판하면서, 사실상 누구나 꿈에 불과하다고 비판한 아나키즘적 유토피아를 건설하고자 노력했다. 그러나 나는 프롬의 이러한 측면들을 모순이라고 보지 않고 분별과 용기라고 본다.

여기서 우리는 프롬의 '사회적 성격'의 유형을 다시 검토해보자. 프롬은 사회적 성격을 동화와 사회화 과정으로 나누어 다음과 같이 분류했다.

동화과정

• 비생산적 방향 : 수용적 성격, 착취적 성격, 저장적 성격, 시장적 성격, 죽음애적 성격
• 생산적 방향 : 생명애적 성격

사회화 과정

• 공생적 관계 : 마조히즘, 사디즘 → 권의주의적 성격
• 거리를 둔 내향적 관계 : 무관심, 자기도취 → 죽음애
• 사랑에 의한 관계 : 사랑, 이성 → 생명애

위의 분류 중 수용적, 착취적, 저장적 성격이란 프로이트가 이미 설명한 것이지만, 시장적 성격과 죽음애적 성격은 프롬이 새로이 정

식화한 것이다. 프롬은 시장적 성격을 새로이 나타난 생산수단 및 기술의 변화로 설명했다. 곧 사고파는 문제와 관련된다. 시장가치는 교환가치로만 결정되며 사용가치와는 무관하다. 여기서 인간은 하나의 상품으로 타락한다. 그것은 오늘날 우리의 경제적 생활만이 아니라 정치적, 사회적, 문화적 생활을 광범하게 결정한다.

예컨대 정치는 유권자의 관심을 끌기 위한 이미지 창출, 사회복지 활동은 고객 끌기, 종교는 내세를 보장하는 교리, 문화는 수익을 올리는 상품성에 의해 평가되고, 심지어 인격도 외면으로만 평가된다. 성공을 위해서는 타협주의, 유연성, 이동성, 성취욕, 개별화, 이기주의, 감상주의, 무관심 등이 동원된다.

이러한 시장적 성격은 소유적 성격이기도 하고, 조작된 현실을 선호하는 태도로 나타나기도 한다. 이런 성격은 기술과 산업의 발달, 특히 전자미디어 기술과 오락산업의 발전에 의해 더욱 강화되고 있다. 그 결과 사이비의 사고, 감정, 욕구, 행위가 우리를 지배한다. 나아가 시장적 성격은 자기도취를 초래하고, 자기도취는 다시 자기보다 못한 타자를 필요로 하여 국수적이거나 인종차별적인 사고와 행위로 이어진다.

그 극단적인 형태인 죽음애적 성격이란 문자 그대로 '죽은 것에 대한 성적 도착'을 말하는 것이다. 죽음애적 성격은 환경 파괴, 핵무장, 중성자탄 등에 의해 인간의 삶과 죽음, 부패와 파괴를 결정하는 것으로 연결된다. 그것은 생명이 있는 것을 생명이 없는 물건으로 변모시키고자 하며, 파괴를 위하여 파괴하고자 하는 열정이고, 기계적인 모든 것에 대한 배타적 관심이며, 살아있는 조직을 분열시키고자 하는 정열이다.

죽음애적 성격의 인간은 생명을 증오하고, 확실한 것을 사랑하며, 질서에 따른다. 죽은 활자를 사랑하며, 생명보험을 가장 소중하게 생각한다. 살아있는 것은 그를 불안하게 하며, 그것을 지배할 수 있도록 측량하고 계산해야 한다. 생명은 현재이고 미래를 향하며 직접적인 것이나, 죽음애적 성격의 인간은 과거의 것, 박물관적인 것, 그리고 고문서나 골동품에 특별한 매력을 느끼고, 빨리 없어지는 것, 매우 빠른 것, 단명한 것, 일시적인 것, 끝없이 새롭고 현실적인 것에 감동한다.

죽음애적 성격의 또 다른 측면은 살아있는 통일체를 해체하고 해부하는 것이다. 살아있는 관계는 배경 또는 부차적으로만 과학적 분석의 대상이 된다. 언제나 전문화가 유효하고, 학제적 사고는 비과학적인 것으로 배척된다. 사고는 감정과 분리되고, 감정은 비합리적이고 무용한 것으로 간주된다.

근대 과학의 죽음애적 성격은 이미 죽음애적 성격을 낳고 안정시킨 경제적, 사회적, 문화적 구조의 일부가 되었다. 생산 영역의 필요에 대응해 학문 영역이 전문화되고 세분화된다. 업무 분화는 그것이 스스로 자기목적이 되어 누구도 전체를 볼 수 없게 한다. 동시에 개인의 유아화와 무력화는 다국적기업의 중앙집권화와 집중화에 의해 더욱 강화되고, 개인은 거대한 기계의 부속품으로 타락한다.

나아가 컴퓨터 기술과 초고속의 첨단 기술은 모든 것을 계산할 수 있다는 헛된 환상에 인간을 빠뜨린다. 요컨대 현대 공업사회의 특징인 지식화, 수량화, 추상화, 관료화, 물질화가 물건이 아닌 인간에 적용된다면 그것은 생명의 원리가 아니라 기계의 원리이다.

따라서 그러한 체제 속의 인간은 삶에 무관심하게 되고 죽음에 유혹당한다. 그래서 인류를 몇 번이나 멸종시킬 수 있는 핵전쟁을 준비하는 핵무장이 이루어지며, 이는 인간이 전면적 파괴를 두려워하지 않는다는 증거이다. 그 이유는 무엇인가? 그것은 요컨대 생명을 사랑하지 않고, 생명에 무관심하기 때문이다.

생명의 세계는 비생명의 세계가 되었다. 인간은 비인간이 되고, 세계는 죽음의 세계가 되었다. 죽음은 이제 불쾌한 냄새를 풍기는 배설물이나 시체에 의해 상징적인 표현이 되는 게 아니다. 이제 죽음의 상징은 청결하고 멋진 빛나는 기계이다. 사람들은 냄새를 풍기는 화장실이 아니라 알루미늄이나 유리 구조물의 냄새를 맡는다. 그러나 방부처리가 된 정면의 배후에 있는 현실이 더욱 분명하게 되었다. 인간은 진보라는 미명으로 세계를 악취 풍기는 유독한 장소로 변모시켰다. 인간은 공기, 물, 흙, 동물 그리고 자신을 오염시키고 있다.[494]

죽음애는 그 동화 과정에서도 사회화 과정에서도 비생산적이다. 사회화 과정의 또 다른 비생산적 방향은 나르시시즘과 무관심이다. 그것은 죽음애와 마찬가지로 주위와 거리를 두고, 자기 속에 빠지는 것을 특징으로 한다.

반면 마조히즘과 사디즘은 공생적 관계이자 권위주의적인 관계이다. 모든 인간의 성격은 그러한 여러 성격들의 혼합이다. 결정적인 점은 생산적인 방향이 어느 정도로 강한가, 그리고 생산적인 방향이 어느 정도로 비생산적인 관계를 지배하는가 하는 것이다. 파괴적 방향과는 반대되는 생산적 방향은 인간의 잠재능력으로서의 이성이나 사랑과 같은 마음의 힘이다. 그것은 인간이 스스로 자신의 힘을 사용하는 능력이고, 자신 속에 있는 가능성을 실현하는 능력이다.

인간이 자신의 힘을 사용해야 한다는 의미는 그가 자유로워야 하고, 그의 힘을 지배하는 다른 사람에게 의존해서는 안 된다는 것이다. 생산성이란 자신을 자신의 힘의 체현자로 경험하는 것, 자신을 '능동자'로 경험하는 것, 자신이 자신의 힘과 일체라고 느끼는 것, 그리고 동시에 그 힘이 자신으로부터 은폐되거나 소외되지 않는다고 느끼는 것을 뜻한다.

이러한 '자유'를 전제로 '자치'가 구축되어야 한다. 그것은 정치적 차원의 풀뿌리 민주주의를 모든 정치적 결정권의 단위에서 구축하는 것이고, 경제적 차원에서 거대 기업을 최소화하여 노동자들이 자치 조직을 통해 경영참여를 하는 것이고, 사회적 차원에서 세뇌로 연결되는 모든 미디어를 민중이 통제하는 것이고, 문화적 차원에서 문화활동에의 전반적인 참여를 하는 것을 말한다. 그리하여 인간이 자유롭고 자치하는 삶을 통해 자연을 파괴하지 않고 평화롭게 사는 세계를 지향하는 것이다. 이것이 프롬이 우리에게 남겨준 꿈이다. 그것을 이루느냐 이루지 못하느냐는 다시금 우리의 선택과 결단의 문제이다.

1900년   3월 23일 상인 나프탈리 프롬과 로자 프롬의 외아들로 프
          랑크푸르트에서 출생

1914년   1차 세계대전 발발, 전쟁에 대한 회의를 느낌

1918년   프랑크푸르트 대학에 입학하여 법학 공부, 시오니즘에 열중

1919년   하이델베르크 대학에서 사회학, 심리학, 철학 공부

1924년   프리다 라이히만을 통해 정신분석 연구

1925년   알프레드 베버의 지도 아래 유대법 관련 논문으로 박사학
          위 취득

1926년   프리다 라이히만과 결혼, 프랑크푸르트에서 정신분석을
          연구하고 시오니즘에서 탈피

1927년   프로이트 정통파의 입장에서 정신분석에 대해 최초 발표

1929년   프랑크푸르트에서 남부정신분석연구소 공동설립, 베를린
          연구소에서 훈련

1930년   프랑크푸르트 사회연구소 연구원, 베를린에서 개업

1931년   프리다 라이히만과 별거, 폐결핵 치료를 위해 다보스에서
          1년간 체재

1933년   시카고 대학 객원강사, 미국으로 망명, 독일에서 아버지
          사망

1934년   뉴욕으로 이사, 컬럼비아 대학교 부속 사회연구소에서 연구

1938년   사회연구소를 떠남, 영어로 최초의 논문 발표

1940년	미국 시민권 취득
1941년	베닝턴 대학교 교수, 《자유로부터의 도피》 출간
1943년	화이트 연구소를 뉴욕에 설립
1944년	헤니 굴란트와 결혼
1947년	《인간 자체: 윤리심리학의 탐구》 출간
1950년	베닝턴 대학교 교수직 사임, 멕시코로 이사, 미국 평화운동 참여
1951년	멕시코 국립자치대학교 의과대학 원외교수, 정신분석 양성 코스 시작
1952년	헤니 굴란트 사망
1953년	애니스 프리먼과 결혼
1955년	《건전한 사회》 출간
1956년	《사랑의 기술》 출간, 멕시코 정신분석학회 설립, 퀘르나바카로 이사
1957년	스즈키 다이세쓰와 세미나, 프리다 라이히만 사망
1959년	뉴욕에서 어머니 사망, 미국에서 정치활동에 참여
1963년	멕시코 정신분석연구소 개설
1964년	《인간의 마음》 출간
1967년	멕시코에서의 교육 활동 중단
1968년	유진 매카시의 선거운동에 참여, 심근경색 발작으로 정치활동 중지
1969년	여름에 치치노에 체재
1970년	멕시코 농민 현장조사 발표

1973년 《인간 파괴성의 분석》 출간

1974년 치치노에서 1년간 체재

1976년 《소유냐 존재냐》 출간

1977년 다시 심근경색 발작, 창작력 쇠퇴

1980년 3월 18일 사망

| 주석 |

1) 박찬국, 7~10쪽.

2) 박찬국, 6쪽.

3) 《자유로부터의 도피》 7쪽.

4) Don Hausdorff, *Erich Fromm*. Twayne's United States Author Series, Vol. 203, New York: Twayne, 1972, p.3.

5) 《의혹과 행동》 21쪽.

6) 1979년 Gerhard Khoury와의 대화.

7) 박찬국의 책 21쪽에는 프롬이 아니라 풍크라고 나와 있지만, 의문이다.

8) Funk, 1982, p. 1.

9) Funk, 1982, p. 14.

10) Funk, 1984, S. 4; *Die Zeit*, 21 March 1980.

11) 《당신도 신처럼 되리라》 20~21쪽.

12) 《의혹과 행동》 21쪽.

13) Funk, 1984, S. 23.

14) 《의혹과 행동》 21쪽.

15) 《의혹과 행동》 22쪽.

16) 《의혹과 행동》 23쪽.

17) 《의혹과 행동》 23쪽.

18) 《의혹과 행동》 28쪽.

19) 따라서 박찬국처럼 프롬이 프랑크푸르트 사회조사연구소에서 사회주의를 알았다고 보는 것은 잘못된 것이다.

20) 《의혹과 행동》 24쪽.

21) 《의혹과 행동》 24쪽.

22) 《의혹과 행동》 26~27쪽.

23) 《의혹과 행동》 27쪽.

24) 《의혹과 행동》 28쪽.

25) 팔레스타인 외역에 살면서 유대적 종교규범과 생활관습을 유지하던 유태인, 또는 그들의 거주지를 가리킨다.

26) 《에리히 프롬과 현대성》 102쪽.

27) Funk, 1984, S. 60.

28) Leo Löwenthal, *An Unmastered Past*, Berkeley: University of California Press, 1987, pp. 47~48.

29) 박찬국은 자신의 저서 24쪽에서 이를 《유대교의 원천으로 본 이성의 종교》라고 번역하나 의문이다.

30) Funk, 1984, SS. 46~56.

31) 숄렘, 최성만 역, 《한 우정의 역사-발터 벤야민을 추억하며》(한길사, 2002) 215~216쪽.

32) 박찬국의 저서 27쪽에 나오는 프롬이 1922년 박사학위를 받았다는 내용은 틀렸다. 이는 그가 참조한 풍크의 책에서부터 빚어진 오류다. 또한 프롬이 1920년 박사학위를 받았고 그 학위논문이 유대교의 두 종파를 분석한 것이라는 설명(《의혹과 행동》 14쪽)과 1922년 학위를 받았다는 설명(《반항과 자유》 7쪽, 《소유냐 존재냐》 6쪽)도 오류다.

33) 호나이 책의 번역으로는 이혜성 역, 《문화와 신경증(*The Neurotic Personality of Our Time*)》(문음사, 1994)이 있다.

34) Funk, 1984, S. 43.

35) Funk, 1984, S. 46.

36) 1985년 7월 9일 사신.

37) 페렌치와 그로덱에 대해서는 나지오 외, 이유섭 외 역, 《프로이트에서 라깡까지 위대한 7인의 정신분석가》(백의, 1999) 71~160쪽 참조.

38) *Zeitschrift für Psychoanalysische Pädagogik* 3 (1928~29)

39) GA, 1, S. 3, 5.

40) 영어판은 *The Dogma of Christ and Other Essays on Religion, Psychology and Culture*, New York: Holt, Reinhart & Winston, 1963.

41) 피터 게이, 조한욱 역, 《바이마르 문화》(탐구당, 1983) 54쪽.

42) GA, 6, SS. 14~15; 《사회심리학적 그리스도론》 10~11쪽. 단 번역은 저자가 수정함.

43) 《건전한 사회》 254쪽.

44) GA, 1, S. 32.

45) Wolgang Bonss, ed. and translator, *Arbeiter und Angestellte am Vorabend des Dritten Reches Eine sozialpsychologische Untersuchang*, Stuttgart:Deutsche Verlags-Anstalt, 1980. GA, 3, SS. 1-230.

46) '사회연구지' 제1권, 28~54쪽; 《프로이트와 정신분석》 146~184쪽.

47) GA, 1, S. 31; 《프로이트와 정신분석》 146쪽.

48) GA, 1, S. 41. 《프로이트와 정신분석》 153쪽.

49) GA, 1, S. 41;《프로이트와 정신분석》155~156쪽.

50) GA, 1, S. 42;《프로이트와 정신분석》156쪽.

51) GA, 1, S. 46;《프로이트와 정신분석》163쪽.

52) GA. 1, S. 51;《프로이트와 정신분석》173~174쪽.

53) GA. 1, S. 56;《프로이트와 정신분석》181~182쪽.

54) '사회연구지' 제1권(1932), pp. 253~277. 번역은 최혁순 역,《프로이트와 정신분석》(홍신문화사, 1994) 28~54쪽.

55)《프로이트와 정신분석》99~137쪽.

56) GA. 1, S. 102;《프로이트와 정신분석》125~126쪽.

57) '사회연구지' 제4권(1935), pp. 365~397.

58) GA, 1, S. 123.

59) GA, 1, S. 135.

60) GA, 1, S. 138.

61) 이하의 설명은《에리히 프롬과 현대성》38~44쪽에 따른다.

62)《에리히 프롬과 현대성》101쪽.

63) Psychiatry, 2, no. 3:507~524.

64) Psychiatry, 2, no. 1:229~250.

65)《건전한 사회》215쪽.

66) Paris:Felix Alcan.

67) 예컨대 박찬국 128쪽 이하.

68) 이극찬은 41~42쪽에서 간단히 언급하나 박찬국은 전혀 언급하지 않고 있다.

69) 박찬국, 128쪽 이하.

70)《자유로부터의 도피》13쪽. 단 번역은 저자가 수정함. 원 번역에서는 "근대인의 성격구조와 동시에 심리학적인 요인들과 사회학적 요인들 사이의 상호작용"이라고 한다.

71)《자유로부터의 도피》202쪽.

72) Copenhagen: Verlag für Sexualpolitik.

73)《자유로부터의 도피》206쪽.

74)《자유로부터의 도피》211쪽.

75)《자유로부터의 도피》206쪽. 단 번역은 저자가 수정함.

76)《자유로부터의 도피》15~16쪽.

77)《자유로부터의 도피》16쪽.

78)《자유로부터의 도피》17쪽.

79) 《자유로부터의 도피》 22쪽.

80) 《자유로부터의 도피》 28쪽.

81) 박찬국의 《자유로부터의 도피》에 대한 설명은 3장에 대한 설명으로 시작되고 그 앞부분은 생략하고 있다.

82) 그러나 우리나라에서는 프롬의 중세관에 대한 이의 제기는 없다.

83) 《자유로부터의 도피》 41쪽.

84) 《자유로부터의 도피》 42쪽.

85) 《자유로부터의 도피》 43~44쪽.

86) New York:Harcourt, Brace & Co., 1926.

87) 《자유로부터의 도피》 45쪽.

88) 《자유로부터의 도피》 53~54쪽.

89) 《자유로부터의 도피》 54쪽.

90) 《자유로부터의 도피》 55쪽.

91) 《자유로부터의 도피》 56~67쪽.

92) 《자유로부터의 도피》 67~76쪽.

93) *Psychiatry*, Vol. 2(1939), pp. 507~523.s

94) 《자유로부터의 도피》 77~78쪽.

95) 《자유로부터의 도피》 83쪽.

96) 《자유로부터의 도피》 87쪽.

97) 《자유로부터의 도피》 87~98쪽.

98) 《자유로부터의 도피》 98~100쪽.

99) 《자유로부터의 도피》 100~103쪽.

100) Boston: Beacon Press, and London: Routledge, 1964.

101) 《자유로부터의 도피》 105쪽.

102) 《자유로부터의 도피》 106쪽.

103) 프롬은 여기서 호나이가 《문화와 신경증》에서 설명한 개념에 그대로 따르고 있다.

104) 《자유로부터의 도피》 107~108쪽, 111~118쪽.

105) 《자유로부터의 도피》 108~122쪽.

106) 《자유로부터의 도피》 132~136쪽.

107) 《자유로부터의 도피》 136~150쪽.

108) 《자유로부터의 도피》 107~108쪽.

109) 《자유로부터의 도피》 120쪽.

110) 《자유로부터의 도피》 120쪽.

111) 《자유로부터의 도피》 127쪽.

112) 《자유로부터의 도피》 114쪽. 단 번역은 저자에 의함.

113) 《자유로부터의 도피》 108~109쪽.

114) 《자유로부터의 도피》 109쪽.

115) 《자유로부터의 도피》 121쪽.

116) 《자유로부터의 도피》 123쪽.

117) 《자유로부터의 도피》 124쪽.

118) 《자유로부터의 도피》 122쪽.

119) 《자유로부터의 도피》 122쪽.

120) 《자유로부터의 도피》 126쪽.

121) 《자유로부터의 도피》 127쪽.

122) 《자유로부터의 도피》 127쪽.

123) 《자유로부터의 도피》 128쪽.

124) 《자유로부터의 도피》 129~130쪽.

125) 《자유로부터의 도피》 133쪽.

126) 《자유로부터의 도피》 136~137쪽.

127) 《자유로부터의 도피》 139쪽.

128) 《자유로부터의 도피》 152쪽.

129) 《자유로부터의 도피》 153~157쪽.

130) 《자유로부터의 도피》 160쪽.

131) 《자유로부터의 도피》 161~162쪽.

132) 《자유로부터의 도피》 168~171쪽.

133) 이 부분의 설명은 박찬국의 책에서는 완전히 제외된다.

134) 《자유로부터의 도피》 175쪽.

135) 《자유로부터의 도피》 176~177쪽.

136) 《자유로부터의 도피》 177~178쪽. 단 번역은 저자에 의함.

137) 《자유로부터의 도피》 179~180쪽.

138) 《자유로부터의 도피》 180쪽, 단 번역은 저자에 의함.

139) 《자유로부터의 도피》 181쪽.

140) 《자유로부터의 도피》 184쪽.

141) 《자유로부터의 도피》 186쪽.

142) 《자유로부터의 도피》 193쪽.

143) 《자유로부터의 도피》 194쪽.

144) 《자유로부터의 도피》 194~195쪽.

145) 《자유로부터의 도피》 195쪽.

146) 《자유로부터의 도피》 196쪽.

147) Funk, 1982, p.7.

148) 《프롬 인생론》, 7쪽.

149) 프롬이 말한 Humanistic Ethics를 송낙헌은 인도주의 윤리학, 박찬국은 인본주의 윤리라고 번역한다.

150) 《프롬 인생론》 20쪽.

151) 《프롬 인생론》 26쪽. 단 번역은 저자에 의해 수정됨.

152) 《프롬 인생론》 25쪽.

153) 《프롬 인생론》 29쪽.

154) 《프롬 인생론》 30쪽.

155) 《프롬 인생론》 32쪽.

156) 《프롬 인생론》 40~47쪽.

157) 《프롬 인생론》 48~53쪽.

158) 《프롬 인생론》 54~80쪽.

159) 《프롬 인생론》 80~82쪽.

160) 《프롬 인생론》 82~84쪽.

161) 《프롬 인생론》 84~86쪽.

162) 《프롬 인생론》 86~103쪽.

163) 《프롬 인생론》 103~129쪽.

164) 《프롬 인생론》 126~127쪽.

165) 《프롬 인생론》 127~130쪽.

166) 《프롬 인생론》 130~135쪽.

167) 《프롬 인생론》 167쪽.

168) 《프롬 인생론》 181쪽 이하.

169) 《프롬 인생론》 197쪽 이하.

170) 《프롬 인생론》 168쪽 이하.

171) 《프롬 인생론》 180쪽.

172) 《프롬 인생론》 283쪽.

173) 《프롬 인생론》 285쪽.

174) 《정신분석과 종교》 1쪽.

175) Psychiatry, 5 (1942), pp. 307~319.

176) 《프롬 인생론》 8쪽.

177) 《정신분석과 종교》 1~2쪽.

178) 《정신분석과 종교》 4쪽.

179) 《정신분석과 종교》 9쪽.

180) 《정신분석과 종교》 10~14쪽.

181) 《정신분석과 종교》 11쪽.

182) 《정신분석과 종교》 12쪽.

183) 《정신분석과 종교》 13~14쪽.

184) 《정신분석과 종교》 18쪽.

185) 《정신분석과 종교》 14~15쪽.

186) 《정신분석과 종교》 16~17쪽.

187) 《정신분석과 종교》 14~20쪽.

188) 《정신분석과 종교》 33쪽.

189) 《정신분석과 종교》 21~35쪽.

190) 《정신분석과 종교》 36~58쪽.

191) 《정신분석과 종교》 39쪽.

192) 세 권 모두 London: Rider.

193) 《정신분석과 종교》 59~86쪽.

194) 《정신분석과 종교》 102쪽.

195) 《잊어버린 언어》 13쪽.

196) 《잊어버린 언어》 13쪽.

197) 《잊어버린 언어》 14쪽.

198) 《잊어버린 언어》 27쪽.

199) 《잊어버린 언어》 27~29쪽.

200) 《잊어버린 언어》 29~30쪽.

201) 《잊어버린 언어》 30~33쪽.

220) 《잊어버린 언어》 39~42쪽.

203) 《잊어버린 언어》 47쪽. 단 번역은 저자에 의함.

204) Richard I. Evans, Dialogue with Erich Fromm, Dialogues with Notable Contributors to

Personality Theory, vol. 2, New York: Harper & Row, 1966, p. 36, p, 74.

205) The Oedipus Complex and the Oedipus Myth, in Ruth Nanda Anshen, ed., The Family: Its Functions and Destiny, New York: Harper & Bros., 1949, pp. 334~358.

206) 《잊어버린 언어》 181~188쪽.

207) 《잊어버린 언어》 189~215쪽.

208) 《잊어버린 언어》 215~220쪽.

209) 《잊어버린 언어》 227~240쪽.

210) 《의혹과 행동》 28~29쪽.

211) Psychoanalistishe Bewegung vol. 3(1931), SS. 440~447.

212) Vol. 34(April, 1942), pp. 220~223.

213) On Disobedience and Other Essays, New York: Doubleday & Co., 1981, pp. 58~74. 번역은 《불복종에 관하여》 128~144쪽.

214) 《건전한 사회》 215쪽.

215) 《건전한 사회》 215쪽.

216) 《건전한 사회》 218쪽.

217) 《건전한 사회》 218쪽.

218) 《건전한 사회》 219쪽.

219) 《건전한 사회》 220~221쪽.

220) 《건전한 사회》 223쪽.

221) 《건전한 사회》 224쪽.

222) 《건전한 사회》 230~234쪽.

223) 《건전한 사회》 237~239쪽. 단 번역서에서는 관계성이 아니라 연관성이라고 한다. 저자는 인간 '관계' 라는 말 등처럼 '관계' 성이라고 하는 말이 더 적합하다고 본다.

224) 《건전한 사회》 239~240쪽.

225) 《건전한 사회》 241쪽.

226) 《건전한 사회》 242~258쪽.

227) 《건전한 사회》 258~260쪽.

228) 《건전한 사회》 260~262쪽.

229) 《건전한 사회》 266쪽.

230) 《건전한 사회》 273~276쪽.

231) 《건전한 사회》 279쪽.

232) 《건전한 사회》 280쪽.

233) 《건전한 사회》 259쪽.

234) 《건전한 사회》 281쪽.

235) 《건전한 사회》 283쪽.

236) 《건전한 사회》 287쪽.

237) 《건전한 사회》 286쪽.

238) 《건전한 사회》 290쪽.

239) 《건전한 사회》 309쪽.

240) 《건전한 사회》 312쪽. 단 번역은 저자에 의함.

241) 《건전한 사회》 323쪽.

242) 《건전한 사회》 325쪽.

243) 《건전한 사회》 326쪽.

244) 《건전한 사회》 327쪽.

245) 《건전한 사회》 332쪽.

246) 《건전한 사회》 333쪽.

247) 《건전한 사회》 335쪽.

248) 《건전한 사회》 341쪽.

249) 《건전한 사회》 345쪽.

250) 《건전한 사회》 358쪽.

251) 《건전한 사회》 366쪽, 368~370쪽. 그밖에 19세기의 부르크하르트, 보들레르, 잭 런던, 마르크스, 20세기의 토니, 메이오, 탄넨바움, 멈포드, 헉슬리, 슈바이처, 아인슈타인 등 이다.

252) 《건전한 사회》 383쪽.

253) 《건전한 사회》 394쪽.

254) 《건전한 사회》 395쪽.

255) 《건전한 사회》 398~399쪽.

256) 《건전한 사회》 400쪽.

257) 《건전한 사회》 401쪽.

258) 《건전한 사회》 402~404쪽.

259) 《건전한 사회》 410쪽. 단 번역은 저자에 의한 것임.

260) 《건전한 사회》 413쪽. 단 번역은 저자에 의한 것임.

261) 《건전한 사회》 418쪽.

262) 《건전한 사회》 420쪽.

263) 《건전한 사회》 419~420쪽.

264) 《건전한 사회》 475~477쪽.

265) 《건전한 사회》 458쪽.

266) 참고로 번역된 것들을 기록해 둔다. 이는 프롬 번역사에 대한 기록이자 우리나라 출판
계의 통폐를 지적하기 위한 것이기도 하다.

이규영 역(풍림출판사, 1987) / 권오석 역(홍신문화사, 1991) / 홍미숙 역(덕우, 1991)
/ 김남석 역(을지문화사, 1992) / 최의선 역(일신서적, 1994) / 김상일 역(하서출판사,
1995) / 백문영 역(혜원문화사, 1998) / 정성호 역(범우출판사, 1999) / 설상태 역(청
목사, 2001)/ 홍미숙 역(도로시, 2003) / 기타 역자가 확인 안 되는 것으로 (다문,
1990) / (문학사상, 1992) / (우래, 1992) / (백록, 1993) / (두풍, 1993) / (종이연, 1994)
등이 있다.

267) 《사랑의 기술》 3쪽.

268) 《사랑의 기술》 12쪽.

269) 《사랑의 기술》 17쪽.

270) 《사랑의 기술》 16~19쪽.

271) 《사랑의 기술》 20~23쪽.

272) 《사랑의 기술》 24쪽.

273) 《사랑의 기술》 25쪽.

274) 《사랑의 기술》 25쪽 이하.

275) 《사랑의 기술》 122쪽 이하.

276) 《사랑의 기술》 31쪽에서는 이를 '공서적(共棲的) 합일' 이라고 번역하나 어색하다.

277) 《사랑의 기술》 31~33쪽.

278) 《사랑의 기술》 33~34쪽.

279) 《사랑의 기술》 39~40쪽 재인용.

280) 《사랑의 기술》 40쪽 이하.

281) 《사랑의 기술》 41~42쪽.

282) 《사랑의 기술》 43쪽.

283) 《사랑의 기술》 43~44쪽.

284) 《사랑의 기술》 48쪽. 단 번역은 저자에 의함.

285) 《사랑의 기술》 48~49쪽.

286) 《사랑의 기술》 49쪽 이하.

287) 《사랑의 기술》 50쪽 이하.

288) 《사랑의 기술》 54쪽 이하.

289) 《사랑의 기술》 57쪽 이하.

290) 《사랑의 기술》 62쪽.

291) 《사랑의 기술》 63쪽 이하.

292) 《사랑의 기술》 64쪽 이하.

293) 《사랑의 기술》 67쪽 이하.

294) 《사랑의 기술》 69쪽 이하.

295) 《사랑의 기술》 70쪽.

296) 《사랑의 기술》 71쪽 이하.

297) 《사랑의 기술》 54쪽.

298) 《사랑의 기술》 76쪽 이하.

299) 《사랑의 기술》 80쪽 이하.

300) 《사랑의 기술》 80쪽.

301) 《사랑의 기술》 51쪽.

302) 《사랑의 기술》 82쪽 이하.

303) 《사랑의 기술》 90쪽. 단 번역은 저자에 의함.

304) 《사랑의 기술》 119쪽 이하.

305) 《사랑의 기술》 124쪽.

306) 《사랑의 기술》 126쪽.

307) 《사랑의 기술》 134쪽.

308) 《사랑의 기술》 135~136쪽.

309) 《사랑의 기술》 136~137쪽.

310) 《사랑의 기술》 138쪽.

311) 《사랑의 기술》 139~140쪽.

312) 《사랑의 기술》 140~141쪽.

313) 《사랑의 기술》 141~142쪽.

314) 《사랑의 기술》 144~148쪽.

315) 《사랑의 기술》 150쪽 이하.

316) 《사랑의 기술》 151~152쪽.

317) 《사랑의 기술》 152~153쪽.

318) 《사랑의 기술》 153쪽.

319) 《사랑의 기술》 154쪽.

320) 《사랑의 기술》 155쪽.

321) 《사랑의 기술》 156쪽.

322) 《사랑의 기술》 157쪽.

323) 《사랑의 기술》 158쪽.

324) 《사랑의 기술》 159쪽.

325) 《사랑의 기술》 164쪽.

326) 《사랑의 기술》 165~175쪽.

327) 《사랑의 기술》 180쪽 이하.

328) 《사랑의 기술》 181~182쪽.

329) 《사랑의 기술》 183쪽.

330) Theodor Adorno, Die revidierte Psychoanalyse, in *Sociologica II*, Frankfurt: Schurkamp, 1962, p. 96.

331) Boston: Beacon Press, 1955.

332) Herbert Marcuse, The Social Implications of Freudian 'Revisionism', *Dissent 2* (Summer, 1956), pp. 221~240; A Reply to Erich Fromm, Dissent 3 (Winter, 1956), pp. 79~81.

333) The Human Implications of Instinctivistic 'Radicalism'. A Reply to Herbert Marcuse. GA VIII, S. 113~120.

334) Evnas, 위의 책, p. 59.

335) New York: Basic Books, 1955.

336) 원래 제목은 Scientism or Fanaticism으로 *Saturday Review*, June 14, 1958에 발표되었다. 뒤에 *The Dogma of Christ*, New York: Holt, Rinehart & Winston, 1963에 수록되었고, 우리말 번역은 《프로이트와 정신분석》 5~20쪽에 있다.

337) *Sigmund Freud's Mission*, p. 23. 주 9.

338) *Sigmund Freud's Mission*, p. 100.

339) 《선과 정신분석》 65쪽.

340) 《선과 정신분석》 12쪽.

341) 《선과 정신분석》 37쪽.

342) 《선과 정신분석》 58쪽. 단 번역은 저자에 의함.

343) 《선과 정신분석》 42쪽.

344) Princeton: Princeton University Press, 1960.

345) Vol. 4, pp. 3~11.

346) Marschiert Deutschland bereits wieder? GA, V, p. 13~17.

347) *Marx' s Concept of Man*, p. 6.

348) *Marx' s Concept of Man*, p. 22, note, 23.

349) *A Study and Commentary. Comments by J. Frank and Others*, Philadelphia:American Friends' Service Committee, 1963.

350) 《인간의 마음》 6쪽.

351) 그래도 세 가지 번역본이 있다. 이 책에서 인용하는 이시하 번역본 외에 황문수 역(문예출판사, 2002)와 백문영 역(혜원출판사, 1990) 등이 있다.

352) 《인간의 마음》 7쪽.

353) 《인간의 마음》 8쪽, 주 1.

354) 《인간의 마음》 22~23쪽.

355) 《인간의 마음》 26쪽.

356) 《인간의 마음》 27쪽.

357) 《인간의 마음》 56~57쪽.

358) 《인간의 마음》 56~57쪽.

359) 《인간의 마음》 58쪽.

360) 《인간의 마음》 61~68쪽.

361) 《인간의 마음》 69쪽.

362) 《인간의 마음》 60쪽.

363) 《인간의 마음》 65쪽.

364) 《인간의 마음》 65쪽.

365) 《인간의 마음》 71~75쪽.

366) 《인간의 마음》 74쪽.

367) 《인간의 마음》 77쪽.

368) 《인간의 마음》 80쪽.

369) 《인간의 마음》 80쪽.

370) 《인간의 마음》 81쪽.

371) 《인간의 마음》 82쪽.

372) 《인간의 마음》 82쪽.

373) 《인간의 마음》 83쪽.

374) 《인간의 마음》 84쪽.

375) 《인간의 마음》 93쪽.

376) 《인간의 마음》 95쪽.

377) 《인간의 마음》 105쪽.

378) 《인간의 마음》 110쪽.

379) 《인간의 마음》 117쪽.

380) 《인간의 마음》 129쪽.

381) 《인간의 마음》 132쪽.

382) 《인간의 마음》 134쪽.

383) 《인간의 마음》 135쪽.

384) 《인간의 마음》 147쪽.

385) 《인간의 마음》 148쪽.

386) 《인간의 마음》 149~153쪽.

387) 《인간의 마음》 156쪽.

388) 《인간의 마음》 156쪽.

389) 《인간의 마음》 164쪽.

390) 《인간의 마음》 169쪽.

391) 《인간의 마음》 197쪽.

392) 《인간의 마음》 203쪽.

393) 《인간의 마음》 204쪽.

394) 《인간의 마음》 205쪽.

395) 《인간의 마음》 206쪽.

396) 《인간의 마음》 218쪽.

397) 《인간의 마음》 206쪽.

398) 《인간의 마음》 216쪽.

399) 《인간의 마음》 251쪽.

400) 《사회주의 인간론》 1쪽. 이 번역서에는 칼바노 델라 볼페가 쓴 〈사회주의의 법철학〉
만이 생략되어 있다.

401) 《당신도 신처럼 되리라》 7쪽.

402) 《당신도 신처럼 되리라》 14쪽.

403) 《당신도 신처럼 되리라》 15쪽.

404) 《당신도 신처럼 되리라》 21쪽. 단 번역은 저자에 의함. 번역서는 저자의 번역과는 반
대이다.

405) 《당신도 신처럼 되리라》 30~31쪽.

406) 《당신도 신처럼 되리라》 32~36쪽.

407) 《당신도 신처럼 되리라》 41쪽.

408) 《우리는 지금 어디에 있는가》 18쪽.

409) 《우리는 지금 어디에 있는가》 21쪽, 주 3.

410) 《우리는 지금 어디에 있는가》 25쪽.

411) 《우리는 지금 어디에 있는가》 27~45쪽.

412) 《우리는 지금 어디에 있는가》 52쪽.

413) New York: Harcourt, Brace & World, 1966.

414) New York: Alfred A. Knopf, 1964.

415) New York: Harcourt, Brace & Janovich, 1966.

416) New York: McGraw-Hill, 1967.

417) 《우리는 지금 어디에 있는가》 73쪽.

418) 《우리는 지금 어디에 있는가》 146~214쪽.

419) New York: Holt, Rinehart & Winston, 1970.

420) 《프로이트와 정신분석》 21~64쪽.

421) 《파괴란 무엇인가》 5쪽.

422) 《파괴란 무엇인가》 21쪽.

423) 《파괴란 무엇인가》 38쪽.

424) 《파괴란 무엇인가》 41쪽.

425) 《파괴란 무엇인가》 44쪽.

426) 《파괴란 무엇인가》 62쪽.

427) New York: H. Holt, 1914.

428) 《파괴란 무엇인가》 63쪽.

429) 《파괴란 무엇인가》 64쪽.

430) 《파괴란 무엇인가》 71쪽.

431) 《파괴란 무엇인가》 72쪽.

432) 《파괴란 무엇인가》 129쪽.

433) 《파괴란 무엇인가》 144쪽.

434) 《파괴란 무엇인가》 170쪽.

435) 《파괴란 무엇인가》 176쪽.

436) 《파괴란 무엇인가》 243쪽.

437) 《파괴란 무엇인가》 255쪽.

438) 《파괴란 무엇인가》 274쪽.

439) 《파괴란 무엇인가》 280쪽.

440) 《파괴란 무엇인가》 371쪽.

441) 《파괴란 무엇인가》 378~379쪽.

442) 《파괴란 무엇인가》 391쪽.

443) 《파괴란 무엇인가》 423쪽.

444) 《파괴란 무엇인가》 484쪽.

445) 《파괴란 무엇인가》 571쪽.

446) 《파괴란 무엇인가》 573쪽.

447) 《파괴란 무엇인가》 570쪽.

448) GA, XI, pp. 597~600.

449) GA, XI, p. 599.

450) New York: Harper & Row, 1965.

451) Zurich: Editio Academica, 1969.

452) 《소유냐 존재냐》 13쪽.

453) 《소유냐 존재냐》 19쪽.

454) 《소유냐 존재냐》 23쪽.

455) 《소유냐 존재냐》 27쪽.

456) 《소유냐 존재냐》 31쪽.

457) 《소유냐 존재냐》 41쪽.

458) 《소유냐 존재냐》 55쪽.

459) 《소유냐 존재냐》 67쪽.

460) 《소유냐 존재냐》 75쪽.

461) 《소유냐 존재냐》 80쪽.

462) 《소유냐 존재냐》 94쪽.

463) 《소유냐 존재냐》 107쪽.

464) 《소유냐 존재냐》 114쪽.

465) 《소유냐 존재냐》 130쪽.

466) 《소유냐 존재냐》 159쪽.

467) 《소유냐 존재냐》 215쪽.

468) 《소유냐 존재냐》 162쪽.

469) 《소유냐 존재냐》 202쪽.

470) 《소유냐 존재냐》 206쪽.

471) 《소유냐 존재냐》 225쪽.

472) 《소유냐 존재냐》 226쪽.

473) 《소유냐 존재냐》 239쪽 이하.

474) 《희망의 혁명》(월간 중앙, 1971년 신년호 부록) 91쪽 이하; 《소유냐 존재냐》 252~263 쪽.

475) 《소유냐 존재냐》 263쪽.

476) 《소유냐 존재냐》 270쪽.

477) 《존재의 기술》 11쪽.

478) 《불복종에 관하여》 16쪽.

479) 《불복종에 관하여》 23쪽.

480) 《불복종에 관하여》 16~17쪽.

481) 《불복종에 관하여》 17쪽.

482) 《불복종에 관하여》 19~20쪽.

483) 《불복종에 관하여》 20쪽.

484) 《불복종에 관하여》 21쪽.

485) 《불복종에 관하여》 21쪽.

486) 《불복종에 관하여》 22쪽.

487) 《불복종에 관하여》 25쪽.

488) 《불복종에 관하여》 27쪽.

489) 《불복종에 관하여》 52쪽.

490) 《불복종에 관하여》 54쪽.

491) 《불복종에 관하여》 62쪽.

492) 《에리히 프롬과의 대화》 9, 273쪽.

493) 《에리히 프롬과의 대화》 312쪽.

494) 《과괴란 무엇인가》 384쪽.

| 찾아보기 |